張蒼水先生祠

張蒼水先生塑像

張蒼水先生戎裝塑像

生比鴻毛猶負國
死留碧血欲支天

張公蒼水墓道

張公蒼水墓

投筆從戎

平崗結寨

轉戰浙東

兵指南京

揮師北伐

隱居浙東

被執歸里

慷慨就義

南明一孤臣：張蒼水傳

前言

既然不能為世所用，則退而讀書著述以明志，守住人格的防線，這是中國讀書人的傳統。

父親蒙冤前後，曾分別為兩個人作傳，即《張蒼水傳》（一九六七年）和《蘇東坡新傳》（一九八三年）。兩書創作過程前後有三十年之久，且皆成書於顛沛拂逆之中。

父親在序言中說：「十年之間，三易其稿」，這是事實。這部書稿我從小學看到高中，一直在書架最底層放著。他著述非常謹慎，要不是怕因入獄致手稿散失，他是不會輕易出版的。此書最後由正中書局於一九六七年出版，審稿人是包遵彭先生。

父親「少時讀書錢塘江滸」，他對浙東學術應該是熟悉的。而浙東學派中的大將，如黃宗羲和全祖望，更是畢生為表彰南明忠義不遺餘力。黃宗羲（一六一〇－一六九五年）和張蒼水（一六二〇－一六六四年）是同時代的人，而且兩代世交，黃曾為張寫墓誌銘。全祖望（一七〇五－一七五五年）稍後，為張撰神道碑銘。這兩塊碑文是張蒼水一生事蹟最可靠的史傳。而父親的《張傳》繼承了他們的精神，用張蒼水本人的詩文，通過文學的形式，把張蒼水的一生展露出來：張蒼水不僅是民族英雄，也是民族詩人。

另一個父親為張蒼水作傳的原因，可能是因為張蒼水是在杭州就義的，身為杭州人，有一種特別的感情，所以決心為張立傳。

序言的第一段琅琅可誦，我們好像看到一個少年學子懷著崇敬的心情，徘徊流連在張氏墓園的樣子。這篇序言，是父親在獄中寫的，就寫在一張普通的信紙上。

此書出版後似乎沒有得到重視，沒有多少人知道張蒼水。但在一九八四年，美國密西根大學教授司徒琳（Lynn A. Struve）在其《南明史》（*Southern Ming*, Yale, 1984）一書中，即多處引用了《張蒼水傳》。二〇一四年，杭州日報的版式總監俞帆先生，邀請楚公先生撰寫〈熱血文章正氣歌〉一文，《張傳》遂漸為人知。

二〇一四年，父親已過百歲冥誕，我們恐怕此書湮滅，由二哥李東委託江蘇文藝出版社重印簡體橫排本，並由上海交通大學葉通教授提供了許多張蒼水紀念館的照片，以增加一些現代氣息。但是此書印數很少，很快絕版。這個印本引起了浙江象山張蒼水紀念館的注意，在二〇一五年十月第二屆蒼水文化節時，由象山縣蒼水文化研究中心的副會長及秘書長張利民老師，邀請李東教授和表弟陳星漢老師，分別從香港和杭州參加了贈書儀式。從此，父親的《張蒼水傳》被紀念館永久收藏。此次聯經重新出版此書，主要依據中央文物供應社及正中書局的版本，同時參考的即是陳老師自杭州寄回的簡體本。

這次再版《張傳》，得到了許多識與不識者的幫助。香港大學的陳永明教授是南明史的專家，許多年前我曾讀過他在印第安納大學時所寫的關於張蒼水的論文。此次得到他的相助，將其為《張蒼水傳》做的讀書筆記無償轉送予聯經出版，作為本書的注釋，以表其對先父為南明史研究所作貢獻的敬意。《張傳》的注釋因而增加了好幾倍，不但糾正了某些失誤，同時使作者的敘述言而有據、信而有徵，這是非常令人感謝的。

任何一件事的成功都有它的因緣。二〇一九年底，因為《蘇東坡新傳》的再版，我有機會拜會了聯經出版公司的編輯團隊和發行人林載爵先生。林先生主動問我《張蒼水傳》出版的事。或是出於對父親文章的喜愛，或是對父親遭遇的同情，我感到了林先生的長者之風：他真了解為人子女的心情。因為這是一個我不敢輕易說出口的願望。

因緣如是，父親的《張蒼水傳》在半個世紀後重新出版，而今年（二〇二〇年）也正是張蒼水誕生四百周年。

二〇二〇年元月　李雍於紐約

自序

方余少時，讀書錢塘江滸，週末返城度假，往來必循西湖南岸，出湧金門，過錢武肅祠、淨慈寺而至南屏山麓，則一抹粉牆照眼，庭鴉噪聒，院宇沉沉者，四明張蒼水先生墓園也。所惜是時，總在西山落照、暮靄漸冪之際，故雖月數往復其門，而均無由展拜。以為來日方長，不圖一別鄉井，垂三十年，不得重見西湖，終孤茲願。

一九四九年第二次來臺途中，[1]舟行海上，天際隱約，展現青痕，或人指為舟山群島，頓憶蒼水先生奉監國魯王據浙海、抗清兵者，寧非依此一線乎。浩浩東海，千古如一，感國運之邅迍，凜歷史之重演。於是讀其遺書，兼及關連故籍，以遺客愁，積有時日；以為張氏血路心城，摶風摶浪者一十九年，獨持

1 李一冰於一九四七年曾帶妻子及長子一起赴臺工作。一九四九年局勢惡化，復又返杭州接其母及大姊來臺，故有兩次來臺紀錄。

「知其不可為而為之」精神，不計成敗，百折不回，實屬儒家哲學至高無上之傳統。哀其遇而景其行，遂有撰作張傳之意。

唯時臺灣求書之難，難於登天，一疑未解，每為掩卷，初草「明末海師三入長江事考」，刊於《大陸雜誌》，李學智先生見而善其述作之意，特為長文，諸多訂正，空谷跫音，佩慰無似。由是有所見聞，輒自改修，十年之間，三易其稿，猶以未能盡讀昔賢載記及近出史料，取資覆覈，不敢輕率問世。

一九五九年八月，金門構築工事，發現魯王真塚。明永曆十六年寧靖王朱術桂所立「皇明監國魯王壙志」並時出土，不特堪資取證舊史，而魯王一生為國族艱苦奮鬥之遺烈，重復激盪人心，采耀南天。蒼水先生奉魯王起義浙東，徒行入海，一十九年，「始終為魯」，故延平稱之為純臣，綜其一生行誼，貫徹魯監國朝，張傳實同於魯紀。此作或亦有當於民族精神之表揚，忠義之敦勵，爰付剞劂，幸垂 覽教。

一九六七年秋九月 杭州李一冰自記

二〇一四年三月 李東、李雍重校

我年適五九，復逢九月七。
大廈已不支，成仁萬事畢。

目次

第一章

鄞縣城中一少年

明崇禎十年前後，浙江寧波府首邑——鄞縣城中，有一位絕頂聰明的世家子弟，突然變得墮落起來，使他鰥獨的父親為之痛心疾首，使他家的親戚朋友為之搖頭嘆息，凡是知道他家情形或認識他父親平素為人端方不苟的人們，談到這位少爺，沒有人能同情他的荒唐。

卸任解州知府張圭章這位獨生少爺，長得個子瘦長，面目清秀，皮色雪白，[1]十足是個典型的文弱書生，然而當他說話的時候，聲音非常洪亮，而且目瞳炯炯有光，顧盼非常，如他的朋友明末大儒黃梨洲所說：「自幼跅弛不羈，然風骨清華，局幹敏達，落落不可一世。」[2]

他不修邊幅，不矜細行，故意穿著惹人側目的絳紅色道袍，徜徉街市。

這位年在弱冠的青年，他不滿現實，而豪情萬丈，無處寄託，又管束不住年輕人動盪的心志，因此接二連三地做出荒唐事來。全祖望年譜說：「公少好黃白之學，嘗絕粒運氣，困殆幾斃。已而游於椎埋拳勇之徒，扛鼎擊劍，日夜不息。」據說他曾輕財結客，擁有一大堆談兵挾策之徒，做他的朋友。後來忽又縱情賭博，歡喜「呼盧狂聚」，「……時時從博徒遊，擲立盡，輒大噱稱快為笑樂」。[3]

實在說，他是一個非常可憐的孩子，十二歲上就死了母親趙太夫人，他的父親沒有再娶，一身擔負了嚴父慈母的雙重責任，望子成龍的心理太急切，對他的管教素來嚴厲，居常鞭扑捶楚，不稍顧惜，反而形成一種絕對的反抗心理，如火燎原，終至不堪收拾。

---

1 盧宜撰《續表忠記》：「公少白晳，後乃高顴長髯，岳岳千仞。宜家去公宅僅三四十武，幼時猶及親公色笑，知之最詳亦最確。」編按：《續表忠記》並無張煌言傳。此處所引，應出自佚名（作者或是高允權）〈兵部左侍郎張公傳〉，見張煌言：《張蒼水集》（上海：上海古籍出版社，一九八五年），頁二六一；《張蒼水先生專集》（臺北：寧波同鄉月刊社，一九八四年），頁三六九；張蒼水全集整理小組：《張蒼水全集》（寧波：寧波出版社，二〇〇二年），頁二六一。

2 編者注：黃宗羲：〈兵部左侍郎蒼水張公墓誌銘〉，氏著，沈善洪主編：《黃宗羲全集》（杭州：浙江古籍出版社，一九九三年），第十冊，碑誌類，頁二八一。原文：「公幼頗跅弛不羈，……然風骨高華，落落不可一世。」

3 編者注：沈冰壺：〈張公蒼水傳〉，《張蒼水集》，頁二六二；《張蒼水先生專集》，頁三五六；《張蒼水全集》，頁二六一。

這份世居鄞縣縣城西北廂的張家，雖非累代簪纓的巨室，但也是宋朝張文節公知白的後裔，為鄞城的舊家。清代浙東史家全祖望論甬上族望說：「甬上之張，為四姓之一，其最著者曰文定公之宗；次之曰君子堂，則經略都御史楷之宗，由慈水來者；……處士之宗，名位稍不逮，顧以孝友著里中，稱為雍睦堂張氏。」[4]張圭章也是雍睦堂張氏子弟之一，出生於萬曆六年，少年時代在科場上很不得意，曾以秀才受聘於山陰黃忠端公家做家塾老師，教授黃家子弟，博束脩以自養。[5]他的生平，《鄞縣誌》入〈名賢傳〉，記如：「張圭章，字兩如，領天啟甲子鄉薦，屢上南宮不第，謁選得河東鹽運使判官。」[6]又《寧波府志》人物傳：「……殫心鹺務，著賢能聲，以淡於仕進，致仕歸。為人剛毅正直，嚴於訓子，處鄉族皆有義行。」[7]圭章兄弟四人，他為長子，二弟堯章，早亡。三弟憲章，字性近，號完素，有三個兒子：嘉言、昌言、德言。四弟封章，字季超，號元白，族譜說是一個「燦漫天真，樸實無二，有隱君子風」[8]的人，無嗣，以三房的次子昌言承祧。

圭章夫人姓趙，結婚多年，只有一個女兒，直到圭章四十三歲那一年上，

4 全祖望《鮚埼亭集》：〈明處士四岑張先生墓幢文〉。編按：全祖望著有《甬上族望表》（見氏著，朱鑄禹校注：《全祖望集彙校集注》〔上海：上海古籍出版社，二〇〇〇年〕，下冊，頁二六三八－二六七三），惟資料極為簡略。當中有「高麗張氏」條，曰：「文節公知白之後也，嘗以避兵入高麗，故稱之。今改名雍睦堂張氏。知靖安縣伯祥（原注：即築雍睦堂以居兄弟者），殉難兵部尚書煌言，殉難諸生棟，共三望。」（卷下，頁二六五五。）文中所引〈明處士四岑張先生墓幢文〉，見《鮚埼亭集內編》（《全祖望集彙校集注》，上冊），卷八，頁一六三。查原書，引文「由慈水來者；……處士之宗」，原文為「由慈水來者。而處士之宗」。

5 黃宗羲撰〈張蒼水先生墓誌〉：「公父刑部，嘗教授余家，余諸父皆其門人。至余與公（蒼水），則兩世交也。」又所撰《懷舊錄》，有張圭章條。編按：即〈兵部左侍郎蒼水張公墓誌銘〉。《懷舊錄》，應是《思舊錄》，惟書中無〈張圭章〉條，只是在〈張煌言〉條中提及：「其父圭璋，字兩如，甲子舉人，嘗教授余家。」見《黃宗羲全集》（杭州：浙江古籍出版社，一九八五），第一冊，《思舊錄》，頁三八七。

6 編者注：見康熙二十五年（一六八六年）刻本《鄞縣志》，卷十七，〈品行攷六・賢傳四〉，葉七十三右。

7 編者注：見雍正十一年（一七三三年）修，乾隆六年（一七四一年）補刊本《寧波府志》，卷二十，〈鄞縣人物〉，頁六十八右。

8 編者注：〈張蒼水先生世系〉，收入《張蒼水先生專集》，頁三〇三。

即萬曆四十八年庚申（一六二〇年）的六月初九日，才養了個遲來的兒子，這兒子便是一度「不理於眾口」的張煌言。

煌言字玄箸，號蒼水，趙夫人養他的時候，夢見五彩祥雲入室，所以小字阿雲。他生來非常聰明，只是身體很瘦弱，極為善病，也許是父母中年以後所生的孩子，先天單弱的原故，所以不病則已，「病輒瀕死」。[9]

身體儘管孱弱，頭腦卻是挺好，六歲上學，教他讀書，一上口就能誦讀，到九歲的時候，不論他那嚴格的老父，把怎樣沉重的課業往他頭頂上壓下去，然而他還要偷出空來學作詩。《奇零草》自序說：「余自舞象，輒好為詩歌，先大夫慮廢經史，每以為戒，遂輟筆不談，然猶時時竊為之。」[10]張圭章於天啟四年中了甲子科的舉人，其時煌言五歲。接著他幾次北上會考，都沒有能夠考上進士，眼看年已半百，知已難有「金馬玉堂」的前程，只得轉向「謁選」捷徑，捐了一個刑部員外郎的散差，後來派得一個河東鹽運使司判官的職位。

大概他對河東鹽運確實有過一番努力，不久就又調署河北解州知府，他是帶了一家同到任上去的。

圭章在解州做官做到崇禎四年（一六三一年）辛未，他的老妻趙夫人就在解州任上忽然病故，此時煌言還只十二歲，從此就沒了母親。

圭章垂老喪偶，哀悼之餘，就此看破世道，不但不再續娶，鰥獨終身，而且距此不久，他就辭官歸里，從此在老家裡閉門課子，不問外事，一片血心就只注意在這個兒子身上。

果然，少年張煌言不負老父的期望，崇禎八年乙亥，他十六歲就在家鄉——鄞縣縣學中了秀才。

煌言的秀才考試，還有一段逸話：據說當時因為天下多故，崇禎皇帝詔令各省選拔童生，除照考經義辭章之外，還須加試射箭一道，目的在提倡文武

9 編者注：闕名，〈兵部左侍郎張公傳〉，《張蒼水先生專集．傳略》，頁三六四；《張蒼水全集》，〈附錄一．傳略〉，頁二五七。

10 編者注：《張蒼水集》，頁五十一；《張蒼水先生專集》，頁一七一；《張蒼水全集》，頁一七一。

合一的教育。不過事屬初倡，應考的童生平日未經這項訓練，無法認真，主試的官吏大抵都只虛應故事，有個名目罷了。但是，張煌言卻曾遵照功令認真練過，所以臨場試射，居然三發三中，贏得滿場的喝彩。[11]

然而，人生的少年時期，竟是那樣多變。

煌言結婚很早，大約十八、九歲，便已娶了夫人董氏，二十歲上，生子萬祺。二十四歲，又生一女。[12]

當他十八九歲時，平凡的讀書生活，已不能滿足他的精神活動，忽然有一種詭異的幻想，攫住了這青年人的好奇心理，他迷起道家所傳說的「黃白術」來，同時還一心一意地鍛鍊絕粒運氣的方法，辟穀求仙，鬧得本來不很結實的身體，奄奄一息，闔家的人環繞在他床前涕泣相勸，他才放棄了那些虛無縹緲的玄想。戊戌年他三十九歲，駐師舟山，作〈述懷〉二首，其一即是回念這段故事。有曰：

弱齡尚遐異，辟穀慕青鸞。骨肉相驚涕，時復勸加餐。因緣誤煙火，塵鞅日以攢。上書獻天子，索米走長安。……蕭然世外味，曾無九還丹？仙靈重名教，忠義固其端。所惡精已搖，何以生羽翰？神理或不滅，毋勞白玉棺？[13]

然而，繼此而後的，他卻是糾合了一班椎埋拳勇之徒，扛鼎擊劍之餘，繼又縱情聲色，呼盧狂賭起來。煌言只為博取「千金一擲」的痛快，竟負下了一身賭債，逼得走投無路，終於偷出家裡田地產業的契據來，要想變價還債。

11 編者注：事見《鮚埼亭集內編》（《全祖望集彙校集注》，上冊），卷九，碑銘四，〈明故權兵部尚書兼翰林院侍講學士鄞張公神道碑銘〉，頁一九四－一九五。

12 據全祖望〈張督師畫像記〉。又全氏言：「余年十八，張（公女）年八十。」時在清康熙六十一年，準此推算，則張女當生於明崇禎十六年癸未，時煌言二十四歲。編按：《鮚埼亭集外編》（《全祖望集彙校集注》，中冊），卷十九，頁一一一三－一一一四。

13 編者注：《奇零草．述懷二首》，《張蒼水集》，頁七十一；《張蒼水先生專集》，頁七十三；《張蒼水全集》，頁七十。

這樣子的事情，正如紙難包火，圭章先生立即發覺，激怒得拚命杖責這個敗壞張家門風的逆子，同時通知遠近親友，對他作了一個全面性的經濟封鎖。

煌言被打得遍體鱗傷，奄奄一息，但是賭場的債主並不放鬆他一步，依然追逼得日甚一日。

幸而此時，他遇到了平生第一個知己：鄉人全美樟。

美樟字木千，號穆翁，他早就聽過煌言的故事，但是並未見過這個不齒於鄉黨的少年，恰巧在煌言這個最困難的關頭，他倆一見，穆翁便獨違眾論，慨然說道：「斯異人也！」

全家並不富有，但他為了救拔這個非常的青年，竟把自己所有的負郭良田，變賣了三百兩銀子，代他還清賭債，並且勸他慢慢地折節改行。士為知己者死，煌言終生服膺這位義友，後來他的獨生女兒許配給穆翁的次子，他們兩人也就成了兒女親家。他女兒追述她父翁二人的交誼，有曰：「督師（煌言）於儕輩不肯受一語，惟見先生（穆翁）稍斂其芒角。」[14]

日後，煌言在海上，全家俱賴穆翁照料，他又在黃岩預備了一個幽僻的住處，一心等待煌言萬一事敗歸來，可以避居，這種生死交情，自非尋常風義所能及。

後來康乾時代的浙東史家全祖望就是穆翁的同族侄孫，也就是煌言女兒的夫家族侄，因此，他對煌言別有一重親切的感情，窮畢生之力，搜輯遺文軼事，而且每年會集同文，舉行私祭，其因緣即在於此。

・・・

煌言自此重理舊業，折節讀書，至崇禎十五年（一六四二年），二十三歲時，以「八十二名寧波府鄞縣學增廣生」的資格，前往省城應考崇禎壬午一科的浙江鄉試。這一科鄉薦的經義題目是：「君子務本，本立而道生」，「用其

14 編者注：全祖望：《鮚埼亭集外編》（《全祖望集彙校集注》，上冊），卷八，〈穆翁全先生墓志〉，頁八九四。

中於民」。「權然後知輕重，度然後知長短」，「君子以容民畜眾」，「天地解而雷雨作，雷雨作而百果草木皆甲坼，解之時大矣哉」。「易知則有親，易從則有功」，「天地之大德曰生」等。15

壬午科浙江鄉試的主考官是翰林院編修吳國華，字葵庵，宜興人；吏科給事中范淑泰，字通也，山東滋陽人，而他的房考老師則是青浦人錢世貴，字聖霑，崇禎庚辰科進士，曾任浙江諸暨縣的知縣。

煌言就在這科考中了舉人。

煌言考試的成績很好，本房座師錢世貴不但對於他的文章大加激賞，而且竟從文字氣體上，看出煌言的風格和識見，以褚遂良的大節、宋廣平的堅毅相期許。這篇薦語，非常贍美。如言：「褚河南書如瑤臺嬋娟，不勝綺靡，乃其人以大節著；宋廣平鐵心石腸，而賦性獨豔冶，此先輩於文章家神骨之外，兼登氣體，然必以茂美韶令為入格。此卷勢如鷩鱗躍波，情如翔鴻接翼，步驟益閑，符采倍耀，取其章美，足以衣被天下矣。論開創微言，聲出金石，判比度，不失分寸。五策敷陳時事，條達通明，知為才識兼茂之士，佇看大受者也。」[16]房考座師這樣推重，主考官的評騭也不尋常。

編修吳國華的批語是：「雅思雋筆，萬籟俱澄。」

左給事范淑泰的評語是：「不事高深，澹然自足。」

於是這二十三歲的生員，就在這次鄉試中了舉人。

中了舉的士人，除須準備赴京會試之外，為謀生計，有人坐教館，有人選編鄉闈卷子的名篇，交給書坊印成選本出售，收取編輯潤資，謂之「選政」，但選者也須薄有聲譽，選本才銷售得出去，如《儒林外史》中的馬二先生，便是替嘉興文海樓書坊精選三科墨程，居然也稱「選家」的便是。煌言中舉後，也曾搞過這玩藝兒，所編題曰「銘燕」，無非賺些潤筆，作為北上會試的盤纏

15 編者注：資料見張遺著〈鄉薦經義〉（《張蒼水集》，頁一八二—一九二；《張蒼水先生專集》，頁一九六—二〇六；《張蒼水全集》，頁一九一—一九九。

16 編者注：此引自張壽鏞對〈鄉薦經義〉按語。見《張蒼水先生專集》，頁二〇五；《張蒼水全集》，頁一九九。

而已。

照明代的科舉制度，鄉試的次年即為會試之期，各省的新科舉人，都要計偕入都，北上應考。大約煌言也曾於次年——即崇禎十六年遠赴北京應癸未科的大考。不過，這一次他卻並沒有考上。而且在他南返不久，就已爆發甲申國變，整個中國因李闖攻陷京師而全面動盪起來，烽火漫天而起了。十年後煌言追懷昔遊，有曰：

棄繻猶及到燕關，慘澹風雲十載還。狼鬣自從當日舞，龍髯能得幾人攀？漢陵弓劍存亡後，晉室衣冠興廢間。轉眼書生成故老，慚無媧石補江山。[17]

他自幸拋卻儒冠、從戎救國以前，還來得及以一個新科舉人的身分參加禮部會試。此後，他就與飄搖的國脈同命，再無那樣從容的際遇了。

・・・

煌言出生在萬曆朝的最後一年（一六二〇年），天啟一代七年，正是他童年的黃金時代，然而明代的政治，卻就壞在這兩代皇帝——神宗和熹宗的統治之中，君昏政秕，閹宦擅權，把一座三百年的大明江山，直搞得天昏地黑，水盡山窮。等到崇禎皇帝即位，早已內憂外患，交相倚伏，流寇起於西北，女真盤據兩遼，烽火滿野，邊患連年，國家的命運，久在風雨飄搖之中，面臨崩潰的邊緣了。

崇禎帝初即位時，雖然極想奮發有為，頗有一番英明果敢的新氣象，懲除閹黨，任用清流；然而敗亂已入腹心，積重一時難返，加以崇禎求治心切，操持過激，到後來連他自己也把握不住一定的方針，無論軍國大政的決策，內

17 編者注：張煌言：《奇零草・追往八首（一）》，《張蒼水集》，頁九十三；《張蒼水先生專集》，頁三十八；《張蒼水全集》，頁三十七。

外臣工的選擇，都常常朝令夕改，忽起忽降，在位十七年間，秉政的首輔，就更用到二十餘人之多，朝局焉得不亂？而且，中樞的步調如此不穩定，又如何能望地方政治的修明，加以法令如毛，責望急切，譬如揚湯止沸，自然求治反亂了。而明末士大夫間盛行結黨的風氣，又使得崇禎對於他們個個都覺得可疑起來。既不能信任結黨的士大夫，生長深宮的皇帝，便很自然地重蹈了明室帝王傳統的痼疾，回頭專任太監，付以監軍、典鎮、理財等重任，把國家的命脈——軍隊和財政交到這班宦官手上，還有什麼希望，終於弄得人心離散，禍亂一經爆發，便不可收拾而終於覆亡。《明史．流寇傳》載李自成批評崇禎的話：「性多疑而任察，好剛而尚氣。任察則苛刻寡恩，尚氣則急劇失措。」18實在是非常客觀的評論，不能以人廢言。這樣一個悲劇性格的皇帝，偏偏遇上這麼一個悲劇氣氛濃重的時代，天下怎得不亂！明室怎得不亡！

朝政如此，而地方政治的黑暗更甚。飢餓線上的農民，實在是流寇叛亂最大的資本。

明朝的土地制度，對農民的壓榨，異常苛刻，在官田的名目之下，皇族有皇莊，勳臣有官莊，這些莊田初還限於畿輔，後來遍及郡縣，竟占當時全國耕地七分之一的面積，這本來已是一種驚人的霸占了；何況管皇莊的太監，管官莊的豪僕，對於農民的敲榨剝削，又是無限的驕橫；地方官又任意派遣徭役，廢時失業，捐租重重，吸血吮髓，沒個休止，再加以崇禎年間的水旱蟲災，又遍地皆是。飢寒交迫，流離失所的農民，便個個抱著鋌而走險的思想，一有機會，無不參加叛亂。一股一股官逼民反的叛亂與暴動，必須用兵鎮壓，而官兵的兇殘甚於盜匪，酷吏的掊克敲剝，又永無饜足，遂使一部分老實而不敢叛亂的農民，也不得不因逃避官家的逼迫投身「寇黨」，於是，「流寇」的勢焰日益旺盛，力量日益龐大，陝西的李自成終於成了滾雪球的中心，儼然成了農民叛亂集團所擁戴的闖王。

18 編者注：《明史》（北京：中華書局，一九七四年），第二十六冊，卷三〇九，列傳一九七〈流賊〉，頁七九四八。編按：文中所引的話，並非李自成對崇禎帝的批評，而是《明史》編纂者置於此卷開首的評語。

闖王攻入皇城，崇禎皇帝縊死煤山，偏偏吳三桂又為了陳圓圓「衝冠一怒為紅顏」，帶領清兵入關，終使中國臣民，淪於異族。

煌言的青年時代，就是這麼一個內憂外患交乘的痛苦的時期。

甲申國變後，煌言不能沒有「安得此身生羽翰，高搏橫擊待攀鱗」的苦悶。

崇禎十七年（一六四四年）五月，南都大臣史可法、馬士英等擁戴福王由崧即位南京，改明年為弘光元年。

當此危亡關頭，人人都有赴難之心，何況煌言。他曾於這年秋天，隻身跑到南京去了一次。然而當時的南都，朝中正士正被奸邪排斥，大權幾已全為馬瑤草（士英）、阮鬍（大鋮）所把持，金陵城中正瀰漫著招權納賄、腐惡荒淫的景象，以煌言這麼一個年僅二十五歲的新科舉人，自然一無際遇，「請纓無路」，空手而歸。

翌年，煌言曾因友人朱夏夫（兆殷）的介紹，去訪謁過紹興知府于穎。

穎字穎長，江蘇金壇縣人，崇禎辛未進士。他是守土有責的地方官，很有遠大的眼光，這時候，紹興籍的理學名臣劉宗周，已被馬、阮排擠，致仕回籍，于氏在任，當此動亂，事事請教於這位前輩，竭力作一切禦侮保鄉的準備。[19]

煌言很受于知府的看重，兩人訂交自此。

他們暫時都只能憂心忡忡地靜觀時局的推移衍變。煌言回到鄞縣附近的駝峰山中，閉戶讀書。

19 詳見全祖望《金壇于公事略》。編按：該篇全名為〈明浙撫右僉御史前分巡寧紹台道金壇于公事略〉，見《鮚埼亭集內編》（《全祖望集彙校集注》），上冊，卷二十六，狀略二，頁四七三－四七六。

第二章
浙東起義

弘光元年乙酉（一六四五年）五月，清兵破南京城，草草一年的「金粉南朝」，就此土崩瓦解，只剩下幾處曲殿迴廊，無數風流遺事，供後人低迴憑弔，徒興黍離麥秀、荊棘銅駝的感慨而已。

但是，弘光朝之迅速敗亡，在整個明代抵抗異族入侵的鬥爭史上，實在是一次摧殘國本的最嚴重的打擊。

當弘光初建時，中華民族雖已落入內亂（流寇）與外禍（滿清）交相脅迫的境地，然而，當時真正為滿人占領的地區，關內不過河北、山東兩個省區，大河以南，都在弘光政府手上。至於兵力，左良玉擁有精兵三十六營，雄據長江上游的武漢；江北還有四鎮重兵，分布淮泗，拱衛南都；鄭芝龍、鄭彩的閩軍，分屯沿江沿海，鞏固江防海防，此外尚有袁繼咸的贛軍、何騰蛟的湘軍、粵桂滇黔的地方部隊，以及用於剿寇的川軍，總數至少尚有數百萬人馬，武力不能說不厚實。更何況長江以南和廣大的西南地區，物產豐阜，民力厚積，向來是全國最稱豐腴的省份，具有這樣優越的人力物力，假使能夠好好運用，拿來抵抗初入中原的韃子，不但進可以渡黃河，復故土，即使退一步說，集中東南的力量，嚴守黃河南岸，最低限度，確保江南半壁，總應該是不成問題的。

但是自己這方面政治的敗壞，比壓境的強敵更可怕。一艘驚風駭浪中的大船，並不一定遭浪潮所吞噬，但如舵手昏庸，人心惶亂，則此船的命運就少有希望了。弘光政府便為馬、阮所誤，短短一年，散盡國力，喪盡人心士氣，敵騎還未渡江，先自逃跑，哪得不就此一敗塗地。

南都覆亡，不但明朝的政體瓦解，連他所掌握的武力，也都在這一場大浪潮中，被沖激得四分八散，潰無完體。左良玉悲憤而死，他的部隊叛降了十分之九，贛軍袁繼咸被俘，江北四鎮的兵馬，如翻山鷂高傑被殺後，他的遺部大部分為許定國裹挾，投降了滿清，花馬兒劉良佐射殺黃得功，併吞了黃的隊伍，劫持了弘光皇帝降了敵人。只有少數忠貞不屈的軍士，才流入江西、湖南一帶，吸收了西北方面逃來的流寇殘部，成為日後復國西南永曆政府的基本武力。防守鎮江的鄭鴻逵、鄭彩所統率的閩軍，撤退得快，保全實力，逃回福建，後來做了擁戴隆武的資本。其餘，有的潰散江南，成了打家劫舍的散兵游勇，而滇黔川湘間倖存的若干地方武力，單弱而沒有組織，只是翹望東南，苦撐待變而已。

大勢雖然如此，而南京的敗訊一經傳布，江南各地就紛紛組織鄉兵起義，「血路心城」，準備以各自的力量抵抗滿人的入侵。

是年五月十五日，滿清統帥豫王多鐸進駐南京城後，立即派遣貝勒博洛分兵入浙。浙西各縣一部分的地方官吏和鄉紳，懾於敵人的兵威，要想保全官位財產，先期遣使約降者大有人在，因此，清兵到處，有如秋風落葉，一路上獻城納降，好不痛快。

但是，中華民族也不是全部可以隨便屈服的，自南京而下，蘇浙各縣的鄉鎮、山村，特別是太湖沼澤地區，民間抗清的義軍，也同時蜂擁而起，他們展布的情形，大略如次：

江蘇方面：兵部職方主事吳易和舉人孫兆奎等起兵吳江。

諸生陸世鑰和戴之儁等起兵於蘇州之陳湖。

左通政使侯峒曾和進士黃淳耀等起於嘉定。

總督兵部侍郎沈猶龍和中書舍人李待問起於松江。

僉都御史王永祚和編修朱天麟等興兵崑山。

行人盧觀象起兵宜興。

指揮侯承祖興兵於金山衛。

至如江陰典史閻應元率領民兵，固守圍城達八十日之久，城內外死傷十餘萬人。城破之日，他在城樓上題下名聯：「八十日帶髮效忠，表太祖十七朝人物；十萬人同心死義，留大明三百里江山。」[1]然後就義。此是清兵下江南所

1 編者注：語見東村八十一老人《明季甲乙彙編》（《四庫禁燬書叢刊》（北京：北京出版社，二〇〇〇年），史部，第三十三冊，卷四，葉三十五左（頁七三二））、計六奇《明季南略》（臺北：臺灣銀行經濟研究室，一九六三年，第二冊，卷九，〈南都甲乙紀續・續記（難民口述）〉，頁二六二）、李驎《虬峰文集》（《四庫禁燬書叢刊》，集部，第一三一冊，卷十九，〈書乙酉殉難紀後〉，葉七十四右（頁六八六））、屈大均《皇明四朝成仁錄》（《四庫禁燬書叢刊》，史部，第五十冊，卷六，〈書乙酉殉難紀後〉，葉二二二左–二二三右（頁五八二–五八三））及許重熙撰《明季甲乙兩年彙略》（《續修四庫全書》（上海：上海古籍出版社，一九九五年），第四四一冊，〈三卷遺事補〉，葉三十七右（頁六十）），惟各書皆沒說是閻應元題城樓之作。有言此為時人之語，而李驎指，此乃「江陰學官題其壁」，計六奇及屈大均則謂，此乃江陰野史之言。又，「十萬人同心死義」，「十萬」應是「六萬」之誤。

遭遇最嚴厲的一場硬仗。太湖方面，港汊縱橫，煙波浩淼，更是一片發展游擊戰的理想地區，何況此地原有鎮南伯黃蜚擁有一支數萬兵馬的正規軍，可以倚為主力。起義的民兵有：

部郎王期升和吳景亶在太湖西山和浙江長興一帶。

吳福之等在武進。

葛麟在丹陽。

威虜伯吳志葵擁兵萬餘，在吳淞沿海一帶，遊弋接應。

浙西方面：

吏部尚書徐石麒和翰林屠象美等起兵於嘉興平湖。

職方監軍錢旃和主事錢柄起兵於嘉善。

舉人周宗彝起兵海寧。

陳萬良起兵崇德。

從上列這些領導起兵的人物來看，有一個不容忽視的特徵，即他們本來都是峨冠博帶的士大夫，不是在籍的朝官，就是地方的縉紳，縱然素來未習軍旅之事，只因國難當頭，如謂：「讀聖賢書所為何事？」他們也確實盡到了同仇敵愾之心，組織民眾武力，毀家紓難，領導起義。

· · ·

浙東方面，雖然中間還隔了一條錢江，情形也是一樣。原任紹興知府的于穎，這時候已經升任為寧紹台分巡道，首當江防的重任，他先傳檄所屬三郡各縣，合力準備防衛，同時邀請各縣的地方領袖，集會紹興，共商抗敵的大計。

舉人張煌言也是應約的一人，他於參加這次盟會後，又獨自跑到省城杭州去看看那邊的情形。

但是，杭州的局勢，非常使人失望。

浙江巡撫張秉貞，正在會合同官和一部分士紳，醞釀擁戴原駐杭州的潞王，出來監國。

潞王常淓，是穆宗載垕的孫子，潞王翊鏐的兒子，[2]自甲申春天，從淮上避難出來以後，就奉命改駐杭州。他確是一位近支的皇族，當南都議立時，史可法曾經主張推戴潞王繼統，以抵制馬士英主立的福藩。他說道：「以倫序，福王當立，然其為人，不孝，虐下，干預有司，不讀書，貪淫酗酒，不如立潞王。」[3]然而，這一主張為手握兵權的人物所排斥，並未實現。

其實，潞王常淓個人品德，雖比福王由崧好，但他秉性仁柔，長齋禮佛，也絕不是擔當危亡的材料，煌言聽說如此，只得嘆口氣道：「毫無帝王氣概！」[4]

然而，浙江當道的計畫照樣實現，潞王果於六月初六日監國杭州，當時只有巡撫張秉貞、巡按何綸、巡鹽李挺三人在側，情況非常落寞。

在此以前，清帥貝勒博洛已於五月二十七、八，到了蘇州，原來浙江方面並非真要存立君裔，抵抗外敵，借名監國不過十天，就利用這個名義，派總兵陳洪範前往蘇州清營，納款請和。潞王只有「我佛慈悲，捨身飼虎」的願力，但求清兵不要屠戮杭州的人民，決心與城共降。

但侯煌言回到鄞縣，鄞縣的救亡運動，已由一批年輕的秀才在奔走發動起來了。

這批年輕的秀才，即是後來被人稱為「鄞縣六狂生」的董志寧、王家勤、張夢錫、華夏、陸宇燝和毛聚煃。

他們僅憑一片愛國的熱心，奔走鼓吹；他們曾借了城裡的學宮召開會議，他們也分頭遍謁郡中有地位聲望、有力量的長老，敦請他們出來領導。

然而，他們的年紀太輕，聲望不足，他們唇敝舌焦的活動，只開風氣，沒

2 查繼佐《魯春秋》：「杭諸紳奉皇太后命，敦請潞王翊鏐監國。」誤以子為父。在杭監國十日者乃翊鏐之子常淓。編按：見《魯春秋》（臺北：臺灣銀行，一九六一年），頁一。

3 編者注：鎖綠山人：《明亡述略》（臺北：臺灣銀行經濟研究室，一九六八年），卷二，頁二十一。

4 編者注：《東南紀事》，卷九，〈張煌言・附錄逸事〉（《續修四庫全書》，第三三二冊），葉八右－八左（頁七十）。

有具體的成功。

在另一方面，漢奸們的活動，卻在積極推進。

滿清的大兵，雖然離開浙東還遠，但是滿清的政治攻勢，卻已埋伏在山城處處。一部分地方官吏聯合了豪富權紳，為了保全他們的祿位和財產，早就鑽頭覓縫，在尋取投降的路線，而且有好多地方已經部署成功了，有的是地方官先變節，先自接受滿人的委劄，有的是舊官被地方上的漢奸勢力趕跑了，漢奸也就在光天化日之下，公開出現。寧波府的原任同知朱之葵、原任通判孔聞語，即屬於前者，他們兩人早就派人過江表示迎降，並且已由滿清大帥給了委劄，各許升官一級；朱之葵因此興奮得很，竟親自出馬，到餘姚為清兵輸糧去了。

餘姚是鄞縣的鄰邑，這時候，滿清方面已先派了一個攝印官黃元如來，接收縣事。這位偽攝印官為要邀功討好，下馬之初，立刻徵發邑中的貧民，趕修馳道，以備迎接「王師」，他狐假虎威，任意鞭打徵來的民工，這班民工，不堪壓迫，就把這位偽官拖出衙署，在大街上包圍起來毒打，一時輟耕而從的老百姓達數千人之眾，乘此揭竿舉義。由於此一突發的事變，促使尚未成熟的地下救亡運動，提前於閏六月初九日爆發出來。

原來，弘光時期，罷官返鄉的理學名臣劉宗周（念臺），目擊時勢如此，國亡無日，自己年老病衰，雖已無能為力，但也不忍身蒙亡國之辱，早就決心絕食殉國，但在未死之前，他卻竭力鼓勵他的門生故吏和鄉中子弟，起義衛土。如紹興的于穎、鄭遵謙，餘姚的熊汝霖、孫嘉績等浙東舉義的中堅人物，都從劉念臺先生一脈而起。

熊汝霖崇禎進士，劉宗周最得意的門生，據說，當老師絕食彌留的時候，他正侍立床側，宗周以前已囑咐過于穎堅守紹興，並且吩咐過他一切大事當與熊汝霖聯絡，際此易簀前的頃刻時間，他對汝霖嘆道：「我已絕粒待死，諸公倘有能學田橫者，天下事，猶可為也。但是，悠悠之輩，誰足語此，汝其勉之。」[5]當熊向他請示辦法時，他自床上掙扎起來，用手指蘸水，在几上寫了

5　編者注：事見全祖望〈明兵部尚書兼東閣大學士贈太保謚忠襄孫公神道碑銘〉（《全祖望集彙校集注》，上冊，《結埼亭集外編》，卷四），頁七九六。所引字句略有修改。

一個「魯」字。不久，他就死了。此後，時勢日益危岌，熊汝霖便遵照老師的遺命，會同了他的朋友前任九江道僉事孫嘉績，密謀舉義。由嘉績負責組織本地的同志，而他自己就在寧紹一帶，奔走聯絡，招募義軍。本來，他們與寧紹各郡秘密約定共同舉義的日期還沒有到，但此時餘姚既有這一場漢奸逼反人民的事變，乘此人心激動的好機會，汝霖就趕忙回到餘姚，提前發動了浙東自衛的大舉。他們當著狂怒的民眾，宣布這個漢奸攝印官種種惡行和罪狀後，就地將他殺了。而這批受壓迫的閭左貧民便成了浙東第一支義軍。

寧紹台分巡道于穎，自會盟紹興學宮以後，就另自籌餉募勇，高呼劃江備守。不料杭州淪陷得這樣快，六月十五日滿清方面派遣浙東的偽使已經到了紹興，人們在威脅和惶懼之下，一時離渙，于穎獨力難支，只得解印直奔蕭山，設法把蕭山的偽知縣陳瀛殺了，他就以蕭山作根據地，巡緝沿江，守截渡口，江防線上，刁斗森嚴。跟著又選派死士，冒險衝過江去，把清兵集中在北岸的渡江工具——船隻和木筏，斬鑿沉淹；一面募兵徵船，議餉議守，十分忙碌。

于穎退出了的紹興，在漢奸尚未站穩以前，就被餘姚臨山衛的一位豪士鄭遵謙，以大刀闊斧的鐵腕，光復了過來。

鄭遵謙本來是個貴介公子，但卻賦性豪邁，不矜細行，平日由於他那種鄉里俠少的行徑，一向不為父老所看重，他只鬥雞擊劍，攜娼酗酒。然而，自南都淪陷之後，他就別有懷抱，「陰養健兒，市好馬，意指莫測」[6]起來，待到閏六月十一日，準備成熟，忽然結合了郡中少年劉翼明等多人，執械鼓譟，擁進了紹興府署，把漢奸太守張愫、知縣彭萬里殺了，在獄中搶出了他所私匿的娼女金姬，就此光復了紹興。

遵謙紹興舉義，于穎光復蕭山，他們兩人首先派兵五百名，扼守錢江。遵謙在紹興城中，自號都統制大將軍，召集合郡士紳，在水神廟開會，這位鄉中浪子此日居然戎服登臺，氣勢非常煊赫。那些向來為于穎籲請所不至的富紳大戶，現在凜於這位說幹就幹的俠少鋒芒，卻無人再敢怠慢，自前任吏部尚書商周祚以下，都身著皂衣悄悄地自角門入室，準時來會，對於這位肉袒挺劍的大

6　編者注：事見邵廷采《東南紀事》，卷六，〈鄭遵謙〉，葉一右（頁五十五）。

將軍一切的分派和囑咐，只是誠惶誠恐地全部承諾了下來。

餘姚首義的孫嘉績，致書以前同任吏科都給事中但又是他的門生的林時對，約他發動寧波的義師，於是林時對就加入六狂生的活動，倍形活躍起來。不過大局似火，刻不容緩，林等自忖社會地位太薄弱，非有一個具有聲望的領袖人物出來號召不可。他們的眼光就落在一位有名的士紳身上，而這位士紳此時卻正在鄞縣郊外守喪臥病。

這位青年士紳錢肅樂，崇禎丁丑科的進士出身，家庭門第很高，是鄞縣有數的望族，曾任太倉、崑山等縣知縣，頗具政績，升任刑部員外郎。南都淪陷時，他正因父喪，遵禮守制，住在鄉間丙舍，咯血臥病之中。

六狂生之一的陸宇爝，曾與肅樂同學，所以就由他下鄉來促駕，肅樂當此，義不容辭，便偕同力疾乘輿，趕回寧波城來。

閏六月十三日，錢肅樂大會鄞縣縉紳士子於城隍廟——宣布起義。[7]

開會之日，許多被邀約的人中，以素喜慷慨談兵的張煌言，第一個賁息而至。

肅樂一眼看見這位瘦長身材的白袷少年，急急慌慌地奔進廟門來，他便立刻起身相迎，兩人執手唏噓，只見他高顴銳目，白皙的臉上，湧起了一片緋紅，眼眶裡含著瑩瑩淚水，一句話也說不出來。

等到地方上具有聲望的鄉老和各式有力人物，都應了肅樂的邀請先後到會時，卻跟著來了兩位不速之客，弄得滿場人眾為之愕然。

那來者正是本地漢奸頭目，偽寧波知府朱之葵、偽同知孔聞語，這兩個渾人本來還想以地方首長的身分前來阻止大會的進行，也有若干盲昧的縉紳，居然降階相迎。但是，高據臺上的錢肅樂，卻把這兩位漢奸的大紅名刺，當眾撕毀，拂衣而起。於是圍繞階前的老百姓和會眾，齊聲怒吼起來：「擁護錢公起

7　浙東起義期日，各書都以寧波起兵日期為主。如《魯春秋》即曰：「閏六月之十有三日，浙東西江南縉紳士民，競舞槊起，無所期會，自城以外，窮鄉僻澨，各自為屯。」據徐芳烈《浙東紀略》所記起義先後，以餘姚為最早，閏六月初九，紹興為十一日，蕭山、寧波皆十三日，嵊縣十四日。芳烈親與浙東舉義，所言當可據為信說。編按：「自城以外」，原書作「自城守以外」。見《魯春秋》，頁五。

義！」

城隍廟裡，登時歡聲雷動，一倏時，人像浪潮一樣洶湧進來，歡呼擁護錢肅樂等一班為首人物，打進巡按署中，分頭掌握了海防道和守城的兵丁。

這時候，當地正規部隊的向背，對於大局的成敗，自是一個非常重要的關鍵。——漢奸要借用地方武力來破壞義舉，義軍義民要爭取國家武力的支持，錢肅樂手無寸兵，幸而這方面，鄞縣六狂生早有準備。對於定海總兵官王之仁和石浦守將張名振，他們不但屢次遣使投函，曉以大義，且曾到過他們的營地，當面陳說，獲得過他們的支持。

先曾有過一個謠言：駐在定海的浙鎮總兵王之仁，曾經接洽過投降，大家原以為不甚可靠。此時，鄞縣有個前任太僕的謝三賓，他因在自京南下的避難途中，擄截了一批逃亡中的流寇所拋棄的財物，忽然發了國難財，在鄉富可敵國。現在則剛剛僕僕長途去拜謁過滿清的貝勒回來，一心為要保全自己劫來的財富，便不能不想借重這位將軍之手，來撲滅這支燃燒身邊的正義之火，他曾惑於謠傳，誤認王之仁和他是一丘之貉，曾親筆致函王總兵說：「瀇瀇詌詌，出自庸妄六狂生，而一稚紳和之。將軍以所部來，斬此七人，事即定矣。某當以千金為壽。」[8]到了十五日，王之仁果然率部抵郡，並且大會合縣鄉老人士於演武場。屆時，王將軍戎服臨場，對著場上黑沉沉萬頭攢動的群眾，慢吞吞地在靴筒子裡抽出謝三賓那封信，高聲朗誦起來。

謝太僕的勞心苦計，不料竟成了一場難堪的玩笑，他也顧不得一切體面，忽地跳起身來，想從王之仁手中奪回那封親筆的大函。這卻激惱了那位大義凜然的將軍，突然放下臉來，吩咐左右的衛兵，以長刀挾持，將他押下臺去，下令殺他。

至此地步，這位謝太僕再也顧不得一向的尊嚴，只得伏地哀號，叩頭求恕。自有一班兔死狐悲的紳衿，代他出面求情，結果是罰他捐獻一萬兩白銀，充助義兵糧餉。

8 編者注：《小腆紀傳》（北京：中華書局，二〇一八年），下冊，卷四十五，〈王之仁〉，頁四七五。

接著慈溪的沈宸荃、馮元颺，金華的朱大典，嵊縣的裘尚奭，也都紛紛揭竿響應。至閏六月二十日，台州的縉紳陳函輝、柯夏卿等又會同了當地駐軍，南洋協鎮吳凱等，擁戴駐在台州的宗室魯王就地監國，襲殺偽使，募兵起義。[9]定海知縣朱懋華、奉化知縣顧之俊、象山知縣姜圻等都同時輸兵賚餉來會，江上義聲，震動全浙。

越中義軍領袖，一面分馳汛地，合力防江，積極整軍備戰。安宗（弘光）北狩以後，大位猶虛，閏六月二十五日，各地義軍首領集會紹興，大家商量結果，決定遵從劉念臺先生的遺命，聯名具疏迎請魯王來紹，正式就監國位。各地分遣代表，奉箋迎請，鄞縣的錢肅樂，就請張煌言為寧紹方面的代表，遄程赴臺迎駕。[10]

・・・

魯王以海，字巨川，別號恆山，太祖第九子荒王檀十傳裔孫，史書上譽

之為：「天姿粹朗，賦性慈易，能書諳歌律。」[11]確實不錯，他原是個忠厚溫

9 查繼佐《魯春秋》：「杭州北穎，北騎十二，疾促王入朝貝勒，會諸較起，沮江北嚴，於是台紳陳函輝柯夏卿等率鄉健共前殺北騎，而江上諸文武迎王表至，王即紹興，八月魯王行祭告禮於紹興，以明年為監國魯元年，不奉唐朔。」編按：「杭州北穎」，原文作「北款」；「台紳陳函輝柯夏卿等」，原文作「台鄉紳陳函輝、柯夏卿、翁明英等」；「共前殺北騎」，原文作「共前執殺北騎」；「魯王行祭告禮於紹興」，原文作「魯王行祭告禮監國於紹興」。《魯春秋》，頁十五。

10 迎王專使，非僅一人。邵廷采《東南紀事》言紹興鄭遵謙選遣元老前兵部尚書張國維迎王於台。《浙東紀略》言七月二十五日越中大老具疏請魯藩監國臨戎，原任吏部左侍郎陳盟迎於天台縣。《明史・錢肅樂傳》曰：「聞魯王在台州，遣舉人張煌言奉表請監國。會紹興、餘姚亦舉兵，乃赴紹興行監國事。」全祖望撰《鮚埼亭集》〈錢忠介公神道第二碑銘〉也說肅樂遣煌言迎魯王於天台，監國授煌言行人。茲據此。編按：錢傳見《明史》，第二十三冊，卷二七六，頁七〇八〇－七〇八一；《鮚埼亭集內編》（《全祖望集彙校集注》），上冊），卷七，碑銘二，〈明故兵部尚書兼東閣大學士贈太保吏部尚書謚忠介錢公神道第二碑銘〉，頁一四二－一五六。

11 編者注：《魯春秋》，頁十五；查繼佐：《罪惟錄》（杭州：浙江古籍出版社，一九八六年），第一冊，紀，卷十九，〈魯王監國附紀〉，頁四〇三。

柔，耽好逸雅的王孫。崇禎六年封鎮國將軍，十五年流寇攻陷山東兗州府時，他的父親壽鏞，兄以派、以珩、以江死難，崇禎十七年四月詔以海嗣襲王封；至福王立國南都，始命徙封江廣，暫駐浙江的台州。幾年來國亡家破，飽嘗顛沛流離之苦。各地使者來時，他正患脾癰臥病在床，無奈事勢緊急，禁不得敦請篤切，也就力疾乘輿，於八月初三日由煌言等扈從就道，[12]十六日至紹興，即以分守衙署作了行宮，祭告天地祖宗，就位監國，詔以明年為監國魯元年。[13]立元妃張氏，上故皇太子號曰淖皇帝，弘光帝曰赧皇帝。繼以監國名義，遣使宣召擁有浙東最大兵力的嚴州總兵方國安來紹共議戰守，並且遷就事實，派了躲在方營中的弘光逃輔馬士英，即監方軍，以示團結禦侮的涵容。

接著封拜群臣，進方國安鎮東侯；王之仁武寧侯；起方逢年為首輔；以元老張國維為兵部尚書，督師江上；以朱大典、宋之晉為東閣大學士，大典鎮守金華，之晉司票擬；李向中戶部尚書，王思任禮部尚書，錢肅樂為太僕，李少卿加右僉都御史，熊汝霖、孫嘉績皆督師右僉都御史，以于穎升任浙江巡撫，張煌言賜進士出身，授翰林院編修兼行人司事。

方國安得召，就統率所部水陸步騎從嚴州來到紹興，張國維則早已募集義兵八千，在沿江俟機游擊，在魯王到達紹興的前後，他曾以義兵連復富陽、於潛兩縣，至魯王即位，寧紹各郡的官義諸軍，便紛紛請求監國臨戎誓師，魯監國就於八月十九日駕蒞西興，會集水陸官義各兵將領，舉行誓師典禮，當時，

12 汪光復《航海遺聞》記魯王乙酉（一六四五年）閏六月監國台州，徐芳烈也說閏六月二十一日台州紳衿士庶共推魯藩監國，以張國維、宋之晉居內閣，陳函輝為詹事。計六奇《明季南略》則說擁戴魯王監國在乙酉六月廿七日戊寅，即日移紹興。但是照查著《魯春秋》僅言魯王會同鄉紳殺北使在台起兵，八月至紹興始行祭告禮，正監國位。邵廷采亦明書八月至紹興即監國位。大約當時唐魯互爭正統，或有魯臣執筆，故將魯王起兵日期即作監國日期，以示建國早於隆武，似非事實，茲從查、邵兩家說。編按：汪光復《航海遺聞》，原文作「乙酉六月初三日……至蠡城，建元監國……」，無「閏」字。見《臺灣文獻叢刊》（臺北：臺灣銀行，一九六一年），第一〇六種，《明季三朝野史》，附錄，頁五十七。

13 魯王領導台州舉義，事在閏六月廿一日。據隆武親筆覆書，魯王縱於七月十七日監國於台，但亦遲於唐王監國福州者半月有餘，隆武書中特詳月日，饒有深意。

群臣奉表勸進，魯監國說：「孤之監國，原非得已，當俟拜孝陵後，徐議樂推，未為晚也。」一固辭不許。

關於沿江防守的汛地，當經派定：方國安駐營七條沙，馬士英駐內江新壩，王之仁守西興，張國維駐內地長江，孫嘉績、熊汝霖駐營龍王塘，錢肅樂、沈宸荃等防守瓜瀝，鄭遵謙駐小亹，于穎駐內江漁浦，北洋協鎮張名振守三江，南洋協鎮吳凱據險策應。其後，方國安就命令他的侄子方應龍出據餘杭，方元科出據錢江對岸的六和塔，自己統率大兵隨時由南岸出應，當時的情形，真有秣馬厲兵，指日渡江的氣勢。十月初北兵窺江，方國安嚴陣以待，張國維率隊接應，裨將王國斌、趙天祥繼之，擊敗清兵，士氣大振。十一月再進方國安為荊國公，王之仁為寧國公，煌言得監國特達之知，復進為兵科給事中。

次議餉地，這是一個比較現實、不易克服的難題。監國魯王表示浙東八郡的賦稅，估計已夠供應各軍軍需，所以，他在朝不置戶部總餉官，詔由各軍自行商議劃分。於是，掌握最大兵力的方國安首先發難，他主張道：「方、王（之仁）兩部，都是正兵，浙東的田賦六十餘萬兩，應該全部撥充為正兵的軍餉。其他部隊統稱義兵，義兵的餉糧，應該取給於駐地富戶的樂助，不能分潤他們的正賦。」[14]

當會議之日，方、王的糧官皆至，態度豪橫，竟至喧囂於殿陛之上。戶部主事董守諭面奏當以一切正供，悉歸戶部，覆兵而後給餉，覆地而後定給餉的先後。他反對義餉，因為有名無實，後不可繼。然而方、王二帥，堅執不允，甚至說：「義師或散或留，聽其自為徵勸。」義軍首領為顧全大局，明知艱難，也只得忍痛承認。

於是議定以金華八縣歸張國維朱大典兩督師，方國安占據了衢州和紹興三府，王之仁原從定海來，就領有寧波府的錢糧，吳凱從臨海來，就占有台州的賦稅；其他義軍，名義上是各就駐地自行捐募，其實在這樣兵荒馬亂的年代，富戶逃亡，民窮財盡，更從何處募起；義兵既無的餉，又無可資勸助的對象，

14 編者注：事見全祖望〈明故兵部尚書兼東閣大學士贈太保吏部尚書謚忠介錢公神道第二碑銘〉（《全祖望集彙校集注》，上冊，《鮚埼亭集內編》，卷七），頁一四五。

自然只得揀稍有餘力的農民商戶，挨家徵募。不料後來有餉的正兵，還要打破成約，越疆奪取義兵駐區的餉源，於是徵募成了勒索，義捐變成劫掠，弄得人心混亂，民無死所。

魯監國江干誓師的時候，表面上看來，好像是四方響應，聲勢隆盛，然而按諸實力卻非常單薄，而且所處之地又係正當敵衝的險境。本來以區區浙東一片土地，劃江自守，號令所行，不過八個府治，尚且各為強橫的宿將自行分割，不能完全統一指揮；論兵力，雖說守江部卒，總計不下二十萬，但是能夠正式作戰的正兵，如王之仁尚肯老老實實的力主自守，而方國安卻一味謾言欺世，天天高唱渡江，而日日擁兵自恣。至於義兵，同仇敵愾之心是旺盛的，不過，他們的素質，只是一群倉卒間應召集合的農家子弟，既未經過訓練，也無實際作戰的經驗，而統兵官又都是一班建義的文臣，縱有一股忠勇之氣，奮力爭前，但是缺乏能力，漫無組織，因此戰守不一，期會不信，以致勝者自勝，敗者自敗，結果是勝者不能自保其成果，而挫敗者一點得不著友軍的支援，就自然落入分崩離散的地步。

更何況餉地不均，結果是幸運的正軍，自命是天之驕子，終日「飽嬉江頭」，按兵不動，並以淩虐義兵劫奪義餉為樂，而營無的餉的義軍，大都流落城鄉，成了一批一批沿門乞食的丐兵；浙東的人民，要應付永無休止的徵募，正兵和義兵交替迭來的捐課，初猶勸募，繼則勒索，終至榜楚富戶，掠奪平民，變成了一個擄人勒贖的強盜世界了。親身參加江上起義的蕭山人徐芳烈，在其所著《浙東紀略》裡說道：「自起義以來，浙東蜂擁之將，不可勝紀。人盡招兵，人盡派餉，甚且抄掠頻聞，搜括殆遍，（初）猶取投北者刮其財，繼則富家大室及農工商賈之人，靡不推索誅求，題官送禮之類，種種惡套，轉相效尤，日甚一日，諸營曾無饜足，嘗稱匱乏……派助之議起，更且大小相欺，強弱相並，今日捲東，明日捲西，以致室家離散，村落蕭條。」[15]這種辦法，自然造成官義尋仇，將帥不協，民有離怨，軍無鬥志的失敗局面。

15 編者注：引文與原書略有出入。「題官送禮」，原書作「題官送劄」。見《浙東紀略》（臺北：臺灣銀行經濟研究室，一九六八年），頁十三。

最可惜的，當時在浙東鄰近，本有兩大現成的力量，未曾好好利用。第一是浙西各地以及太湖方面紛紛興起的義軍，約在是年六、七月間，廣袤殷富的江南浙西地區，無論城鄉沼澤，紛起義兵，當時若能加強聯絡，戰守與共的統一運用起來，這一份力量真是不能估計的強大，不但克復清兵駐守單薄的杭州易如反掌，進而不難打通蘇浙閩粵四省，收復南都，再如聯合湘贛的義軍，以之逐鹿中原，則此後國運的旋轉究將如何，都未可知了。

其時，清兵初下江南，地方既未穩定，他們的軍事主力遠分散在華北追逐「流寇」，長江以南，除去豫王率領的大本營盤據南京以外，另外只有三路兵馬，分置蘇州、杭州和吳淞海口，當時若能會合各地義軍，同時發動反攻，桴鼓相應的話，則敵軍首尾受襲，勝利的把握很大，何況此後瀝血尋仇的各地義軍，也不致被各個擊破，有如電光石火一樣，轉歸消歇。

不幸的是如浙東監國之初，平湖義軍，正在被敵迫擊，事勢危急，錢肅樂即以該地義軍領袖翰林屠象美，書生不曉兵事，恐其有失，疏請監國出兵由海道急援，以為規復杭州的地步，然而監國左右，又有幾人能有如此高瞻遠矚，結果是「疏上不報」。全祖望撰錢傳曰：「說者謂監國初起江上，適有浙西首尾相應之勢，若用公言，則大（清）兵進退兩顧，杭州不復能守，可徑渡三吳，以窺白下。」[16]這是坐失機運之一。

第二個可資會合的力量，是福建方面的隆武皇帝及鄭氏的閩軍。隆武即位福州時，規模不小，鄭氏兄弟，力量雄厚，實為反清復明的主力，浙閩疆壤，只隔了一條棲霞嶺，尤應聯合一致，共禦外侮，卻不料同為高皇子孫的唐、魯二王，際此風雨飄搖之秋，卻都要獨立門戶，互爭正統，這是南明史上最可悲的一個事故。

· · ·

16 編者注：前引〈明故兵部尚書兼東閣大學士贈太保吏部尚書謚忠介錢公神道第二碑銘〉，頁一四五。

在魯王未到紹興以前，即同年閏六月初七日，福建的鎮守使總兵官南安伯鄭芝龍、靖虜伯鄭鴻逵會同禮部尚書黃道周、巡撫福建都御史張肯堂等，奉唐王粵鍵監國於福州，到了同月廿七日就徇群臣擁戴，即皇帝位於福州之南郊，是為紹宗皇帝，改是年七月一日以後為隆武元年（一六四五年）。魯王八月監國紹興，九月間，隆武即派給事中劉中藻自閩頒詔至浙。

閩使突如其來，魯王的監國地位，直接受到了根本的動搖。假如接受隆武的詔旨，自然應該自撤監國名號，臣服歸藩；假如拒絕呢？一國二君，總非共濟時艱之道，因此，盈廷朝士，議論紛紛，對於應否開讀閩詔這個難題，發生了一場極其激烈的爭議。

一派是主張拒絕受詔的，以兵部右侍郎總督義師的熊汝霖為首，陳涵輝、陳盟、李長祥附之，浙東宿將王之仁也支持他們反對的主張，理由是：「逢國大變，凡高皇帝子孫民吏，咸當協力，誓圖中興，事成，入關者王。」又說：「監國當人心奔散之日，鳩集為勞，若南拜正朔，人心無所依，舉足一動，義師星散。閩中鞭長莫及，猝然有變，脣亡齒寒，悔無可追。」[17]熊汝霖更說得激烈：「主上原無利天下之意，唐藩亦無坐登大寶之理，有功者，定論不磨。若我兵能復杭城，便是中興一半根腳，此時主上早正大號，亦是有名。……若其不能，而使閩兵克服武林，功之所在，誰當與爭，此時方議迎詔，亦未為晚。」[18]

一派是主張團結的，以錢肅樂、朱大典為主，肅樂連上封事，力主同姓息爭。于穎、孫嘉績附之，而大帥方國安、朱大典別有用心，為之後援。這一派說：「大敵當前，而同姓先爭，豈能成中興之業，即權宜稱皇太侄以報命，未為不可；若我師渡浙江，向金陵，大號亦非閩人所能奪。」[19]

當時兩派主張，各持己見，廷議洶洶，初則互相辯駁，繼則竟有人公開指

17 編者注：《東南紀事》，卷二，〈魯王以海〉，葉三左（頁十九）。
18 編者注：黃宗羲：〈移史館熊公雨殷行狀〉，《黃宗羲全集》，第十冊，傳狀類，頁五四二。
19 編者注：全祖望：〈明故兵部尚書兼東閣大學士贈太保吏部尚書謚忠介錢公神道第二碑銘〉，頁一四六。

責錢肅樂懷有二心，不忠共主；李長祥更其放肆，居然廷辱閩使，大失體統。甚至有「憑江數十萬眾，何難迴戈相向」那樣的話，傳說開來。魯王秉性慈易，無法解決這盈庭的爭論。他只自求退讓，說要頒令回台了。這使堅執拒絕閩詔的熊汝霖聞訊，憤而留疏出走，指監國是：「戀戀宮眷，遽返旌旄，思為退保之圖，久成日蹙之勢。」[20]

這時候的張煌言，年輕好勝，這問題非常衝擊他的意氣，洶洶爭議中，他也是激烈反對歸藩受詔論者之一，甚至不惜與他最早的知己錢肅樂分道揚鑣，自然更毫無顧忌地排斥其他的同僚。

御史楊文瓚上疏請受閩詔，煌言便提出反對的揭帖，竭力駁斥他的議論，兩個原是很好的朋友便從此破臉。

幸而這個時候，在前線總督師戎的元老張國維聞訊趕來，勸勿宣詔，此老身自戰線上來，深知官義各軍的心理，此時初經結合，若有變動，必將搖撼人心士氣，所以，他反對開讀唐詔，而主張以叔侄的身分，互相聯繫。

朝議決定，採用張國維的意見，覆文不用奏疏，而用平行的書啟，不提

「皇帝」、「監國」的字眼，止敘家人叔侄之禮，並派遣原任天津參政柯夏卿（號遯庵，黃岩人，進士）、太常少卿曹維才為報聘福州的專使，於丙戌（一六四六年）正月啟程赴閩。

派遣人選既定，煌言以他翰林兼行人的身分，自請輔行，大概他只是柯、曹二使的隨員，同行去閩，所以現有福建方面的載籍中，不見有關煌言的記述。但《奇零草》追往八首之四，他自有詩記行，並可覘其抱負。詩曰：

王業分明記昔年，乾坤日月尚雙懸。虹霓初亙牽牛際，雨露遙承附鳳偏。握節可曾干斗象，持籤時亦傍爐煙。繇來國脈難調久，自省原慚士雅鞭。[21]

20 編者注：《東南紀事》，卷五，〈熊汝霖〉，葉十一右（頁四十九）。

21 編者注：《張蒼水集》，頁九十四；《張蒼水先生專集》，頁三十八；《張蒼水全集》，頁三十七。

但是，隆武接書，非常恚恨，親筆覆書給他的侄子，開頭就抬出太祖高皇帝來，說：「朕與侄王，同分高廟，何忍一線嫌疑。」繼則說他自己生性淡泊，為群臣勸逼，當時以無人可讓，這才勉強「以巢繇之身，被堯禹之服」。並特意指明魯王監國浙東的日期，是在他福州正位以後，所以「朕與魯王，大義正於先後，名分尤不在於叔侄。魯王先立，朕雖叔輩，斷當北面魯王，以存太祖；若復後立，是名為爭，總一立也，先立以存太祖為孝，後立以壞祖宗為不孝，今朕先監國登極四十日，在萬古自有至公，豈今日一二佞舌可以顛倒？」最後他提出了一個非常具體的通知，說他將「直趨江干督戰，先衢暫住，俟王回音。或諸臣不信朕之坦懷，各恐失其佐命；王或不答，或再覆以責備，朕一定怡然自咎，惟期奮力江干，贖朕無能之過；或又不爾，實不敢捨金溫衢，自絕八閩咽喉，躬率兵將於建撫，為上游瞻仰孝陵之計，王勉事武林，期與侄王共至金陵。」此書長幾二千字，為「素好讀書，博通典故」的紹宗皇帝親筆所書，除出作為外交文件外，後來雙方爭執擴大，又印成小冊，廣為分發，竟成了一時的宣傳資料。[22]

翌年正月，隆武遣詔使陸清源轉餉十萬兩，來浙東犒師，實際上這是福建方面收買浙東將帥的一個手腕，不過其中最大失著是江上諸軍，都有分額，偏偏遺漏了馬士英和王之仁兩人，此或紹宗皇帝書生脾氣作祟，他以為王之仁曾經投降過滿清貝勒，志慮未純，而馬士英更是罪惡滔天的「逆輔」，所以故予剔除，以示正義，不料因此觸怒士英，他便從中構釁，唆使王之仁把閩使陸清源在戰地殺了，還公開檄數唐王的過失，本已齟齬的兩家，不啻火上加油，從此惡感更深，水火益甚了。

當時，閩浙的主子，在暗中互相爭取雙方的主將，如福建派楊文聰駐衢州聯絡浙東的方國安、朱大典。浙東自不後人，便派了與鄭芝龍頗有私交的陳

22 隆武原書，為一極有價值之第一手資料，全文見樂天居士《痛史》本隆武遺事附錄。編按：參見于浩輯：《明清史料叢書八種》（北京：北京圖書館出版社，二〇〇五年），第八冊，《痛史．隆武遺事》，〈隆武皇帝親答監國魯王御書〉，葉十一右－葉十二左（頁二六一－二六四）。

謙，前往福建，遊說芝龍兄弟。[23]事聞於御史錢邦芑，報告隆武，大怒，下謙於獄，芝龍果然疏救，隆武感到「不急除恐生內急」，秘密將他殺了，等到芝龍來救，亦已不及，使芝龍有我雖不殺伯仁，伯仁由我而死的怨誹。

四月，浙東再派左軍都督裘兆錦、行人林必達至福京，奉監國敕令，以公爵晉封芝龍兄弟。[24]紹宗更怒，不但以其「招搖煽惑，欺侮肆行」，把裘、林二人都囚禁起來，且要俟廷對時面請芝龍、鴻逵，害得芝龍兄弟都愧憤不敢入朝。

至此，浙、閩之爭，已經完全決裂，不但信使從此隔絕，若非大局驟壞，依此激盪摩擦，或竟發生內戰也難說得很了。

・・・

自煌言從福京回來以後，浙東的情況，已經敗象叢生，混亂迭見了。閩、浙交惡既已日趨激烈，而官軍義兵的相仇，更是糾結不解。人民不勝抄掠擄劫，只得紛紛逃亡，又不幸這年秋天，久雨釀成水災，無力逃難的貧民，流離街市，遍地哀嗷，義軍餓著肚子，自生自滅；而正兵飽食優游如故。

魯監國仁柔有餘，命世不足，他繼承了明代帝王的舊衣缽，寵任外戚張國俊、內侍客鳳儀，於是，外戚內監就在府內挾持監國，在府外聯絡悍帥，裡應外合，招權納賄，中樞本身沒有力量，監國只能廣施名器，收攬人心，所以武將驕橫，競營高爵，泄沓士夫，也就拚命地求官乞蔭，浙東開國半年，已經弄得「塗巷之內，半腰犀玉」，甚至髫齔子弟，也已「繡衣冠佩，傳呼道上」來了。如《浙東紀略》言：「行間驕悍之夫，獵取而上，府銜鎮體，肩輿黃蓋，

23 據徐鼒《小腆紀傳》：「芝龍既平海寇劉香老，遂以海利交通朝貴，寖以大顯，有同官陳謙者，嘗與芝龍盟於廣州。南都立……令賚書金帛，獎諭芝龍，封為南安伯，比啟勅書，乃誤南安為安南，芝龍愀然，謙曰：安南則兼兩廣，若南安僅一邑耳。請留券而易詔，芝龍大喜，厚贈而別。」編按：事見《小腆紀傳》，下冊，卷六十三，〈貳臣．鄭芝龍〉，頁七五七。

24 乙酉（一六四五年）七月，鄭氏兄弟在隆武朝，爵僅及侯。蓋紹宗視名器甚重，不如浙東之濫。當時芝龍為平虜侯，鴻逵為靖虜侯，芝豹為澄濟伯。

相望於道；而文士進身者，甚有鄙薄縣令郡守，謂不足焉，名器濫觴，至此已極。而又官義相仇，文武異志，官兵則勒榜追餉，量敵諱戰，義兵則額餉無憑，都起退聽之志。」[25]然而，在此同時，相隔只有錢江一衣帶水的對岸，滿清人卻正在拚命地分別掃蕩江南地區內的游擊義軍，上年夏秋間浙西江南紛紛起義的民族武力，到了此時，都已如流星爝火，逐漸消亡，眼看八旗子弟就將直指江東了，一般人都很悲觀，即如大臣錢肅樂也有「國有十亡而無一存，民有十死而無一生」的奏疏。

張煌言也算是一個起義從龍的人物，但他當時地位還不過是一個翰林知制誥的侍從文官，兼任兵科給事中而已，並無十分政治權力可言。他雖曾屢次露章上諫，條陳建白，但如石沉大海，連一點浪紋也不得見。

浙東前途，瀰漫一片悲觀失望的心理。然而，二十七歲的張煌言，卻不肯為現實低頭，他秉著倔強的性格，從不認輸。邵廷采記述他在此一期間，每於「行間歌嘯之間」，總是義形辭色地以大義激勵同人，往往說得「髮指衝冠，面紅耳赤」。

數年之後，他詩記越中舊事，自己也說：

長驅胡騎幾曾經，草木江南半帶腥。肝腦總拼塗舊闕，鬚眉誰復嘆新亭。椎飛博浪沙皆走，弩注錢塘潮亦停。回首河山空血戰，只留風雨響青萍。[26]

從這短短的詩篇，我們想像當年浙東有這麼一位高顴銳目的青年，看不起一切徒作新亭之泣的同僚，而引酒談兵，激昂歌嘯的音貌，恍然如在眼前鬚眉浮動。

25 編者注：引文與原書略有出入。如「而文士進身者，甚有鄙薄縣令郡守，謂不足焉」，原文作「而文士進身者，亦欲速化為部曹臺省，甚有鄙薄縣令郡守，謂不足為」。見《浙東紀略》，頁十六。

26 編者注：見氏著《奇零草．追往八首（三）》，《張蒼水集》，頁九十四；《張蒼水先生專集》，頁三十八；張蒼水全集整理小組：《張蒼水全集》，頁三十七。

第三章

海沸山奔的大時代

魯監國元年丙戌（一六四六年）六月初一，方國安軍敵前叛變，浙東大局全面崩潰。

本來浙東起義，原是倉促間一鼓作氣之舉，兵士既無訓練，又沒有足夠的餉糧，可資依賴的正規軍的兵力，只有方國安這一支部隊，然而方卻一直擁兵自重，借此爭餉奪地，敲索爵賞，天天高喊渡江，而日日飽嬉江頭，一點沒有誠意。至於朝臣，報國有心而手無寸鐵，誠如曾參浙局的黃梨洲言：「一切聽命於武夫之恣睢排奡。」[1]一點辦法也沒有。

但是，敵人絕不含糊，打下南京後的滿清，用一年時間，已將江南和浙西各地的義軍，各個擊破，次第消滅了，現在他們已經可以從容調集大軍，飲馬錢江，只等渡江的戰具齊備，就將發動攻擊。

不幸這年五月，杭州大旱，江水涸淺，北岸清軍沿馬江中，看出江水中流僅及馬腹，這對於不慣舟楫的北兵，真是一個絕好的機會，於是他們就立刻調集水陸兩路兵馬，進攻錢江對岸的浙東了。

清順治三年（魯元年）六月江寧巡撫土國寶揭帖：（明清史料）「今據

差官高成功於六月初二日回蘇飛報：大兵於五月二十五日分水陸兩路馬步由上水六和塔起至富陽，抵嚴州，離杭二百五十餘里，出其不意，繞道渡江；水兵從下流鱉子門沿江而進，於二十九日兩下會合，舉火為號，船騎併發，將守岸賊兵，盡行剿殺，我兵乘勝直搗紹興，留水師搜剿江口，貝勒已於三十日早渡錢塘江……」[2]而這時候，浙東方國安軍卻表現了一場極富戲劇性的叛變。五月二十八日方國安聞報，立即傳令併船，三更起火，預備應戰。又聽說部下將士有很多人攜眷在船，怕他們不肯盡力打仗，便又浪言要盡殺營頭婦女稚子，諸營因此大譁，潭頭、七條沙一帶營頭先散，禁不能止，方國安便餒了氣。翌日，湊巧有一敵炮打中了方營中的大灶，方國安便故作張皇，藉口：「此乃

1 編者注：見《黃宗羲全集》，第十冊，〈傳狀類〉，〈錢忠介公傳〉，頁五五九。原文為：「未有一切大臣，聽命於武夫之恣睢排奡。」

2 編者注：見國立中央研究院歷史語言研究所編《明清史料》（北平：國立中央研究院歷史語言研究所，民國十九年〔一九三〇年〕），甲編，第二本，頁一六〇右。

天奪吾食，天意不可違！」[3]立即下令拔兵赴紹興，二十九日黃昏，方軍撤退的家眷，先已漫塞紹興城內城外，秩序大亂，沿江各營，也都跟著動搖起來。六月初一，叛軍跑進紹興城內，姦淫燒殺，無所不為。竟至直逼行在，劫虜宮眷，朝臣侍御，一例狼狽，游兵散卒，滿街盈市，監國行朝登時如墮地獄。煌言和樞輔張國維兩人，奮不顧身才從宮掖中護送監國魯王單車出亡，從亂兵難民叢中出城南奔，監國向住台州，熟悉那條道路，決意從台州出海，他們二人便一直送到曹娥江渡頭，君臣方才分手。

監國過曹娥江不久，便為方國安的追兵所截獲。監國的繼妃，先由保定伯毛有倫扈送，由定海出亡，不料在海上又遭反叛的總兵張國柱攔船劫掠，繼妃張氏輾轉逃到長垣，才與監國會合。

浙東各地駐軍，聞悉方軍叛亂，監國出亡的消息，大部分就跟著土崩瓦解，自行潰散，一小部分殘剩的隊伍，力不能支大局，也只得各自設法渡海而逃，監國朝中許多重要的帶兵官和大臣如寧國公王之仁、兵部尚書余煌、兵部侍郎陳函輝，以及大臣張國維、太僕少卿陳潛夫等皆先後殉難，于穎扈從監國，不幸中途覆舟，溺水被救後，不得已自謀歸隱。熊汝霖收殘卒百餘人由小亹入海，間道從亡；兵部左侍郎錢肅樂、右都御史沈宸荃、義興伯鄭遵謙棄浙入閩，往朝隆武，至福京淪陷後，再與監國會合，一起在海上同度患難。

叛變的方國安，原來打算劫持魯王拿來當作投降的「贄敬」，所以一發覺監國出亡，立即派兵窮追，雖然追到了手，不料負責看守魯王的兵丁，路上生了重病，監國便得乘機脫身，逃至天台，其時富平將軍張名振駐師岑江，[4]得

3　編者注：事見《明季三朝野史》，卷三，〈思文紀略〉，頁三十四、鄒漪：《明季遺聞》（《四庫禁燬書叢刊》，史部，第七十二冊），葉十三右－十三左（頁二七九）、邵廷采：《東南紀事》，卷二，〈魯王以海〉，葉六右（頁二十）。惟皆只作「此天奪吾食也」或「天奪吾食」。

4　名振字侯服，江寧人，家世不詳。少伉爽有大略，壯遊京師，東廠太監曹化淳延之為上客，遂得與東林復社諸人通聲息。崇禎癸未授台州石浦游擊，魯王監國浙東，聞風響應，加富平將軍。以黃斌卿之薦，拜表福州，授捧日將軍，名振秉性闊達，兼受閩浙之命。——其後事蹟，具詳本書。

到消息，即派中軍方簡（一說裨將張名斌）率所部軍迎駕，由江門入海，御舟暫碇蛟門。

清帥貝勒於五月三十日渡江，清軍至六月初二始進紹興城，方國安、方逢年、馬士英、阮大鋮等便很快地投降了敵人。

煌言在曹娥江邊送別監國後，馬上趕回鄞縣，他已決心追蹤魯王渡海，回家拜別老父，當此國破家亡之日，故屋燈昏，在雍睦堂張家那座老房子裡，行將訣別的父子二人，黯然相對。煌言說道：「兒將隨主航海，竟去！」六十九歲的張圭章，面容嚴肅，不住地點著頭，安詳而低聲地沉吟道：「這才不負生平所讀的書！這才不負生平所讀的書！」[5]

煌言入海追蹤監國魯王，還有一個神話式的傳說，說他船行中途，突遇起落海上的風暴，立時將船篷打碎，飄流不由自主。幸而吹近了一處不知名的荒島，大家拚命攏岸，才得逃出性命。不過，這座海島卻是一片向無人跡的荒地，既無簷舍，更無食物，從這破船上逃出來的人們，雖然得脫風浪滅頂之禍，但在這荒島上也只飢困待斃，一籌莫展。

這天晚上，煌言露宿島上，忽然作了一個奇夢，夢見一個輝煌俊偉的金甲神鄭重的告訴他道：「餉君千年鹿，俟十九年還我。」

次日早晨，同難的船夫果然在附近獵得一隻蒼褐色的肥鹿，炙熟了大家分食，人嘗一臠，又居然能夠積日不餓。[6]

數日後才遇別的過船，將他們救了出來，煌言繼續前進，東探西問，終於得與張名振等大隊人馬相會合。

張名振接到了監國魯王之後，他因為自己的駐地——石浦，地狹民貧，不足以供奉監國駐蹕，所以就和舟山的黃斌卿聯絡，希望黃能與他共事魯王。

黃斌卿在崇禎末年，不過是個駐紮舟山的參將，魯王監國紹興之初，他雖

5　見聞性道撰《鄞縣誌名賢傳》。編按：此處所指，應為聞性道纂，康熙二十五年刻刊的《鄞縣志》。事見於該志卷十七，〈品行攷六．明賢傳四〉，葉七十三左。

6　見全祖望撰〈神道碑銘〉。編按：《鮚埼亭集內編》，卷九，碑銘四，〈明故權兵部尚書兼翰林院侍講學士鄞張公神道碑銘〉，頁一九五。

一度響應過，但後來聯絡上了鄭鴻逵等，與鄭等一同擁戴隆武，隆武因為舟山的地位適當福建的海上前哨，所以非常籠絡他，這時候，他的地位已經是隆武朝的水陸官義兵馬招討總兵官，爵封肅虜侯太子太師，巍然為浙海的重鎮了。

然而，名振以為現在隆武已亡，繼奉監國魯王，名正言順，何況他們兩人，一駐舟山，一駐石浦，向來是犄角之將，私交很深，曾結兒女姻親，應可相共大事，不料黃斌卿竟一口回絕，不願接納監國，名振為之憤極，只得暫回南田。

不久叛將張國柱率領定海舟師來攻舟山，斌卿與戰，大敗。就近求救於名振，名振就派部將阮進往援，轉敗為勝，舟山危而復安。名振想恃此一段交情，再勸斌卿接納監國，哪知他竟岸然大言道：「臣受先帝（隆武）命守舟山。主上猶的也，的所在，思射之矣。」[7]

名振本因助黃迎擊張國柱，兩家已經合營而軍，不料落得這樣結果，他只得憤然引退，還舟暫泊普陀。

監國魯王流亡海上，現在唯一的依恃，是張名振，九月詔以兵科給事中張煌言為右僉都御史，監張名振軍。此是魯王的卓識，把這重大的責任放在年輕的煌言身上。

至於在這段時間裡面，福建方面的情形，自浙東淪陷，唇亡齒寒，福州的情勢自亦岌岌可危。不料是年秋七月即紹興淪陷後的第二個月，鄭芝龍忽然將仙霞嶺外守禦各口隘的部隊，一齊撤調，把閩浙交界處的門戶大大打開。不久，清兵便從浙東翻山越嶺，徑入延平，一路浩浩蕩蕩，漸次逼近福京。隆武只得倉皇出走，原來打算前往廣東，哪知這位書生皇帝，蒙塵逃亡中，還隨帶了書籍數車以從，因此走得太慢；一說因在中途，宮眷曝晾龍衣，洩露行藏，為清兵所偵悉，追至長汀，被殂道途。

鄭芝龍投降時，他的侄子永勝伯鄭彩，不願相從，他一面扼守中左所（廈門），一面親與定波將軍周瑞率領戰船四百，到浙江來迎迓監國魯王。

鄭彩北來時，與浙江海上一班巨頭，曾結兄弟之盟，包括張名振、名相兄

---

7 編者注：事見邵廷采《東南紀事》，卷九，〈附錄逸事〉，葉九左（頁七十）。

弟，張煌言，黃斌卿，張肯堂相國，沈廷揚中丞，一共有十個人。[8]

此中斌卿悍然拒納魯王，鄭彩專橫有名，雖然算不得真正的團結，不過，無論如何，黃斌卿、鄭彩都是不肯投降敵人的人，只要是抗清的，都是兄弟，此一聯翩的盟約，就不能說是毫無意義之舉。

對魯王言，舟山既不接納，福建鄭彩來迎，名振自然無法主張，只得跟從魯王同行入閩，十一月駐蹕廈門，隨又改次長垣。

名振等入閩後，目睹閩中諸將林立，鄭彩的態度又專橫得無可共事，只得請歸浙海，免遭鄭彩猜忌。然而此時他的舊駐之地，已經早入清人之手，不得已仍然往依斌卿，而斌卿則「見公（名振）之以孤軍依之也，稍侮之」。[9]名振無奈，只得暫時隱忍。

・・・

丙戌冬十月，桂王由榔監國於廣東肇慶，十二月正位，改明年為永曆元年

（一六四七年）。

明年丁亥（一六四七年）在浙、閩海上是魯監國的二年，正月間，提督楊耿、總兵鄭聯率兵來會。監國乃進封鄭彩為建國公，張名振為定西侯，楊耿為同安伯，鄭聯為定遠侯，周瑞為閩安伯，周鶴芝為平虜伯，阮進為蕩胡伯，其時周鶴芝在海壇，阮進在琅琦，張名振和監軍張煌言在舟山，同依黃斌卿麾下。

鄭彩勤王局面既定，便計畫軍略，禡牙出師。二月初一，進攻海澄，一鼓克復。再攻漳浦，雖是打了下來，但只守得五日，便為清軍反攻奪回去了。三月兵部右侍郎林汝翥，吏部員外郎林　合兵攻福清，不克，四月，海口失

8　煌言《冰槎集》丁酉〈祭建國公鄭羽長（彩）文〉有曰：「憶昔在翁，同盟聯翩，珠盤玉敦，實惟九賢。定西昆季，肅虜姻聯，安福差長，相國比肩，中丞司禮，雁行周旋，媿余下乘，亦競先鞭。」編按：《張蒼水集》，頁六；《張蒼水先生專集》，頁一五〇；《張蒼水全集》，頁一四三。

9　編者注：全祖望：《鮚埼亭集外編》（《全祖望集彙校集注》，上冊），卷四，〈明故太師定西侯張公墓碑〉，頁八一一。

陷，周鶴芝進保火燒島。六月，魯王至琅江，舊臣錢肅樂自福清來海上求覲，當時，浙東舊臣隨侍監國左右者，只有熊汝霖、鄭遵謙等一二人，一切軍國大政，完全操於鄭彩之手，恣肆橫暴，目空一切，監國隱忍而已，得錢肅樂來，大喜過望，鄭彩也震於這位老臣的聲望，讓出兵部尚書的兼職來，請錢自代。肅樂以無功懇辭，不許，他便接任兵部。第一件大事是申明約束，重整軍紀。他以為向例軍功的獎勵，僅及將官，而懲罰每治卒兵，實在太不公平，絕非鼓舞軍心之道，所以，另訂賞罰的辦法。自建國公所部以下，分六大營，每營挑選一批敢死善戰之士，號為六軍。懸六顆金印於統帥大營，令曰：「有能將本營挑選之士破敵者，不論守把等官，各以印佩之。」[10]自此以後，行伍興奮，兵威頗振。

七月初五，進攻福州，失敗。八月轉攻連江，克之。監國次長垣，會合鄭彩、周瑞、阮進、周鶴芝各路兵馬，再度親征福州，不克。冬十月，續攻福建沿海城邑，長樂清將聞風逃逸，連克永福、閩清諸縣。羅源偽知縣朱王丕、寧德偽知縣錢楷先後以城來降。福寧州清帥涂登華、章雲飛全師來歸。

同時，督師大學士劉中藻起兵福安、新建；監國又克復大田、沙縣、尤溪各路，一時聲威大振。當兵圍福建省城時，清軍閉關拒守，不敢出戰，圍久，城內饑荒至於殺人而食，如此主動的攻擊和強力的硬仗，在整個南明史上，尚為少有之盛，可惜終苦兵力單薄，後援不繼，所以，血肉搏鬥而得的城邑，總不能長期確保，旋得旋失，不能成一固定的局面，力量不足，正是一種無可奈何的歷史的悲哀。

張煌言在舟山，與斌卿相處，比張名振好得多，蓋斌卿雖然鄙吝自私，但他有個長處，就是頗知禮遇文人，對煌言尤其敬重。

《小腆紀傳》有下列一則軼事：「斌卿附庸風雅，常以吟詠自炫，且又喜歡扶乩，藉降乩賣弄才華。據說，有一天斌卿主持乩壇，賓僚咸集，忽然乩筆停滯，久未得續，當然這是斌卿思路一時澀滯之故，煌言在旁看了，不禁

10 編者注：見黃宗羲：〈錢忠介公傳〉（《黃宗羲全集》，第十冊，〈傳狀類〉），頁五五八。原文為：「有能將建國挑選之兵先鋒破敵，不論守把等官，即以印佩之。」

微微一笑。斌卿問他笑什麼？煌言便答道：『僕亦有仙，可不速而至。』斌卿就請他來試試，煌言請出十題，限十韻，援筆立說，滿座的人都嘆服他的『捷才』，斌卿從此更看重他，稱他張大仙而不名。」[11]這個故事，非常可信，因為煌言丁亥（一六四七年）這年，有〈閒居〉一詩，不但寫出他當時的心境，似乎還常常無可奈何地和那些將軍們說說笑笑，講講故事哩。詩錄如下：

揮手歸鴻望已乖，風塵依舊兩芒鞋。人居閒處非佳境，事到難時且放懷。無限興亡看越絕，何妨奇怪說齊諧。孤蹤轉覺支離甚，一任蒼苔自上階。[12]

・・・

丁亥（一六四七）春末夏初，忽然有一線生機，如流星麗天，使這一班託跡舟山的志士，突然興奮起來。

原來此時有個滿清方面偽蘇松提督吳勝兆，駐兵松江。此人本是明將，投降滿清後，曾經統率所部，替清人掃蕩浙西義軍，立過許多汗馬功勞；可是滿人不但未加賞擢，反而處處對他猜忌，使他內心非常失悔。其時有太湖義軍領袖之一的長洲諸生戴之儁，詐降在他幕中，以水磨功夫說勸勝兆，密謀反正，便由前兵部尚書陳子龍出面派人持蠟書前來舟山，要求黃斌卿約期進兵松江，計畫裡應外合，一鼓可下，這是部分太湖方面失敗下來的義軍領袖血心結構的孤注一計，不料黃斌卿目光如豆，他妄想穩據舟山，保全實力，所以「猶豫欲卻」。

在舟山的浙直總督沈廷揚、御史馮京第、給事中徐孚遠和張煌言等便紛紛

---

11 見徐鼒《小腆紀傳》。編按：見《小腆紀傳》，下冊，卷四十四，〈張煌言〉，頁四六七。

12 編者注：張煌言：《奇零草．閒居》，《張蒼水集》，頁五十三；《張蒼水先生專集》，頁一；《張蒼水全集》，頁三。

勸說名振應約；名振本就不願再在黃斌卿屋簷下逗留，他即決定以所部水軍，會同沈廷揚七百名戰士，一齊率領戰船一、二百號，約期於四月十五日兵臨松江府城。他們請得監國敕印二百道，預備用來獎助沿江起義的有功人士，又向黃斌卿暫借肅虜伯的舊印，賚使封贈吳勝兆。

名振等樓櫓北征，至崇明，軍中食盡，首議登陸打糧，沈廷揚因在崇禎朝時，主辦過糧運，最熟長江水道，所以由他率領水艍百艘，先行入江。四月十三日入江未久，即為清福山營守備發覺，分兵追截；經過一場血戰，翌日五更時分，沈軍行至常熟附近的鹿苑港口，陡遇颶風，倉皇近岸謀避，不料船大水淺，膠著灘頭，無法動彈，遂被夾岸包圍，在狂風和炮火夾攻之下，全軍覆沒，沈氏被俘，檻解金陵，不屈就義。俘兵七百人全被坑殺在蘇州婁門的李王廟裡。

這場戰役，明清史料裡面清方檔案，記載甚詳：

一、蘇松巡按盧傳順治四年（丁亥，一六四七年）揭帖：

「叛督吳勝兆潛通賊黨，曾受偽魯國銀印，甘為內應，而海寇果聯艅復逞矣。……今據福山營守備李雲龍等於四月十三日遇有賊船百餘號，分兵追截鹿苑地方，兩鋒對壘，射砍死賊千計，活擒賊黨陳象等五百五十一名，並縛偽軍總督沈廷揚、偽總兵蔡聰即黃斌卿妻舅……等十名，時因颶風擊碎多船，僅獲水艍沙船二十五隻，偽札付二十張，偽銅關防五顆，並炮械火藥等件。」

二、江陰營守備馬應彪報：獲鳥船一隻，海寇一十八名。

三、揚舍營守備羅英報：獲水艍船一隻，投誠偽官張名斌即名振之弟並兵丁水手一百七名。

四、常州參將于文華等報：獲偽官畢從義、陳邦定二名。……此番大捷，更勝於前。……[13]

張名振等所部，在崇明附近打糧，軍抵吳淞，即遭風災，船翻篷折，全軍半毀。

13 編者注：《明清史料》，甲編，第二本，頁一八五右；已編（臺北：中央研究院歷史語言研究所，一九五七年），第一本，〈江寧巡撫土國寶揭帖〉，頁二十五右。

煌言雜在大批降卒中間，逃上了岸，得清軍中一位下級軍官的指點，晝伏夜行，逃到青浦，尋到他從前鄉試時的房考老師錢世貴家中，躲避了一個時期，才改裝易服，間道七日，逃回舟山。

名振落入水中，幸而扯住了一張船篷，得免滅頂，上岸，投入松江一座僧寺中，以腰藏銀印向寺僧玄一商量換了兩套布衣，剃髮留頂而逃。據羅振玉編史料叢刊載洪承疇呈報吳勝兆叛案揭帖，這事情後來被小民許忠出首，寺僧玄一被殺。

四月十五那一天，在松江城內，吳勝兆業已感到事機漸洩，就先把城內兩個漢奸，偽同知楊之易、偽推官方重殺了祭旗，號眾舉義以待，殊不知前一天午夜惡風，已將海上來兵，全盤吹覆了。臨時失約，吳勝兆當然無術自全，終為他部下中軍詹世勛所縛，解京被戮，戴之儁等也都慷慨就義；此後清廷密布網羅，偵緝同謀，偏偏投降的海卒中有人洩露了文件名冊，就此掀起了一場有名的通海大獄，鼎鼎大名的文士陳子龍和主事錢旃等四十三人都因此牽連而死。

兵敗長江，鎩羽歸來後的名振和煌言，已自狼狽不堪。名振的部隊，雖未全部瓦解，陸續在重歸舟山，然已殘存無幾，黃斌卿本來是個勢利小人，對於兵敗歸來的張名振，態度突變，不但不再維持以前的賓遇，甚且借端凌侮，常加折辱。名振也是豪邁自恣的軍人，哪裡受得了斌卿這種氣，於是，煌言便勸他不如離開舟山，仍回台州，設法收復石浦，地方雖小，一則是有相當歷史關係的舊地，聲望尚在，容易發展；二則自力更生，強於依人籬下。名振聽了他的話，便率領殘軍，一個人回到南田去，從事整補工作，還怕黃斌卿猜忌，所以故意把自己的家眷，依然留在舟山，以示並無他志。

· · ·

丁亥年（一六四七年），錢肅樂參加了鄭彩的軍隊，竭力整頓，士氣大作。福建沿海一帶的軍事反攻，俄然緊張起來；其時駐紮江南的清軍數量不多，不夠調配，福建的情勢一緊張，清軍只得頭痛醫頭，腳痛醫腳，急忙從浙江抽調駐兵赴閩援救，因此浙東的防禦，就又空虛起來，使留在當地的志士遺民，有機可乘，就在四明山一帶，紛紛結寨練兵，近接鄰寨，遠聯海島，據山扼險，抗拒滿清。雖然，山寨結兵之初，大抵都是鄉團形式的自衛組織，單位零散，力量薄弱，不過，星星之火，未始不可以燎原，照當時發展的快速，舉事之激烈的情勢而論，假使真能內聯各寨，外合海師，何嘗不能積零為整，與清兵角逐於東南。全祖望生於滿清統治下避諱多端的時代，他對於浙東山寨之興，也婉約讚嘆道：

時天下已定，海隅窮山，非果有恢復之望，特以故君尚在島中，資糧扉屨，聊相應接，雖重為枌榆之累，而一線之喘，不為無助。（《結埼亭集・明故張侍御哀詞》）[14]

滿清這方面，偽浙閩總督陳錦的奏疏，也說：「浙東舟山之寇及山寨之寇，皆以故國為名，狼狽相倚；海寇登岸，則山寇為之援應，山寇被剿，則入海以避兵鋒，交通閩粵，窺伺蘇松，久為東南之患。」[15]可見海陸應援，聲震東南之勢，真有使得敵人寒膽的力量了。

寨兵的發展，非常迅速，自丁亥（一六四七年）之秋到了當年冬季，不過幾個月的時間，五、六個府縣地方，已經集有寨兵數萬之眾，就中以王翊的大蘭山寨，李長祥的東山寨，實力最為雄厚，紀律最好，儼然為浙東各寨的盟主。翊字完勛，本來只是餘姚縣的一個縣吏，初從熊汝霖起兵，授官職方郎中，為人樸重，誠信孚人，丁亥秋開始在四明山組大蘭寨，只有十八個人，十天功夫就招到了千人，至第二年戊子（一六四八年）的春天部眾已稱萬人，勢力蔓延於四明八百里之內，與李長祥的李家軍成為浙東二雄。

山寨人物中，當年寧波起義時赫赫有名的六狂生，倒有張夢錫、董志寧、華夏、王家勤四人都在寨中。是年十至十一月間，華夏、屠獻宸、楊文琦、文瓚兄弟、董德欽、王家勤等人會同商議，決定發動一個會合海陸義兵，恢復浙

14 編者注：《鮚埼亭集內編》，《全祖望集彙校集注》，上冊，頁一七〇。

15 編者注：見魏源：《國初東南靖海記》（收入《海濱大事記》〔臺北：臺灣銀行經濟研究室，一九六五年〕），頁三十九。原文作：「浙東舟山海寇及各山寨之寇」。

東進取杭州的大計畫。議定之後，立即就推華夏、董志寧兩人，秘密渡海，到舟山來要求黃斌卿出兵寧波，由各路寨兵會合內應，接應登陸。當時華夏是李長祥東山寨的監軍。他們把這計畫向黃斌卿熱烈陳說，斌卿反問道：「我自己軍力不夠，大陸上可有多少寨兵助我？」

華夏就列舉：「蛟關范公子兆芝麾下徐孚遠柴樓之師六百，鄞江楊文瓚部下王翊大蘭寨之師一千，王家勤施邦炌管江之師三千，大皎張夢錫四百人，董獻宸寧波城市海道部下陳天寵、陳仲謨二營兵馬一千人可為內應，慈溪馮家楨子弟親兵得五百人，餘姚李長祥東山寨實力為諸寨之冠，可以獨下紹興，[16]渡曹娥江後，章都督欽臣偁山之師可二千人，蕭山石仲芳有二千人……」

照華夏所說的約略計算，從鄞海到錢塘江邊，兩府之地，各路寨兵，已有一萬五千人以上，聲勢著實不小。所以，華夏更曰：「我們在那邊布置已定，隨時可以發動，將軍何必以寡助為憂。」

但是，斌卿並不相信他，華夏恨極，不免以言語激怒斌卿，斌卿便惱羞成怒，奮拳毆打華夏，怒罵道：「我今天聽你的話，倘使到時候李長祥失約不到，我挖你的心肝勞軍。」

話雖如此說了，他還是儧賴著不肯出兵。第二次，楊文琦再來遊說，馮京第也從旁力勸，斌卿這才稍有活動之意。

當華夏、楊文琦先後來舟山的同時，煌言的少年好友朱夏夫（兆殷）此時也在浙東山寨，他也派了一個叫魯恂的使者到舟山來聯絡煌言。斌卿猶豫之間，煌言也參加勸說。最後，斌卿勉強答應前往一試，就由煌言和斌卿的監軍曹從龍，將軍王朝先三人率領舟師百艘，壯士數千，約期渡海。先攻招寶山，繼復直航，徑抵桃花渡，泊船等候城內寨兵出應。在這個等候的時候，煌言偷偷上岸，冒險跑到駝峰——他當年讀書的舊地，約會附近的山寨諸將，開了一

16 據全祖望撰〈華氏忠烈合狀〉。唯原文所舉各路寨兵，竟誤列平岡張煌言云云，殊為謬失。華夏舟山乞師，事在丁亥（一六四七年）秋冬之間，煌言於此役率海師應援者，焉有平岡結寨之理。故刪。編按：華夏反清一事，作者所據，主要是全祖望的敘述。然而，對於全氏〈華氏忠烈合狀〉中有「張都御史煌言當以平岡之師會」一說（《鮚埼亭集外編》，《全祖望集彙校集注》，中冊，頁九二七），作者則認為是謬失。

次秘密會議，決定聯絡接應的辦法，然後，回到船上，專等陸上寨兵一動，海師即可麾軍登岸，會合進兵了。

誰知華夏等事機不密，將致王翊約期舉事的一封檄文，誤交了寧波奸紳謝三賓派來的間諜之手，三賓乙酉（一六四五年）受辱之後，蓄意報復，得到這個機會他就出面告發，於是這場千辛萬苦布置成功的大計，全盤敗壞。清兵既得事前戒備，嚴密封鎖要隘通路，山寨群兵便絲毫動彈不得。舟山的海師看看約期已到，陸上兀自毫無動靜，情知有變，就只得乘著漲潮廢然返棹回去。而華夏、董獻宸、王家勤、楊文瓚兄弟等皆於此役，被捕殉難而死。

此次山寨起義的失敗，不但沒有動搖煌言對寨兵的一片熱望，抑且更加堅定他的水陸應援大有可為的信心。煌言自崇明兵敗，重返舟山以後，一直就只能寂寞閒居，不免撫髀興嘆，黃斌卿既是個不足與論興亡大業的人，他豈能永遠做個寄寓的食客，現在親眼看到家鄉土地上那一番蓬勃有為的景象，不禁怦然心動，因此他回舟山不久，便和馮京第先後離開黃斌卿，馮去吳興結寨，煌言繼於翌年戊子（一六四八年）之秋，[17]隻身跑回上虞平岡山上，獨立苦幹起來了。

當時各山寨的寨兵，所需糧秣，都是向當地人民派捐而來，老百姓深明大義，也都能盡力捐輸，但是到後來，各寨紛起，其間不免良莠不齊，以致地痞流氓借名勒索者有之，人槍數十抄掠四鄉者有之，名同山寨，實為草竊，弄得老百姓莫辨兵盜，紛紛逃亡。

就中只有東山寨、大蘭山寨與後來煌言的平岡寨，紀律最好，他們都是按照田畝課賦，禁絕其他任何名目的攤派。不過這個時期的浙東，歷經戰火和各式各樣官兵盜賊的洗劫，農村凋敝，人丁寥落，就地履畝賦捐，所得非常有限，絕不足以維持需要，於是平岡山的張煌言，就另有一套屯兵制度，實行寓兵於農的政策。本來，所謂寨兵，原都是當地的農家子弟，只因戰爭的破壞，

17　煌言赴上虞平岡結寨，據其自撰〈曹雲霖詩序〉：「戊子秋余入山寨。」黃宗羲記為是年二月，全譜記年己丑均誤。編按：見《冰槎集》，《張蒼水集》，頁四；《張蒼水先生專集》，頁一六九；《張蒼水全集》，頁一六三。

失了故業，煌言要他們耕鋤農作，自給自足，並無困難，餉糧既不出於捐派，老百姓自然樂與合作，所以平岡山上一派田園景象，與眾不同。我們且讀他己丑所作〈勸農遇雨、時余屯兵山寨〉一詩，即可見其大概：

> 濃雲似墨滯行旌，點染春郊最有情。話到桑麻風自古，災餘草木雨還生。土龍不用胡僧咒，竹馬偏喧稚子迎。煙火幾家寥落盡，空山布穀一聲聲。[18]

煌言這套戰鬥與人民經濟生活一致的屯田政策，使他治兵臨民，都能成功，全祖望撰張氏碑銘，特別提出這一點來說：「世人但知誇公之忠誠，而余更服公之經略。故歷涉山海之間，且耕且屯，而民樂輸賦。」[19]在煌言還沒有到平岡山之前，大蘭山寨王翊於戊子年（一六四八年）的三月間曾經派兵攻破過上虞縣，把署理縣篆的劉方至殺了。至煌言到了浙東，繼任上虞縣的是施鳳翼，字子翔，江南上元人，順治丙戌進士。煌言曾利用此時此地的恐懼心理，對施密謀策反，施也似乎已有極好的反應，所以煌言己丑作〈答古虞偽令〉詩，[20]有曰：

漢幟年來半壁標，何期賢令賦同袍。睢陽自昔猶瞠目，彭澤於今暫折腰。好為家聲看魏笏，還將國恥問蘇旄。龍荒多少江南客，老皺胡顏說北朝。[21]

18　編者注：《奇零草》，《張蒼水集》，頁六十七；《張蒼水先生專集》，頁十一；《張蒼水全集》，頁十一。

19　編者注：《鮚埼亭集內編》，卷九，碑銘四，〈明故權兵部尚書兼翰林院侍講學士鄞張公神道碑銘〉，頁一九七。

20　古虞偽令，據王慈《人物考略》：「疑是施鳳翼，字子翔。考《上虞縣誌》職官表載，施為江南上元人，順治丙戌（一六四六年）進士。詩旁注有乃祖官尚書，《明史表》宜德十年有施禮任刑部尚書，或禮為鳳翼先世。」

21　編者注：《奇零草》，《張蒼水集》，頁一〇五；《張蒼水先生專集》，頁十；《張蒼水全集》，頁十。

詩注：「乃祖官尚書。」查明史表：宣德十年有施禮任刑部尚書，大約鳳翼即為施禮的孫子，所以煌言要他珍重家聲，何苦去做漢奸。

但是施鳳翼似乎並無決心，所以己丑之春，王翊再破上虞和新昌：「浙東列城，為之晝閉。」而施鳳翼也就嚇跑了。此役據沈冰壺撰傳，說是煌言與王翊合兵攻取的，但繫年戊子，戊子之春煌言尚在舟山，便不相合了。

煌言屯兵平岡，始自戊子（一六四八年）之秋，止於庚寅（一六五〇年）初夏，經過時間整整兩年，其間他雖下盡苦心，竭力經營，但是由於種種客觀條件的阻礙和限制，只能做到勉強的自存，沒有能夠充分發展。因此，至庚寅五月奉召離寨時，他的部屬能夠跟他同行渡海者，也只有三百人而已。

寨兵的發展，使滿清方面，感受絕大的威脅，所謂臥榻之旁，豈容他人鼾睡，非要把他們消滅不可。當時清廷便實施一種團練政策，下令寧、紹、台三郡各村落各山地的老百姓，自行組織民團，派人教練，各保鄉土，自為戰守，採以華制華的辦法用民眾的武力來抵抗山寨的義軍。而老百姓呢，他們一面懾於清人的淫威，一面也實在為那一批一批層出不窮的英雄們，擄劫徵派到了求生不得的地步，為了保衛自家的生命根源，也就紛紛應命，願以團練的力量來抗拒掛著金字招牌的強盜。一粒老鼠屎搞壞整鍋粥，於是山寨義軍的生命根基——人民合作的基礎，不但從此自毀，鄉團練勇竟為滿人做了前驅，人民與寨兵反成對立的敵體了。

王翊的大蘭山寨於辛卯（一六五一年）之秋被鄉團打敗後，他曾非常意氣地說過這樣的話：「鎮兵（清正規軍）雖健，我視其銳則避之，懈則擊之，非團練為之導，敢走險如平地乎？吾卒雖殘，破團練尚有餘！」[22]這寥寥數語，完全道出了山寨失敗的緣由，和寨兵與老百姓在清人毒辣政策下，可憐的敵對的情形。

清浙江福建總督陳錦奏疏認為若要消滅海上的明室殘餘，非先廓清山寨的後援不可，堅決主張派大兵掃除。清廷依從他的計議，卒於辛卯（一六五一

22　編者注：黃宗羲：《行朝錄》（《黃宗羲全集》，第二冊），卷九，〈四明山寨記〉，頁一八六。

年）派兵攻破山寨中實力最宏大、組織最完密的四明山寨，然後各個掃蕩，終被完全消滅，如《明紀》有曰：「先是浙東多結山寨，魯王侍郎王翊為之主，遙應海外。會大清兵攻取舟山，先廓清山寨，以絕其援，於是諸寨皆破。」[23]南明在東南大陸最後的這個據點，從此消亡，實在是個非常巨大的損失。煌言已於前一年，奉監國詔令，離浙渡海。他離開時將平岡寨交與劉翼明等人繼續主持，大約也於辛卯之役，被敵人消滅了。

・ ・ ・

在煌言結寨平岡的兩年之間，魯監國閩南海上的局面，真是混亂到了極點。永曆三年己丑（一六四九年）正月，魯監國駐閩安鎮，楊耿、朱繼祚兩人，克復了興化縣城。

當時，閩南海上一切大權，莫不把持在鄭彩手上，驕橫凶悍，異乎常情，虐遇監國舊臣，無所不用其極，甚至規定大臣眷屬，不許同居一處，別在琅琦島上分住，做他的「人質」。

監國「以海水為金湯，以舟楫為宮殿」，長年漂泊沿海，只有錢肅樂每日繫一小船於御舟之後，票擬百僚章奏，並於船上接見賓客，票擬封進以後，牽船別去。不過，所謂票擬者，都不過是些上疏乞官，部覆細小的事情，國柄大政，統由鄭彩專持，不要說肅樂不敢票擬，連魯王也不敢過問。

鄭彩的專橫，於此可見：是年年初，他因細故與東閣大學士熊汝霖不和，他的部下又從中構釁挑撥，激起了他的憤怒，便命人把汝霖及其幼子一起拋入大海，再將熊家大小一十八口，全部殺害，監國不但不敢詰責，連錢肅樂等奏請矜恤、罷朝諭祭，也都怕鄭彩不歡，不敢舉行。興國公鄭遵謙曾因所部乏食，割占彩地糧賦，自食其軍，鄭彩已很不滿，熊家被殺，性情豪放的鄭遵謙，自不免義憤填膺，恚形辭色，鄭彩就叫部將楊賡誘騙遵謙過船，逼他跳海

23　編者注：陳鶴：《明紀》（上海：國學整理社，一九三五年），卷十，〈桂王始末〉，頁六三一下。編按：「遙應海外」後有「累年不下」四字。

死了。監國聞訊，也只得泣下輟朝，不敢追問。遵謙的愛姬金氏，每日哭詈，鄭彩索性又把她拋到海裡去了。[24]

本來，鄭彩於監國舊臣中，唯對錢肅樂，尚存幾分敬畏，後來，連這點面子也不顧及了。肅樂每次覲見監國，君臣相對，都不免涕淚盈眶，無言飲泣。肅樂對主上說：「朝衣拭淚，昔人所譏，臣不能禁。」[25]

自二月熊、鄭事故後，將士離心，朝臣慄慄。於是，影響整個局勢，頹唐下來。三月，興化、莆田、永福先後淪陷，閏三月，建寧又陷。監國在福建沿海先後恢復的三府一州二十七縣，到了此時，滿清調集江廣兩浙的大軍，前來援救，而海上內部軋轢，就於各處告警聲中，紛紛陷失。

至五月間，連江方面的軍事，又告失敗，其時，錢肅樂正患血疾，奄奄床笫，聽了敗訊，眼看大勢垂盡，便決意絕食，自求速死，六月，病篤，以齟齬床而卒。自以無功殘局，不受後來晉封的一切高銜，遺命仍以崇禎朝員外郎舊職的冠服入殮。

監國左右從亡的舊臣，全被鄭彩芟刈殆盡，閩南城邑，也已完全淪喪，只剩下寧德、福安二縣，景況幾已瀕臨絕境。

其時，鄭成功的勢力，已在閩南展開，而逐漸成長了。他派兵來襲中左，鄭彩大敗，只得退出廈門，逕自移軍沙埕，魯監國也只得從他在沙埕那樣荒僻的山縣，住了幾個月。

永曆三年己丑（一六五〇年）正月，監國打算往福寧州去依尚書劉中藻，但是中藻是福京隆武皇帝第一次派赴浙東的專使，彼此不免有所芥蒂，因此，為一部分從臣反對而作罷。然而，鄭彩兵敗境蹇，待遇監國，更加苛虐，所

24 鄭遵謙紹興創義，亦與金姬有關。《魯春秋》：「父僉事之尹，已薙髮朝杭州。遵謙匿外婦金，連逮獄，奮褁金出，呼無賴起數百人。」《東南紀事》言誘殺遵謙者為吳輝，其言曰：「彩故撲故將吳輝，使扶傷就遵謙求書投鄭鴻逵，遵謙信之，吳輝船被擒，輝伏不出，遵謙呼曰：汝鄭彩廝養，殺我豈汝意，而慚相避乎？輝出，就求隻雞盂黍，奠汝霖，跳海死。」編按：見《魯春秋》，頁六；《東南紀事》，卷六，〈鄭遵謙〉，葉二左（頁五十六）。

25 編者注：全祖望，前引〈明故兵部尚書兼東閣大學士贈太保吏部尚書謚忠介錢公神道第二碑銘〉，頁一五一。

以，有一段很長的時期，監國只是住在船上，兀自在壺江、琅琦等處，時行時止，毫無目的地各處漂泊。

幸而六月間，定西侯張名振克復了天台附近的健跳所。名振自松江兵敗後，兩年間在南田招集舊部，重整軍伍，力量漸次恢復。他既復健跳，聽得福建方面得地盡失，便貽書阮進，勸他共迎魯王返浙，同時並約鹿頸頭守將王朝先、舟山黃斌卿共同列名迎駕，朝先欣然表示歸附，而黃斌卿則依然故我，置之不理。當時僑寓舟山的大學士張肯堂就勸斌卿道：「將軍不與同官一致行動嗎？以個人與眾雄為仇，我覺得很危險。」這樣老成持重的諍言，斌卿也懵然不聽。[26]

名振於七月壬戌，親自迎接監國魯王至健跳。浙東的孤主舊臣，於此重行會合。

不久，清兵反攻健跳，名振、阮進竭力應敵，才把清兵打退。然而，清人封鎖沿海，島中食糧大生恐慌，魯監國只得親自寄信給黃斌卿向他借糧，由阮進率船百艘，突圍駛赴舟山求助。在阮進以為即彼個人也曾有舊德於黃，況且彼此均為風雨同舟的明臣，急難相助，應無疑義。詎知斌卿竟然不顧一切道義，悍拒如故。當時浙中諸將，人人積憤不平，都在等待報復的機會。

斌卿部將黃大振者，得罪斌卿，逃往溫台一帶，遇王朝先，便故意挑撥，說朝先久假不歸，斌卿懷疑他有二心，所以已將他的家口標屬，全部抄沒了，朝先大怒，一面厲兵秣馬，一面上奏監國，訴陳斌卿罪狀，請求明令討伐。

此時健跳之圍已解，朝先奏至，適如火線導引藥庫，一觸即發，於是名振、阮進、王朝先三人聯合起來，傳檄討伐舟山。

九月，諸將會師進軍舟山，斌卿初遣部將陸瑋、朱玖出禦，戰敗，才知事勢嚴重，轉而求教於安昌王恭櫆，大學士張肯堂，上章待罪。監國秉性仁厚，力止諸將進攻，同時諭令接受他的歸命，不料此時陸瑋、朱玖背約出洋，王朝先以為斌卿打算要逃了，就縱兵上岸，把斌卿殺了，拋入大海，黃的兩個女兒

26 張肯堂曾貽書黃宗羲，有曰：「銅槃之役，僕惡敢援，顧飄梗隨流，安假黃鵠之一羽。」深以斌卿不受其勸為慨。編按：見全祖望：《鮚埼亭集內編》，卷十，〈明太傅吏部尚書文淵閣大學士華亭張公神道碑銘〉，頁二〇七。

也同時死難。

黃斌卿的遺部，步兵歸了王朝先，水軍歸了阮進，張名振遲到一步，毫無所得，心中不勝怏怏。

十月己巳，監國魯王移蹕舟山，即以參將原署設監國府，以定西侯張名振總督師戎；晉阮進為蕩胡侯，專治水師；晉王朝先為平西伯；張肯堂以東閣大學士兼吏部尚書加太子太保，吳鍾巒為禮刑二部尚書，李向中為兵部尚書，其餘文武各官，加秩有差。冬至，頒行監國五年曆，廷臣行朝賀禮。

監國在舟山初謁太廟，回想幾年來漂泊的經歷，不禁涕淚縱橫，回顧輔臣張肯堂感喟萬千的說道：「當年高皇帝以布衣起兵建業；先皇帝亦憂勤天下，卒遭淪陷；唯我這個後人，依然播遷無地，不能保浙東數郡，以延廟食，如何能不痛心！」[27]侍從左右的臣下，聽了此言，無不哭泣起來。

翌年庚寅（一六五〇年），張名振晉封太師當國。五月，以詔旨召在平岡結寨的張煌言還朝。煌言隨即結束寨事，挑選所部三百人，匆匆離了浙東，渡海而至舟山。至則監國升任以兵部右侍郎，仍兼右僉都御史原官，留備侍從。

他們就此在舟山島上，開始招集遺黎亡卒，積極整編，論政治產，敷設新謨，監國行朝，真有了一番蓬勃的朝氣，氣象重新起來了。

然而在另一方面，共取舟山的浙海三雄之間，鬥爭的暗流卻也摩擦愈烈。至翌年辛卯（一六五一年）之春，終於又有不幸的內爭事件爆發出來。

蓋因黃斌卿雖然是個剛愎的武夫，然而平日治軍尚存小惠，橫被王朝先殺於悔過之後，他的舊部都憤憤不平，隨時有解體的危險。而名振對於朝先之盡收斌卿遺部一舉，心存宿怨；他當國後，朝先復事事予以掣肘，至辛卯年春，名振就利用部隊心理，假朝先擅殺斌卿這個罪名，乘其不防，馳兵襲殺，並梟其首級，臨海致祭斌卿，目的想用以收攬斌卿遺部的歸心。不過朝先驍勇善戰，夙具威望，海濱之民，倚為長城，對部屬的感情尤為深厚，妄遭殺戮，人懷不安，就有一部分朝先的部將如張濟明者走降滿清，盡洩舟山虛實，後來清

27　編者按：《東南紀事》，卷二，〈魯王以海〉，葉十右（頁二十二）。原文為：「昔高帝起布衣建業，先帝憂勤淪陷，閔予小子，播遷無地，不能保浙東數郡，以延廟食，是以痛心。」

兵進攻舟山時，這批人就做了敵人的嚮導。

朝先既死，蕩胡侯阮進不能沒有兔死狐悲之感。不久舟山便有南田駐軍不穩的謠傳，名振自悔措置乖謬，就親自趕往南田，預備向阮當面謝罪，哪知當時滿清方面確有招降使者在南田活動，而阮進對名振之來，又負氣拒不接見，事勢已極惡化，名振惶急無計，便在南田郊野，設座朝祭，向舟山遙拜後，痛哭流涕地自責道：「蕩胡侯如離此而去，則主上還有何人可以依恃。我願在此自殺以謝天下。」情詞懇篤，聲容慘厲。阮進及其部眾聞見及此，頓為感悔，立刻斥退清使，幡然歸悟，於是兩人和好如初。[28]

張名振好權力、喜事功，感情容易衝動，有時也不免驕橫，如黃宗羲就曾詆論過張名振之當國舟山，其恣睢排奡，與方國安、鄭芝龍、鄭彩等，不啻是一丘之貉。此與煌言不同，煌言少年時代固然有疏狂慫縱的脾氣，但是幾經憂患，他已是一個對人接物謙容樸厚的書生了。如他自己所言：「曾嘗虎口身仍在，為歷羊腸性已馴。」[29]他生平絕少私人的怨隙，而目中卻嚴持忠奸的分別。所以監國一代，每至人事艱難處，煌言時為解人，他之見重於延平，結好於斌卿，皆是他溫厚篤誠的態度感人的結果。

名振等殺黃斌卿時，煌言尚在平岡；辛卯（一六五一年）曾有〈弔肅虜侯黃虎癡〉詩，具見兩人之間的交情。

百年心事總休論，墮淚憑看石上痕。竹帛早應傳魏勝，河山終不負劉琨。當時杖履知何在，此日衣冠賴孰存？一自將臺星殞後，胡塵天地尚黃昏。[30]

28《魯春秋》：「北鎮馬進寶使人密招蕩胡（侯阮）進於南田，進並拉其從子義英將軍駿同往，駿不從，以露於富平（侯張）名振，名振涕泣留之，進感而止。」編按：見《魯春秋》，頁六十一。

29 編者注：《奇零草‧追往八首（五）》，《張蒼水集》，頁九十四；《張蒼水先生專集》，頁三十八－三十九；《張蒼水全集》，頁三十七。

30 編者注：《奇零草》，《張蒼水集》，頁六十八；《張蒼水先生專集》，頁十八；《張蒼水全集》，頁十八。

名振當國後，煌言的政治地位也已儼然為舟山行朝中的中樞人物了。何況他年來兩次率兵接應松江和寧波。在上虞結寨兩年，戰功雖不顯著，然而策反偽官、聯絡三吳兩浙的志士、秘密發展敵後工作等等，已經開始為滿清所注目。於是，就有當事者設法來對他誘降。

本來，滿清政府對於流亡海上的民族勢力，一貫以軍事掃蕩和政治分化兩種方式，軟硬兼施，更替分解的。他們實施分化政策中有一種毒辣的手段，就是強迫「海上之人」留在大陸的眷屬，出面勸降，在利誘之外，隱寓威脅。中國人的觀念，對宗族家庭的存續，父母子女天倫的關係，人人視為生命，滿人就利用這點，對留在大陸的義士之家，揀著重要的對象，實施誘迫。

現在，這陰謀就壓到留在鄞縣的張圭章的頭上來了。

煌言參加浙東起義後一年，就倉皇入海，自此以後，他的老家的境況，真已一寒似水。但是張圭章怡然茹忍，雖然生活到了飢餓的邊緣，「室廬盡傾，簞瓢不繼」的地步，依然毫不悲觀，他支撐著衰老的軀體，平靜地睜眼等著海上的好音，等著兒子的事業——不，民族復興大業的成功，默然的在古舊破落的老家角隅，忍受著飢寒的折磨，從來沒有想到過他自己的安危。

清吏脅迫張圭章親筆給煌言寫信，招他投降，這位衰弱的老人身陷敵人治下，當然無法抗拒，但他是儒者，不能真做這樣悖逆的事，他躊躇、他痛苦，最後，雖然依照清吏的要求寫了信；但他千方百計偷偷地託人帶個口信給煌言說：「汝無以我為慮！」[31]

千言萬語道不盡的正義和委屈，都蘊藏在這輕輕一言的叮囑之中，做兒子的張煌言，當然理會得老父此中的苦心，他覆父親的信上就說：「願大人有兒如李通，勿為徐庶，兒他日不憚作趙苞以自贖。」[32]清吏前計不售，妄想再以

---

31 編者注：《鮚埼亭集內編》，卷九，碑銘四，〈明故權兵部尚書兼翰林院侍講學士鄞張公神道碑銘〉，頁一九二。

32 編者注：見前注。

利害動搖煌言。由提督田雄、總兵張傑、巡海道王爾祿先後直接致函煌言，勸他投降。煌言總復一函，以明其志。函曰：

竊聞兩間自有正氣，萬古自有綱常，忠臣義士惟獨行其是而已。不孝一介書生，遭逢國難，初學季真避世，久同去病忘家，忠孝已難兩全，華夷豈堪雜處，區區此志，百折彌堅；不過以恪守人倫，即是深明天道。緬維執事，或為本朝專閫，或為昭代巍科，今雖逢場作戲，而河山之感，諒彼此同之。近窺象緯，知胡運業窮于陽九，必有起而驅除者，為執專計，拔趙幟，立漢幟，蔡人即我人，微但大樹勛名，不得專美於前，而梁公夾日，行當再見，尚有何嫌何疑，而以不入耳之言來相告耶？夫新莽篡位，河北群盜，皆以興復漢室為名，今日山中義師，大率類此，故執事得以折柬招之，不孝本來面目何如？亦欲以此術相籠絡，誤矣。昔王景略告苻堅曰：江南正朔相仍，願勿以為意。是真識時之語，淝水之役，堅不能從而果敗，秦亦隨之以亡，是可為明鑒。今日之域中，存亡正未可必，抑未聞秦未始亡，楚未始存之說乎？況水陸自有長技，戰守早有定謀，縱執事以全力舉，勝敗亦未可知也。總之，大明無不中興之理，非晉元宋高可比，我輩相晤，正自有期，不孝未便以文文山自況，足下不必以夢炎輩自居耳。[33]

煌言此書，不但義正辭嚴，而且「戰守早有定謀，勝敗未可知也」。見得他的氣魄，何等闊大，豈是個人利害所可動搖。「執事或為本朝專閫，或為昭代巍科。」指的田雄本為靖南侯黃得功左協部將，張傑也是明季降附舊臣，王爾祿則本是崇禎癸未科的進士，所以一曰「專閫」，一曰「巍科」，都做了煌言嬉笑怒罵的資料。至於書中自稱「不孝」，則因這班漢奸，竟以威力脅迫年逾古稀的老人，用這稱謂來表示他的決心與憤怒。

33 編者注：《冰槎集．復提督田雄、偽鎮張杰、偽道王爾祿書》，《張蒼水集》，頁二一三；《張蒼水先生專集》，頁一四八－一四九；《張蒼水全集》，頁一四一。

己丑煌言在上虞平岡山，與故鄉鄞縣毗鄰，卻是咫尺蓬山，與老父不得相見。作詩題曰：「余自丙戌蹈海，奉違家君定省已四載矣。茲待罪軍次，每一念至，為之黯然。」

獵火年年急羽書，飄零子舍竟何如！不因闈外驚投袂，那見庭前嘆絕裾。
燕語空梁泥自落，鵑啼細柳血應枯。遙知今夜關山月，獨照龍鍾人倚閭。
鐵衣何事換斑衣，朔雪炎風歸未歸。莫慰兕觥娛晝錦，聊憑龍盾報春暉。
停雲轉悔辭家易，夾日還慚報國微。記得青箱多舊訓，丹心玄髮敢相違。[34]

作此詩後又三年，歲在壬辰，圭章先生終以七五高齡，熬不過衰老和貧窮的折磨，在籍病故。死後多年，貧不能殯，後來還是由同鄉李鄴嗣代為營葬，[35]《鄞縣誌》說：「……年七十餘卒，無以為殯，鄉人重義者，即其先墓之南郊祖闕者祔葬於側焉。」[36]

這時舟山早已淪陷，煌言駐屯在福建湄州島上，境況異常蕭條，噩耗傳來，家國之痛，使他一慟幾絕。

此後不久，煌言的妻子又被清吏逮繫杭州看管起來，於是鄞縣西北廂張家老屋，他這一房，已經空無一人。甲午作〈追慕〉二首：

國難驅人出，家傾待子歸。可能磨墨盾，其奈冷斑衣。
金革三年淚，冰霜寸草暉。髮膚雖不毀，猶恨故園非。
廿載嗟何恃，長銜杯棬愁。節旄看盡落，斧鬣悔遲謀。
燕去巢應改，烏號屋僅留。在堂有委蛻，無計剪青楸。[37]

---

34 編者注：《奇零草》，《張蒼水集》，頁六十七；《張蒼水先生專集》，頁十－十一；《張蒼水全集》，頁十一。

35 據全譜注：「公父病卒，李徵君鄴嗣，葬之城南。」編按：《張蒼水集》，附錄，頁二一六；《張蒼水全集》，頁二一四。

36 編者注：《鄞縣志》，卷十七，〈品行攷六．賢傳四〉，葉七十四右。

37 編者注：《奇零草》，《張蒼水集》，頁一〇三；《張蒼水先生專集》，頁五十三；《張蒼水全集》，頁五十一。

· · ·

煌言自庚寅（一六五〇年）五月，應詔回到舟山行在，幫助當國的張名振，擘劃大政，聯絡同僚。名振是個軍人，他有軍人的豪邁，但也有專橫粗率的習性，很不適宜於搞政治，所以全仗煌言從中調護。他書生本色，周旋於元老重臣張肯堂（鯢淵）、吳鍾巒（巒稚）、朱大典（聞玄）之間，文酒之會，詩歌唱和，調劑苦悶。現存遺作中，還能看到辛卯所作：「壽鯢淵張相國詩」、「春暮張鯢淵相國招賞玉樓春向晚更酌漫賦」、「端陽喜雨呈張相國」諸詩[38]，可見他對前輩的執恭和他與張肯堂相交的親切。後來舟山淪陷，張吳朱等同時殉國，煌言回首舊遊，作悼念詩題注尚曰：「追憶昔在舟山與張吳朱諸先輩從遊之樂，猶偷視息，而今蹙蹙靡騁，有不勝興廢存亡的感慨。」[39]

不過煌言在舟山僅只住了一年光景，辛卯（一六五一年）六月，他又奉詔到鹿頸頭地方去招徠沿海義民，訓練新軍。

煌言治軍鹿頸頭時，有一位山陰狂士葉振名，慕名渡海來訪，煌言熱烈地歡迎他道：「近年來，已無一個端人正士肯到海上來的；居然得你光臨，我輩大約就要有希望起來了！」[40]

葉振名字介韜，山陰人，兄弟行六，因為性情迂闊，人家給他起了個渾號叫「葉六腐氣」，擅長古文書法，目空一切，以為古文自周秦至明，不過八九人，而自負可成一家，書法獨推解學士（縉），認為前無古人，只有他才能接紹他的成就。家貧好酒，室如懸罄，甚至連房屋窗戶都不齊全，但卻長日沉

38　編者注：《奇零草》，《張蒼水集》，頁五十六－五十七，七十一－七十二；《張蒼水先生專集》，頁十三－十四；《張蒼水全集》，頁十四－十五。

39　編者注：《奇零草》，原文為「憶余在翁島與張鯢淵、吳巒稺、朱聞玄諸先輩從游，一時情文宛然在目。今三君皆以國難殉，而余在行間，猶偷視息。然蹙蹙靡騁，不勝興廢存亡之感矣」，《張蒼水集》，頁九十五；《張蒼水先生專集》，頁三十七－三十八；《張蒼水全集》，頁三十六。

40　編者注：葉振名事，見《東南紀事》，卷九，〈葉羅二客傳〉，葉十一左－十三右（頁七十一－七十二）。

醉；醉後則戴道士冠，手持短檝，岸然徜徉街市，目不遠瞻，旁若無人。雖然如此狂妄，但卻不失是個有學問、尚氣節的愛國士夫。

煌言招待他在營中喝酒觀射，席間對他嘆喟「人才難得」之苦。葉振名卻非常坦率地批評煌言所委信的人，流品太雜，並勸告道：「取人當以操守為先。」

「軍中須才智，不須道學，道學和兵事有什麼關係呢？」煌言反詰。

「只怕不是真道學，真道學者必善用兵。而且，從前烈皇帝（崇禎）尚才智，劉子（宗周）尚操守，到後來國破君亡時，未見才智之效，而各位殉難者倒都是有操守的清節之士，豈非明鑒。」葉六腐氣硜硜而辯。

那時候，煌言寫了兩篇論文，就拿出來和他商討，一篇〈李陵論〉，藉以諷刺叛臣洪承疇，一篇〈張子房報韓論〉，諷刺漢奸吳三桂，都是借歷史故事來譏切奸孽的文章。同時還想寫一篇〈陶潛論〉，則要借來聲討那班以遺老自居，謝世獨全的士大夫，也把他的腹稿提出來跟葉振名研究。

葉振名卻反對煌言〈陶潛論〉的立論，他說：

「現在人心胥溺，幸有二三遺民，高尚其事，樹立風義，留此面目。公此論一出，豈非激使他們走上投降的歧路去嗎？」

煌言了解這位老夫子到底是「迂而不迂」的，便聽從了他的勸告。

葉是明代末葉，一班好高騖遠的名士的縮影，煌言敬重他的氣節，但與他的烈士襟懷，還是有著絕大的距離。

葉在鹿頸頭盤桓數日，也就走了。後來，煌言和鄭成功北征長江時，葉又趕來金塘軍營謁候煌言，面陳策略。他對煌言的傾倒，自不必說，但煌言不能接受他這種脫離現實的高論，只能笑而謝之。後來煌言就義，葉還備了隻雞黍酒，自製六千餘言的祭文，到越王嶺上，灑涕遙祭了一場。

煌言在鹿頸頭，為時不過一兩個月，他的任務還來不及展開，舟山方面忽然又告緊急，煌言聞訊，只得匆匆提兵回去，參加保衛舟山之役。

蓋因清兵既破四明山寨，內陸已無後顧之憂，於是清浙江福建總督陳錦就統率大批艦船，會同固山額真金礪、劉之源等調集定海、台州及蘇松三路兵馬，進攻舟山：陳錦一路大軍於八月二十一日出定海，約定金華總兵馬進寶及蘇松水師鎮將張天祿在舟山取齊，合力並攻，務期一鼓蕩平「流毒東南的舟山海寇」。

舟山方面得到情報，即循海道加強戒備。陳錦一路入海以後，即遭遇「分䑸圍繞，邀截打仗」的海師，竭力應戰，一面前進。蕩胡侯阮進所部裨將江天保做先鋒官，只有四艘戰船，擊沉敵船達十三艘之多，把俘虜的清兵，一一斬掉右臂，然後縱還。捷報初傳，士氣人心，益加振奮。

大戰序幕已啟，監國魯王親乘御舟駕臨蛟門前線，主持祭江典禮。

據傳，祭江這天的後半夜，船上有人望見天空有一顆光芒閃耀的大星，突然向西北方向隕落舟山，後邊又跟著無數小星，紛紛下墜，這種天象，在當時人的心上，都有一種不祥的預感。

總督師戎的張名振，原定戰略是派張煌言、阮駿率總兵顧忠、羅蘊章、鮑國祥、阮騂、鄭麟、都督僉事李英傑擔任守衛北洋一線，抵擋張天祿一路的敵軍。阮進獨當蛟門，抵禦陳錦。他自己督率總兵張晉爵、葉有成、馬龍、阮美、阮驥，對付海門方面來的馬進寶，不使敵人完成包圍的圈字，要想把他們堵截在舟山外海，個別加以擊破。

然而，敵人三路來兵，聲勢浩大，舟山的軍力實在太微薄，若再分成三面應敵，不但兵力更弱，而且其中任何一點被敵人突破，就將全盤失敗，絕非萬全的戰略；何況眼見清兵陳錦一路已經衝過防線，即將接近舟山，他便不得不另謀奇策，以圖僥倖的了。

名振改定戰略，著眼於蛟門在形勢上所具的天險，以為憑此易守難攻的形勝，加以海上將士又都熟諳風信，憑這兩點至少可以抗拒一個時候，認為敵人絕不能在旦夕之間，便飛度蛟門這一條海上長城。

因此他首先派遣水軍勇將蕩胡侯阮進守衛橫水洋的大泥灣，獨力擔當舟山門戶的鎮守責任。同時請大學士張肯堂督飭安洋將軍劉世勳，自己的胞弟都督張名揚守衛舟山城。另派一路精銳，繞道候於海門、南田、林門一帶，伺候金華一路清兵，預備節節堵截。他自己則和煌言同奉監國進襲敵後吳淞一帶，意在阻止蘇松一路的清兵入海。

此一部署，初初發布時，一般人不明就裡，很有人謗言名振「借此避敵」，但是名振很坦白地答道：「我的老母、妻子和胞弟，都在舟山，我如何能夠生此異心！」[41]

魯監國剛從蛟門前線趕回，不及登陸，就乘原船督同名振大軍出發。近侍中有人建議應招監國的兩位世子上船同行，名振說：「如此恐使守土者寒心。」監國也不勉強。

陳錦大軍擊退沿途海師，將近橫水洋時，卻逢海上大霧，咫尺莫辨，他們乘霧偷偷前進，致使守軍阮進，不及覺察他們的行動，直至開進螺頭洋洋面，方才知道敵人已經當面，倉卒麾船應戰，偏偏此時南風大作，船被風阻，無法攔截敵舟，眼看清兵鼓風順流前進，阮進焦急得一無辦法，是時適逢清帥固山金礪的座船行過，阮便抓起一個火球，遙向敵船擲去，不知逆勢的風向，把擲出去的火球，反吹轉來，燒著了自己船上的船篷，火因風勢，一霎時烈焰飛騰，主將的戰船竟燒起來了。

阮進先受火傷，船焚後再行落水，這位名震東南的海上驍將，竟於水火夾襲之中，被清兵俘虜了過去。

明清史料載清浙江福建總督陳錦的揭帖記此役的經過如此：

職與固山額真臣金礪、劉之源、梅勒章京臣吳汝玠、提督臣田雄、定海總兵張傑各統標旅俱於八月二十一日揚帆誓師，齊出定關。沿途遇有賊艘，即四面對敵，逆賊亦分艅圍繞，邀截打仗，官兵無不奮勇衝擊，一面打仗，一面前進，賊艘尾追不離。及過橫洋，忽有偽蕩胡侯阮進親統賊船迎頭衝擊，我兵首尾受敵，賴固山額真金礪等俱躬親督戰，不避炮矢，官兵奮勇齊戰，隨將阮進座船拏獲，當陣擒獲偽蕩胡侯阮進及偽敕偽印並親丁人等，砍殺入海者無算。[42]

41 編者注：李瑤：《南疆繹史》（臺灣：臺灣銀行經濟研究室，一九六二年），第五冊，〈摭遺〉，卷十二，〈舟山盡節、江東殉事諸臣列傳．張名振〉，頁五八一。原文為：「吾母妻子弟皆在城，吾豈有他心哉。」

42 編者注：陳錦揭帖，《明清史料》，甲編，第三本，頁二八四右－二八六右。引文見頁二八四右。

名振倚為天險的蛟關，終於不守，清兵也就毫無阻擋地，直薄舟山孤城了。

留守舟山的兵丁本就不過六千人，蛟關一役，傷亡慘重。保衛舟山的大學士張肯堂，守將劉世勳、張名揚所部不過一千餘人，他們一方面鍵城固守，一方面派遣僅存的水師，乘潮漲襲擊清兵的船隻，水陸雙方共同保衛孤城。

清兵攻城不下，他們利用被俘的阮進，要他誘降守城的人。阮進立刻答應，扶傷坐轎到了舟山城下，他卻大聲叫道：「張煌言等在吳淞已經大捷，旦夕之間即可凱旋歸來，大家應該死守舟山！」清將對他毫無辦法，過了三日，即八月二十四日，阮進終以傷重垂危而遇害。

舟山攖城死守，經歷十個晝夜，靜候名振返援，不幸此時，城內有名振的中軍官金允彥和巡城主事邱元吉兩人，在圍城之內，失望動搖，竟於黑夜偷縋出城，投降了敵人，自然也把城內虛實情形，和盤托出，於是清兵攻城愈急，守城的人憤怒到了絕點，把金允彥的兒子斬成肉醬，傳示四門，而清兵挖城成功，至九月初二，舟山城的南門終於挖出了一個大缺口，清兵就像浪潮一樣從這缺口處湧進了圍城。

前舉陳錦揭帖敘述攻城的艱苦，有道：「職等孤軍懸處於巨浪洪濤之中，四面受敵之地，勢難久持，隨會同固山……等，收拾攻城器具，於九月初一，四面攻擊，仍用大炮打城，不意舟山之城，內系山基，攻打不易，而城上逆魁，統率勁賊，竭力固守，炮火矢石如雨齊發，窮一日一夜之力，尚未能克，隨會議挑選壯士，設立挨牌於城下，令其竭力掏挖崩頹數丈，官兵奮力齊攻，至初二日午時始得攻克。」[43]

九月初三，清金華總兵馬進寶軍終於趕到舟山，他所報告的沿途戰況是「本職遵奉憲令督統台區水陸宮兵於二十日丑時自海門衛開船出洋與賊沿途攻打，二十二日方至佛頭山，復遇賊船百餘隻，竟創風直衝前來，本職鼓勵將士，奮勇迎敵，打損賊船十有餘隻，賊見我兵奮勇，不能支即避出金紫門外，黑夜不便前追，於二十三日直至林門，賊船復聯合撲來，本職親冒矢石，奮力抵戰，擒獲賊船六隻，打損賊船十有餘隻，落水淹死之賊，不計其數，陣獲偽

43 編者注：同前陳錦揭帖，頁二八四左。

定甌將軍銀方印一顆、銅關防一顆、紅衣等炮一十三位、盔甲弓矢炮火不計。隨乘勝追賊至南田、林門、山岳乃賊魁阮進、張名振屯糧之處，賊黨四散潰逃，搜獲馬三匹，牛五十一隻……當將賊巢並賊貯倉廒稻穀米豆不計及所造未曾豎桅大水艍船百十餘號，竊恐存留不便，盡行發火焚訖，……賊黨大窘，揚帆遠奔，職於二十五日向舟山進發，沿途遇賊打仗，至九月初二日，於舟山外洋復遇張名振賊船迎頭打仗，當陣擒獲賊目二十五名，賊船五隻，打損賊船不計……」[44]

至於蘇松水師鎮將張天祿那一路來敵，陳錦揭帖稱：「其原調蘇松之師，半月之內，俱值順風，不知何故，杳然不至。」此即張名振、張煌言繞襲敵後，崇明大捷的來源。煌言詩所謂「此時帝子在行間，吳淞渡口凱歌還」者，即是指此，惜乎雙方戰況不詳。

城破以後，都督張名揚、錦衣衛李向榮率領民兵，展開激烈的巷戰，殺傷清兵數千，但是，城亡軍破，大勢已去，他們終都壯烈地為國犧牲了。

在舟山行朝中，城破後官民殉難的不計其數，監國的繼妃和殯侍等闔宮死難。大臣如閣部大學士張肯堂衣蟒玉，南坐賦詩後，自縊於雪交亭，闔家隨殉；禮部尚書吳鍾巒抱孔子木主自焚而死，張名揚被捕後不屈被殺，名振的太夫人投水自殉，張家闔門五十餘口自焚邸宅舉家殉難。餘如兵部尚書李向中、兵部侍郎朱永佑、安洋總鎮劉世勳、六狂生之一的給事中董志寧，也都於城破後與舟山共亡。

名振聞訊返援，適於九月初二那一天趕到舟山外洋，還與張天祿打了一仗，但行至火燒門地方，離開舟山，只有六十里的路程時，就已遙見舟山城中煙焰蔽天，方知孤城業已被敵突破，援救不及了。

名振聞訊，不禁失聲慟哭，他對監國說道：「臣誤國誤家，死不足贖！」[45]就要蹈海自殺，左右紛紛救阻。然而舟山既失，他們這一行君臣，此後又將蓬

44 編者注：同前陳錦揭帖，頁二八四左—二八五右。
45 編者注：全祖望：《鮚埼亭集外編》（《全祖望集彙校集注》，上冊），卷四，〈明故太師定西侯張公墓碑〉，頁八一三。

飄何處呢？茫茫海水，渺渺雲天，痛哭悼傷，也都遲了。

自永曆三年己丑（一六四九年）八月，建立舟山行朝，至辛卯（一六五一年）九月淪陷，為時僅及兩載，轉眼滄桑，真足令人淒絕！

後人議論這次戰役，對張名振責難者甚多，許多人說他是避重就輕，見危自全，事敗以後的譏議是無法避免的，而三路對敵之中，名振自當吳淞遠征之行，確是按照計畫成功了的，不過他把蛟關地理優勢估價太高，不免有恃險輕出之咎，所以，後來煌言重到舟山，也有「只今漲海胡塵裡，莫作當時天塹看」[46]的警惕，即是指此。

滿清官文書，順治十三年四月，浙江巡撫秦世禎的揭帖追論此役：「當日勝算之明驗」，亦曰：「前任督臣陳錦調度滿漢官兵，原分三路進剿，此時賊止有張名振、阮進，船不滿千，察其分布洋面要塞，欲遏我師。前督臣議調江南總兵王璟統領舟師，自北而南，與賊戰於洋山等處。又督發金華總兵馬進寶統駕水艍六十號，自南而北，與賊戰於林門等處。西路官兵，雖皆失期後至，然南北賊船之勢實為二鎮牽制，使賊不能顧援巢穴。……」[47]當係舟山淪陷之真實的原因，但是名振在當時限於實力，眾寡不敵，到底也是無可奈何的失敗。

舟山之役，以區區一小島，抵禦三路大軍，居然攖城固守達十個晝夜，這種精神，實在足以動天地而泣鬼神；城破以後，死節殉難之多，也是南明任何一次戰役所未有，孤將民兵，破城巷戰，凜然完成他們血灑故土的大義。甚至主持此役的清將，事後也說：「吾兵南下，所不易拔者，江陰、涇縣，今舟山而三耳。如兩京，易取也！」煌言於翌年（壬辰，一六五二）作〈翁州行〉，正是一篇最真實的詩史。原詩曰：

自從錢塘怒濤竭，會稽之棲多鎩翮，甬東百戶古翁洲，居然天塹高碣石，青雀黃龍似列屏，蛟螭不敢波間鳴，虎賁爭如秦婦女，魚旗半是漢公

46 編者注：《奇零草．舟山感舊四首（四）》，《張蒼水集》，頁一二三；《張蒼水先生專集》，頁六十八；《張蒼水全集》，頁六十五。

47 編者注：《明清史料》，甲編，第四本，頁三八一左。

卿。五六年間風雲變，帝子南巡開宮殿，繇來澤國仗樓船，烏鬼漁人都不賤。堂怡穴鬥幾經秋，胡來飲馬滄海流；共言滄海難飛越，況乃北馬非南舟，東風偏與胡兒便，一夜輕帆落奔雹，南軍鼓死將軍擒，從此兩軍罷水戰；孤城聞警早登陣，萬騎壓城城欲夷，炮聲如雷矢如雨，城頭甲士皆瘡痍，雲梯百道凌霄起，四顧援師無螻蟻，裹創奮呼外宅兒，誓死痛哭良家子；斯時弟子在行間，吳淞渡口凱歌還！誰知勝敗無常勢，明朝聞已破岩關，又聞巷戰戈旋倒，闔城草草塗肝腦，忠臣盡葬伯夷山，義士悉到田橫島。亦有人自重圍來，向余細語令人哀，椒塗玉葉填眢井，甲第珠璫掩劫灰；而今人民已非況城郭，髑髏跳號寧復肉，土花新蝕遺鏃黃，石苔早繡缺斨綠。嗚呼！問誰橫驅鐵裲襠，翻令漢土剪龍荒？安得一劍掃天狼，重酹椒漿慰國殤！[48]

48 編者注：《奇零草》，《張蒼水集》，頁七十五－七十六；《張蒼水先生專集》，頁十九－二十；《張蒼水全集》，頁十九－二十。

第四章

三入長江

舟山城陷之日，魯監國君臣營救無及，遙望戰火焚燒中的舟山島影，只得痛揮一場熱淚，掉轉船頭，朝著茫茫的南海，重新開始流亡的航程。

浙軍既已失了在浙江海上的根據地，現在，唯一的出路只有南奔福建。此行隨扈魯王的大臣計有定西侯張名振、大學士沈宸荃、兵部左侍郎張煌言，以及將軍阮駿、周鶴芝等。他們先在鄰接浙境的閩邊山城沙埕暫時歇腳。最初打算取海壇地方屯兵，沒有成功，於是只得繼續南進。初泊南日島的那天晚上，海上忽發狂風，沈宸荃的坐船疏於碇繫，被風吹失了蹤影，宸荃即在流亡途中殉了難。

以後又從南日島進次嵵頭。同時派人向鄭成功聯絡，請求發兵相助，收復浙土。魯監國親筆致函鄭氏說：「余與公，宗盟也。平居則歌行葦之章，際難合賦鶺鴒之什。公毋吝偏師，拯此同患。」然而，鄭氏有他自己整個的策略和計畫，對於援浙一事，猶有躊躇。名振等此行，還帶著當日舟山的主力部隊，尚有數千人馬，他們重振的希望在此，而目前餉糈和駐地的困難，亦在此。幾經磋商接洽以後，決定先由帶兵官的張名振以次，南往廈門鄭營歸附，以解決飢兵游散的危機。

據傳，[1]張名振初覲成功的時候，鄭氏曾對他傲不為禮，盛氣詰問道：

「定西侯海上八年，所為何事？致使魯王一至於此？」

「人臣忠義，存於方寸，豈能以成敗論人！」名振怫然。

「方寸何據？」成功詰問。名振不答，但自解開內衣，袒露背肉來給成功看，他的背上刺著「赤心救國」四個大字，靛涅深入肌裡。名振說：

「生不逢辰，國家多難，先母刺此以當勖勵，所以我一生行伍，遵奉母教，誓當生死以之。」

鄭成功大為感動，立即改容揖禮，接受了浙軍的歸附，並以上賓之禮款待名振，贈萬金。哆囉呢五十匹，日本刀一口，綢緞、盃壺無算。據楊英《從

1 見邵廷采《東南紀事》、徐鼒《小腆紀傳》等書。編按：《東南紀事》，卷十，〈張名振〉，葉五右－葉八右（頁七十五－七十七）；《小腆紀傳》，下冊，卷四十五，〈張名振〉，頁四七七－四八〇。

征實錄》，派定來歸浙軍的職務是：「五年（辛卯，一六五一年）十二月二十九日，定西侯張名振、平夷侯周鶴芝、英義伯阮駿等俱來歸，以名振管水師前軍，周鶴芝管水師後軍，阮駿為水師前鎮。」[2]

翌年，壬辰（一六五二年）正月，成功派遣專使，迎接魯王至廈門，當時，因為監國的身分特殊，他還非常鄭重地和僚屬討論過晉見的儀節。參軍潘庚鍾說：「魯王雖稱監國，但藩主奉永曆正朔，論地位都是臣子，相見不過賓主。」

「不然，外藩與宗室諸王本非敵體，何況監國。用賓主禮，則紀綱混雜了。我將以宗人府府正之禮見他，那才於禮兩全。」[3]成功見魯王，致送贄儀千金，紬緞百端，從臣也都各有賄贈。相見時，行四拜禮，稱監國曰主上，自稱罪臣。其後，並為魯王安排駐蹕之處於金門，月節進銀米供養。又命張名振駐軍嵩頭，張煌言則率軍寄寓鷺門（廈門），他自述此時的感慨：片石誰能砥亂流，冠裳無計且依劉；未須名附青雲顯，只覺心同白日流。

他與名振等之改歸鄭氏者不同，他只寄寓福建，始終保持客卿的身分，自營其艱苦的獨立。

而鄭成功對於張煌言那種忠事其主的品德，非常敬重。煌言常對人稱道鄭氏：「招討始終為唐，真是國家的純臣。」

成功也就慨然說道：「侍郎始終為魯，豈與我有不同。」[4]此是鄭張二人，相交之初，人格上發生的共鳴，為日後共同從事大業的最初的基礎。

是年正月，成功受降海澄，繼即督師進入江東，攻長泰縣，有此地義師首領陳韻率兵丁數千來附，成功便把他們派歸前軍張名振管轄。三月初，清閩

2 編者注：《從征實錄》，頁二十五。

3 編者注：徐鼒：《小腆紀年附考》（北京：中華書局，一九五七年），下冊，卷十八，頁六七六。

4 見全祖望撰〈張督師畫像記〉，引其族母（煌言親女）之言：「先公言：監國乾候之辱，鄭氏修唐藩頒詔之隙也。然鄭氏不肯負唐，吾又豈敢負魯，故雖與鄭氏合從，而終為魯。鄭氏亦諒先公之誠也，以公誼相重焉。」編按：《鮚埼亭集外編》（《全祖望集彙校集注》，中冊），卷十九，頁一一一三。

浙總督陳錦率馬步兵數萬來援，鄭軍奮勇向前，不但殺得清兵全軍覆沒，陳錦且為家丁刺死，兵心散亂，紛紛敗逃，遂復長泰縣城。四月，成功督師進攻漳州，分設二十八宿營，圍城數匝。派張名振為提調，監督指揮八角亭方面氐宿營鄭榮、柳宿營姚國泰、英兵營黃梧等軍的堵禦任務，「八角亭有失，則罪名振」。大軍圍困漳州兩月，清方守將王邦俊攖城固守，一時難下。五月，名振建議就鎮門築水灌浸漳州城內，但因工力浩大，水湍難防，沒有實現。[5]

漳州方面圍城的戰事，激烈得如火如荼，而閒居廈門的張煌言，則不免有撫髀之嘆，低吟他自己的苦悶道：「微軀慮向風塵老，後死終慚清惠侯。」[6]端陽客鷺門詩，又曰：「客況淒其聯對酒，莫辜好景是朱明。」[7]甚至有的時候，他又起了矛盾的嫉恨心理，悻悻地說：「此時始識通侯貴，何事翻令傲客閑。」[8]

此一不得用事的「傲客」，為了逃避閒散的苦悶，也曾獨自一人，跑往漳州前線，以賓客的身分參觀前方戰事，主要的是再看看他的老朋友——指揮八角亭方面的張名振，幫他做做參謀。

在這一年閒居廈門的時間裡，另一苦惱著張煌言的事，是福建的將領對於這位客卿的臉色，不甚友好，而且有很多誤解的地方。在煌言，自以為已是個深知世路艱難，「千盤錯節」的人了，然而，人家還是不能諒解他那奇特的身分。他雖憤然自道：「落拓何曾誇馬骨，淹留豈為戀豬肝。」[9]然而，「我自

5 見延平王戶官楊英《從征實錄》。編按：《從征實錄》（臺北：臺灣銀行經濟研究室，一九五八年），頁三十。

6 編者注：《奇零草·感遇三首（三）》，《張蒼水集》，頁八十一；《張蒼水先生專集》，頁三十四；《張蒼水全集》，頁三十三。

7 編者注：《奇零草·端陽客鷺門詩》，《張蒼水集》，頁八十；《張蒼水先生專集》，頁二十九；《張蒼水全集》，頁二十八。

8 編者注：《奇零草·感遇三首（二）》，《張蒼水集》，頁八十一；《張蒼水先生專集》，頁三十四；《張蒼水全集》，頁三十三。

9 編者注：《奇零草·感遇三首（一）》，《張蒼水集》，頁八十一；《張蒼水先生專集》，頁三十四；《張蒼水全集》，頁三十三。

商歌獨抱琴」的張煌言，高山流水，總乏知音，他只能和一二有閒的故老，兩三談得來的閩將，如鼓浪嶼的程嶼嘉將軍，與他家老世交的石田和尚等，[10]飲酒聯吟，打發寂寞的歲月。

煌言之在閩南，孑身孤立經常鬧窮，時復弄到「絕炊」的地步，福建方面的朋友不多，而且都如秦人之視越人肥瘠，對他漠不關心。他作〈絕炊〉詩，寫下感慨：

> 炎涼雖世態，不信在同舟。自去梁間燕，真同水上鷗。婢原無赤腳，僕已鮮蒼頭。亭午炊煙絕，何能免百憂！[11]

不但是「窮」，而寂寞對於一個人精神上的傷害，每每甚於失敗的打擊；失敗的打擊，還容易激發再接再厲的奮鬥情緒，而寂寞常常使人消沉，使人回憶，甚至使堅毅如煌言那樣的人，也不免有了鄉愁。他有〈壬辰感懷〉二首：

滄江一臥已心灰，避地何人賦七哀？欲遣新愁悟後去，翻招往恨醉中來。六橋歸夢催衰柳，五月寒岩聽落梅。擬學冥鴻差強意，回看玄髮又徘徊。

浮名世上長蓬心，我自商歌獨抱琴；流水非因鍾子調，陽春只合郢人吟。乾坤大抵分王霸，治亂緜來半古今。轉悔十年塵事拙，不如經濟在山林。[12]

10 《蒼水全集》附錄人物考略：石田和尚當是黃宗會，字澤望，考南疆繹史黃宗炎傳末附載澤望事有石田先生性更狷介，國變後，嘗祝髮作頭陀狀云云。編按：《奇零草．四月八日過仙洞訪石田和尚．人物考略》，《張蒼水集》，頁三五七；《張蒼水先生專集》，頁二十七；《張蒼水全集》，頁二十六。《南疆繹史》，第五冊，〈摭遺〉，卷十三，〈儒行列傳．黃宗炎（弟宗會）〉，頁六二七－六二九。

11 編者注：《奇零草》，《張蒼水集》，頁一二六；《張蒼水先生專集》，頁二十八；《張蒼水全集》，頁二十七。

12 編者注：《奇零草》，《張蒼水集》，頁六十四；《張蒼水先生專集》，頁二十九；《張蒼水全集》，頁二十八。

是年夏秋間，永曆遣使賷招討大將軍敕印至閩，成功為持大體，便開始勸導魯王自動撤銷監國的名號，然而魯王婉辭不肯，他為遠自引嫌，便把對魯王的一切供應都斷絕了。

煌言想到金門去晉謁魯王，不料又為颶風所阻，使他非常頹喪，甚至說：「緣知歧路風波惡，決計尋山學隱淪。」[13]

九、十月間，滿清固山金礪統率浙直滿漢兵騎萬匹，大隊星夜馳來泉州，救援漳城，成功以眾寡不敵，只得下令解兵，據守外圍，待機再起。

成功自前線回來不久，煌言便往福建莆田縣東南外的湄州島上去，與「舴艋風前出，荷鋤雨後歸」的海翁漁父作伴，自尋他的「談笑忘機」去了。[14]

這年除夕，他景況蕭條一如苦行頭陀，寄宿在湄州禪院裡，度過他一年的歲尾。

· · ·

當浙東潰敗，隆武消亡的那個天崩地塌的時期，鄭成功崛起閩南，號召復興，以他那樣雄偉的魄力，不數年間，即已儼然成了明室江山的南天國柱。然而，縱然努力奮鬥，他的發展，還是只能局限於福建一個省區之內，爭持一城一邑的得失，使他非常焦躁。永曆四年（一六五〇年），他曾奉旨親自督師南下勤王。後來與西寧王李定國暗通約束，屢次期約海陸雙方會師東粵，打算溝通廣州，連兵北伐。這是鄭氏復國大經略中一個主要的目標。然而由於李定國方面的軍事進度不能配合，始終未得實現。

另一方面，南京這一個東南心臟的都城，長江沿岸三吳兩浙未死的民心，對於鄭氏的誘惑，自然更大，本來他苦於生疏，和沒有接應，不敢妄動。至浙軍來歸之後，鑒於張名振等熟悉長江形勢，名動三吳，使成功對於北征長江的

---

13 編者注：《奇零草・將朝王，阻颶不果》，《張蒼水集》，頁八十五；《張蒼水先生專集》，頁三十二；《張蒼水全集》，頁三十一。

14 編者注：《奇零草・登湄洲》，《張蒼水集》，頁七十七；《張蒼水先生專集》，頁二十一；《張蒼水全集》，頁二十－二十一。

雄心，俄然熾烈起來了。

漳州之役暫停後，張名振即向成功建議道：「名振生長江南，將兵數十年，現今滿清各地的兵將，多係舊屬。而且，金酋（指清帥固山貝勒金礪）現正傾其全力於福建，勢必將浙直的守備空虛了，我們如有百艘戰船，長風破浪，直入長江，號召舊時弟兄，攻城掠野，因時制宜，搗其心腹，使滿虜無暇南顧，不但可以恢復八閩全省，即會師浙直，亦復指日可待。」[15]此一建議，正合鄭氏心意，他也認為名振等浙軍熟悉長江形勢和地方，可以做他的嚮導，二則上年（壬辰，一六五二年）十一月西南方面的秦王孫可望，正有使者前來邀約鄭氏會師南京，蓋因當時西南孫（可望）李（定國）兩大勢力，都在爭聯成功。李定國要與鄭氏會師東粵的計畫，既然久久未能實現，而孫可望則頗有躍馬江南的雄心，壬辰之冬，他正駐軍湖南的沅州，出兵江西，就可進逼南京了。

成功手執這兩條線索，他便欣然接受名振的建議。

永曆七年癸巳（一六五三年）三月，正式命令張名振統率水師，恢復浙直。同時派遣自己部下的大將忠靖伯陳輝、中權鎮黃興、護衛右鎮沈奇、禮武鎮林順、智武營藍愆、後鎮施舉等，由浙軍嚮導，一齊進入長江。

此行北征，閩浙聯艅，船近千艘，其中歸張名振統率者，便有二百餘號戰船，全軍兩萬餘人，糧船三艘。清江寧巡撫周國佐的揭帖說：「夫洋逆張名振以十餘年之積寇，船近千艘，眾約二萬餘人，且日事船楫，久狎波濤……」[16]可見其聲勢浩大，已使滿清的沿江守吏，為之落膽。

鄭氏頒令北征，早在是年三月，而實際發兵，當在盛夏已過的秋初，這番遲延，一為軍需的部署準備，一為配合西南秦王孫可望方面的動勢之故。

自來名振出征，總由煌言監軍，但這次因為煌言未歸鄭氏，所以監北征軍者鄭氏發表了與浙軍素有淵源的徐孚遠擔任。大軍出發，煌言《奇零草》中，留下了好幾首送行的詩篇，如〈壽忠靖陳燦珠兼統師北伐〉、〈送姚興公北還〉、〈送徐闇公監軍北上〉二首、〈送謝仲彝元戎〉等。

15 編者注：《從征實錄》，頁三十五。
16 編者注：《明清史料》，甲編，第四本，頁三四一右。

他詩中雖說：「歸來燕喜歌饒日，席上還應張仲陪。」[17]但在「匏系如余甘瓠落，秋風倘許脫鷹鞲」[18]的期望之下，他也於稍後不久，單艅北歸了。

煌言北返途中路經閩侯縣東南的琅琦島時，他特意上岸去拜謁了他那誼兼師友的前輩錢肅樂的殯柩；再經南日港，他也深深悼憶著上年失蹤海上的大學士沈宸荃。當他的乘船駛入浙江海面，遙望水天相接處故鄉一抹青痕，禁不住陣陣鄉愁，鼓舞著他那久已沉鬱的雄心，這位瘦弱、高身材、目瞳炯炯有光的壯年人，直是兀立船頭，高聲朗吟他旅中的詩作：

> 南浮北泛幾經春，死別生還總此身。湖海尚容奔鬲客，山川應識報韓人。國從去後占興廢，生近歸時問假真。一寸丹心三尺劍，更無餘物答君親。[19]

煌言返浙途中，先在台州沿海一帶，招募義軍，訪求地方豪俠，聯絡三吳志士，預先布置長江兩岸策反內應的部署。

常年以舟為家的煌言，他的生活，不得不非常淡泊、簡單，幼年時代他的身體固然單弱，但是經過這些年來環境和精神兩方面不斷的磨練，即使不免疾病侵襲，卻能夠完全摒除藥石，他不再是鄞縣城中的文弱書生，已經鍛鍊為體魄健朗的海上鬥士。

海上過得久了，他已學會駕駛船隻，能在大海洋中，自己操舵航行。他熟悉浙海海道，也熟悉四時的潮汐和風信，他已在生活訓練中，成了一個好水手。此時，他在闊別經年的鄉土邊緣，巡行觀察，這一片親切的土地上，生活著無數被敵人踐踏著的他的同胞——朋友、親戚和家屬，他獨坐船上，凝

17 編者注：張煌言：《奇零草·壽忠靖陳燦珠兼統師北伐》，《張蒼水集》，頁九十七；《張蒼水先生專集》，頁四十；《張蒼水全集》，頁三十九。

18 編者注：張煌言：《奇零草·送徐闇公監軍北上二首（二）》，《張蒼水集》，頁九十七；《張蒼水先生專集》，頁四十一；《張蒼水全集》，頁四十。

19 編者注：張煌言《奇零草·北還入浙偶成》，《張蒼水集》，頁九十六；《張蒼水先生專集》，頁四十三；《張蒼水全集》，頁四十二。

眸遠望青灰色的陸地，不禁常和他的僚屬嘆息道：「沿海老百姓的脂膏已經破壞殆盡了；幸而出戰勝利，則還可圖進取，否則，我便只有跳入海中，以完吾事。」[20]

這位從戎的書生，憑弔沿海戰場，是那樣體驗著民生的疾苦、敵人的凶殘和戰爭的殘酷。

北征大軍船過舟山以後，聽說出賣舟山圍城，臨敵降清的名振的中軍官金允彥，現在金塘地方正做著清方把總之類的營官，這自然掀動了名振破國滅門的宿仇，便先移兵進逼金塘，把那漢奸，活捉了過來，磔之以祭舟山死事諸烈，這是此行中第一快意之事。

大軍繼續北航，同年九月，進屯長江口外崇明島的平洋沙上，略事整頓，以聯䑸數百號環圍崇明島，另以數百戰船分伺沿海各汛，往來遊弋，乘時而動。十二月間，時機成熟，便大隊入江，一路趨丹陽，掠丹徒，薄京口，橫截長江，沒有幾日工夫，便已直叩金陵門戶了。

名振軍既抵金蕉，便艤舟山下，等候秦王孫可望的消息。

鎮江的金山，距離金陵城堞已經不遠。名振在金山寺裡設醮三日，遙祭孝陵。他自己紗帽、青袍、角帶，親自主持祭典，三軍縞素，哭聲雷動。據說：當時寺僧手持緣簿，要向這位叱吒風雲的統帥募化，他不禁莞然笑道：「大兵到此，秋毫無犯，你們反要向我募化嗎？」隨助山寺鹽米各十石，由此足徵當時海上王師的紀律，確是非常嚴肅。

張名振當日有〈金山寺題壁〉一詩，極為人所傳誦：

> 十年橫海一孤臣，佳氣鍾山望裡真。鶉首義旗方出楚，燕雲羽檄已通閩。王師枹鼓心肝噎，父老壺漿涕淚親。南望孝陵兵縞素，會看大纛禡龍津。[21]

---

20 編者注：語見《東南紀事》，卷九，〈張煌言〉，葉七右（頁六十九）。原文作：「沿海膏脂盡矣，幸其出戰勝則進取，否則一跳海中，畢吾事耳。」

21 《明季南略》，第二冊，卷十，〈浙紀．張名振題詩金山〉，頁三〇五。

這年冬天，南中大雪，天氣酷寒，如煌言詩說：「往歲南中不見雪，今年吳地雪偏濃。」[22]便因天寒使長江江水結冰，遂令本來不慣舟楫的滿兵，得了一個意外的機會。江寧巡撫周國佐親臨督戰，乘此江水冰固的機會，派了萬餘騎兵，涉江來攻。名振派煌言等鼓眾迎戰。浴日將軍王善長挺矛當先，姚志倬、任麟率兵三百衝其左，煌言領裨將王浚以三百人擊其右翼，手持鳥銃火器，踞江心左右狂掃，滿清騎兵涉水江中，前行水深，後退泥淖，深陷馬足，一時進退兩難，傷亡慘重。自經此役，清吏更懷戒心，從此掩關深壘，不敢再出。

然而，名振方面所盼望的「出楚義旗」，始終消息杳沉，毫無動靜。實際上，這時候孫李雙方正在湘粵之間，自行火拚，清人乘此鷸蚌相爭的好機會，把孫可望的主要部隊，打得落花流水，他已兵敗憤然自歸桂州去了。那裡還有「燕雲羽檄」的影子可尋。名振等孤軍深入，屯舟沿江重地，上游既無接應，而清吏援兵，旦夕征至，這是何等的險地，不得已，只得下令撤出長江，還駐崇明。

煌言在吳淞舟上度歲，佳節思親，人之常情，何況，他聽到友人傳說，董夫人此時的景況，是「鐺釜原兼絕，機梭亦屢空」。[23]應是家人團聚的日子，現在地雖咫尺，情若天涯，夫妻父子分離在敵國的威脅之下，離鄉八載的海上遊子，怎不鄉心撩亂，兒女情哀，在舟中惘然吟道：「可憐織箔手，不得到從戎。」[24]

・　・　・

翌年（永曆八年，甲午，一六五四年）正月，定西侯張名振、忠靖伯陳輝等督師再入長江，煌言一同隨征。

---

22 編者注：張煌言《奇零草．入吳見雪，忽憶車駕南巡》，《張蒼水集》，頁九十九；《張蒼水先生專集》，頁四十五；《張蒼水全集》，頁四十四。

23 編者注：張煌言《奇零草．得友人書，道內子艱難狀》，《張蒼水集》，頁一〇三；《張蒼水先生專集》，頁五十三；《張蒼水全集》，頁五十一。

24 編者注：同前注。

其時，駐在浙海的誠意伯劉孔昭聽得訊息，也率軍自天台趕來會師。兩張軍中，很多人以為劉在弘光朝時，與馬、阮比奸，貽誤國家，所以反對他來參加海上的聖戰，他們一致說：「孔昭為先朝巨奸，豈可與彼共事？」煌言為之調解道：「孔昭的擾亂南都，誠然是擢髮不足以罄其罪；然而，當鄭芝龍輩迎降恐後的時候，唯他獨能全軍出海，還是應該算個有功可錄之人。現在，他既託名同仇之義而來，假使我們疾惡過甚，恐怕會逼他做第二個馬士英了。」[25]

煌言這番話，把眾人都說服了，接受劉孔昭的請求，聯合進軍。一行王師，就此揚帆再舉，浩蕩入江。煌言有〈甲午再入長江〉一詩，記述他此行的興奮與感慨：

> 江聲萬古似聞鼙，天際依然渡水犀。涿鹿亦曾經再戰，盧龍應復待三犁。琱弓挽處驅玄武，鎖甲擐來失白題。兵氣至今猶未洗，自慚無計慰雲霓。[26]

煌言雖是那麼充滿自信與悲憫，但是，這第二次的長江進軍，卻沒有上年那樣順利了。第一，清人對於逗留吳淞的「海寇」，已經有了警戒和防備，所有沿江隘口，都已派兵嚴守，在在碁布。第二，軍隊在海上漂泊了一個很長的時間，士氣不免低落，雖然不顧一切，溯江直上；但至軍入鎮江，清江寧巡撫周國佐重兵來援，以寡眾不敵，在鎮江就打了一場敗仗，喪亡了一名副將阮甲。於是，轉掠瓜州，以至儀真，因為地近南京，防禦更嚴，兩岸炮火密集，簡直就如在大江上面，罩下了重重的火網，然而，他們也不氣餒，依然奮勇奪關，終於進入了金陵城下的燕子磯。

二張甲午（一六五四年）春再入長江，由於上年在江浙沿海一帶，布置策反工作，已經發生相當效果，所以，戰艦入江，同時兩岸各地，義民四起，

25 見前引〈張督師畫像記〉。
26 編者注：張煌言《奇零草》，《張蒼水集》，頁一一六；《張蒼水先生專集》，頁四十九；《張蒼水全集》，頁四十八。

聲勢甚壯，但是上游秦王的宿約，依然沒有音訊，而滿清方面卻已調集江南全力，戒備江防，名振等孤軍深懸，實在無法久據，情勢如此，只得在南京門戶之地，留置六日，便被逼迫退出江來。

上年（癸巳，一六五三年）之秋，清廷因為成功海上的力量，日益強大，便要利用鄭芝龍的父子關係誘他投降。先由芝龍派老家人李德貽書成功，說清朝願意賜地求和，並將勅封海澄公的爵位，勸他接受。次年（甲午，一六五四年）正月，清廷果遣學士鄭庫賫海澄公印到了福建，成功將計就計，一方面對清使虛與委蛇，一方面便以和議方就，乘勢分遣各提督總鎮就福興泉漳屬邑，派助樂捐，正因和議未定，利用地方清吏此時不敢阻抗的關鍵，便即四處徵糧捐餉，增強倉儲和財力。

三、四月間，成功為要裝點和議的門面，不得不下令召回遠征長江的部隊。然而事實上，名振等還是逗留在長江口外，按兵不動。

煌言離開福建的當兒，那時和議方起，清使絡繹於途，事隔數月，忽然有了撤軍的命令，他不明就裡，自然非常著急，便竭力勸諫他的老友張名振，不妨策動專征，趕快再行進軍。他有〈即事柬定西侯張候服〉二首，說：

誰提玄錢向燕雲，姓氏江南草木聞。已指黃龍麾戰士，何勞青雀擁回軍！
兩河父老猶揮涕，六詔乾坤正策動。縱有魚符耑亦得，只今豈少信陵君。

又說：

十載冰霜誓枕戈，豈應歧路轉風波？和戎魏絳終當謬，結客燕丹恐亦訛！
剖竹已非秦郡縣，分茅可是漢山河？孤臣獨有千將在，紫氣青雯自不磨。[27]

27 編者注：張煌言《奇零草》，《張蒼水集》，頁一一〇；《張蒼水先生專集》，頁五十一－五十二；《張蒼水全集》，頁四十九－五十。

但是不久，他自明瞭了此中的玄虛。

三四月間，成功加派了戎政司馬陳六御及將軍程應璠北來助戰，同時帶來鄭氏指示，配合清廷招撫的空隙，實行兵劫長江糧艘，還可兼收破壞清人漕運交通的效益。

於是，名振等遂乘漕艘北上之期，麾兵再舉。四月初五，兵至圖山，清江寧巡撫周國佐、安徽巡撫李曰芃嚴檄大江南北各路防守兵丁抵禦。然而海師依然奮勇前進，略不卻步，掠瓜洲，襲鎮江，清提督馬國柱常鎮道胡亶等率兵堵禦。四月初六，炮傷海師戰船數十，被截去漕船四艘。經此小挫，大軍旁出，再焚小閘，進抵儀真，向該地鹽商邀助軍餉不得，怒焚糧船六百艘。終以沿江清軍業已大集，不得已全軍退還吳淞口外。

清軍乘名振等退兵之際，數度發動攻擊戰，如江寧巡撫周國佐的揭帖所說：「若夫曹士奇之殺賊奪船，在五月初四日，黃茂觀之打沉賊船在五月初五日，趙光祖等大洋獲船之戰在五月初六日。」[28]其中以與趙光祖一役損失較重，平原將軍姚志倬因兵敗憤恚自剄。

然而名振等此役戰果，除沿江的破壞不計，掠奪得手者還有戰船二三百艘，糧鹽無算。

五月十八日，海師全䑸撤離崇明，其中有鄭氏親標營顧忠一支沿海北上，侵入天津，焚奪糧船百餘隻，[29]名振又帶著幾十艘沙船，北上泛舟山東所屬的登州萊州一帶，一直航行到朝鮮海面，才轉舵重泛華南。

這次任務，名振等成就不小。後來成功在致清朝福建巡撫佟國器的信上，還非常矜誇道：「不特此也，江北錢糧，皆取給東南鹽課漕糧，關係國命。我師特扼江淮，不特南北截為兩斷，將見畿輔立斃矣。如春夏間焚毀糧鹽諸船，

---

28 編者注：《明清史料》，甲編，第四本，頁三四六右－左。

29 《東南紀事》曰：「獲級四百，戰艘三百七十，告捷於金門。」《魯春秋》則曰：「掠戰艦二百九十。」楊英《從征實錄》有：「遣親標營顧忠入天津，焚奪運糧船百餘艘。」《小腆紀傳》有：「索鹽商助餉金，不得，焚六百艘而去。」編按：《東南紀事》，卷十，〈張名振〉，葉七左（頁七十六）；《魯春秋》，頁六十八；《從征實錄》，頁四十八；《小腆紀傳》，下冊，卷四十五，〈張名振〉，頁四八〇。《魯春秋》原文為：「掠北戰艦二百七十號」。

頗見其一端也。」[30]

· · ·

二張兩次與鄭氏部將並肩作戰，三入長江，張名振徒負總制軍戎的空銜，事實上，號令指揮並不能貫徹全軍，而且，由於個人性格剛直，習於專斷，以致雙方感情不洽，摩擦日深；成功續派陳六御北來時，同行的程應璠便是奉命來調解名振與陳輝之不和的，然而，他們嫌隙甚深，意氣不下，似乎並無什麼效果。

以煌言澹泊的個性，看閩將的跋息與好權樂爭，不禁動了憐憫之念，如言：「空際蜂衙誰北里，隙中蟻陣總南柯。」[31]對於忌他地位超然者，他又坦率地自白道：「鄧禹殊有封侯骨，虞卿空留解相書。不貪雞肋猶爾爾，徒羨驥尾亦區區。」[32]雍睦堂張氏血液中，那種薄榮利，愛自然的精神，使他對於那般爭寵弄權的人們，投出了鄙薄的哀憐。

然而，他自願寄人籬下的生涯，遙念寓居金門的監國魯王，時又不禁向他鄉中老友紀石青感喟道：「十年心事半江湖，浮泊真同五石瓠。多難交遊渾陌路，至尊警蹕尚泥塗……」[33]這段從一個高潮驟然跌落下來的日子裡，煌言正是一個懸繫在海船之上的瓠瓜啊。

然而，從海上大局看來，情勢發展得很好。甲午、乙未之交（一六五四－一六五五年），成功攻取漳泉的軍事，次第成就，金廈外圍，逐漸推廣而且鞏固，鄭部兵力又已多至七十二鎮。內設吏、

30 編者注：見《從征實錄》，頁七十五。
31 編者注：張煌言：《奇零草・哀閩》，《張蒼水集》，頁一〇九；《張蒼水先生專集》，頁四十九；《張蒼水全集》，頁四十七。
32 編者注：張煌言：《奇零草・自嘲》，《張蒼水集》，頁六十九；《張蒼水先生專集》，頁五十六－五十七；《張蒼水全集》，頁五十四。
33 編者注：張煌言：《奇零草・答紀石青年丈二首（二）》，《張蒼水集》，頁一一六；《張蒼水先生專集》，頁六十；《張蒼水全集》，頁五十七。

戶、禮、兵、刑、工六官，治理庶政，置儲賢館以招才納士，設育胄館以培育子弟，規模漸次大備。

成功又特別禮待避地閩南的宗室和元老，遇事諮議。魯王，以及盧溪王寧靖王等宗室，王忠孝、盧若騰、沈佺期等元老，都一起住在金、廈，生活的供應也好得多了。又下令將中左所（廈門）改名為思明州，以表明自己堅定的立場。

前些日子，政治權謀的和議所帶來的灰黯的氣氛，一掃而空，頓時頗有雲消日出的氣象。

果然，永曆九年乙未（一六五五年）七月，成功召集文武大臣會議，他便提出主張：再襲長江。他說：「現在，和局不就，我們便應分兵與定西侯張名振和忠靖伯陳輝，會師再入長江，搗其心腹，使清人不得併力南顧，益可鞏固我們的生息和發展。」[34]

議定，同時出發兩路兵馬，派前提督黃廷率領二十鎮大軍，南下揭陽，與西南李定國相呼應。另一路北征軍，任務是收復舟山，進取長江，命右軍忠振伯洪旭為總督北征水師水軍事務，征戰機宜，悉聽調度。升北鎮陳六御為總制五路戎政，總制六師。

成功早就察知張名振和陳輝兩人，前次摩擦的情形，上年派程應璠調處雙方的糾葛，沒有和解，所以這一回的統帥職權，索性委諸兩人以外的洪旭，原是求取和衷共濟的一種措置。哪知大軍一出閩海，忽然分了兩個方向，浙軍一艅當先，直指三吳，單負了進取長江前鋒的任務，而鄭部將領，便先事進攻舟山，雙方行動，失掉了聯繫。

當時，閩軍中有人提議，攻取舟山，應該先行知會名振。中提督甘輝憤然說道：「名振小覷我們南軍，不知此間地利；但是我們攻掠城邑多了，這麼一座孤島，何必要知會他來參加。」35

34 編者注：《從征實錄》，頁八十九。原文為：「藩（鄭成功）集諸文武議曰：『和局不就，宜分兵與定西侯並忠靖伯等會師進入長江，搗其心腹，使彼不得併力南顧』。」

35 編者注：《從征實錄》，頁九十四。原文為：「名振謂我南來之師，未知地利，但我等攻城略邑多矣，此一孤島，何俟名振會也」。

先行的名振、煌言，此時卻已在北上途中遭了狂風。

蓋名振奉到成功軍令以後，他即整頓軍伍，預備糧秣，自率部眾，先驅北上，那知大軍行至崇明島外平洋沙時，陡遇秋冬之際變幻莫測的狂風，一夜嘯號，把大小戰艅，多半毀覆，同行將士，溺死無算，名振等收拾傷殘，撈輯破船，弄得焦頭爛額。最困難者隨軍糧船，都已沉沒，他們在平洋沙上，就不得不遭遇了絕糧之慘。

名振在平洋沙上與部卒同患難，共飢餓，始終不肯先走一步，這使部下士卒異常感奮，軍中有「太師枵腹，我輩忘飢」的軍謠流行出來。

舟山這方面的鄭部將領，攻城非常順手。滿清舟山鎮將陳虎陣亡，巴成功勢單力弱，也就舉城乞降了，後來送至崇明，授職鐵騎鎮，因為他的名字犯了鄭氏的諱，改名巴臣興。

城下之日，名振等才自平洋沙得訊趕到，會軍入城。

張名振入舟山城第一件要事，是要尋訪他那辛卯（一六五一年）死難的老母和其家屬的殯骸。名振全家老幼五十餘人，在那年九月舟山淪陷時，除出太夫人投水自殺外，餘都闔門自焚殉難，至此相距雖已整整三年；但名振以為至誠或可格天，他便縞素入城，步行全島，希望尋到老母的殯骸，然而，荒涼舊地，影跡全無，他就常常在荒野中仰天慟哭，不肯回營。名振方在平洋沙上，身經災患，斬傷已甚，至舟山後，又這樣憂愁苦痛，不能自解，遂遭暴病侵尋，突於是年十二月二十八日，死於舟山軍幕。[36]

36《清史稿．張煌言鄭成功傳》：「張名振三入長江，成功嫉之，借和議召還，俄遇毒死，或曰，成功酖之。」《東南紀事》亦言「名振遇毒」，按張氏入江，本由成功委任，豈有嫉之之理，而和議召還，事在甲午（一六五四）之春，時日益複不符，此厚誣之應訂正者。唯明清史料江南總督馬鳴珮揭帖載俘獲海上舟丁的口供說：「張名振到國姓處請陳輝來鎮守崇明縣，平洋沙二處，後來陳輝回去說攻崇明土城不曾破，折了許多兵，國姓說，你叫我發人守崇明，反去攻崇明，倒折了三四千兵，要拿張名振去殺，名振聞知，氣急死了。」是陳輝構禍於國姓，較為可信。編按：《清史稿》謂鄭成功毒害名振一事，見是書（北京：中華書局），第三十冊，卷二二四，〈張名振〉，頁九一五八。惟原文只作：「順治十二年，（名振）卒於軍。或云成功酖之。」《東南紀事》亦然，見卷十，葉七左（頁七十六）。又，馬鳴珮揭帖，見《明清史料》，甲編，第四本，頁三七六左。

名振彌留時，只有多年來共同出生入死的老友張煌言在他病榻旁邊，他便對煌言慘然說道：

吾於君母大恩，都不及答報；假如我母的遺骸，不能尋獲，請不必收殮我的屍體。37

說了這話後，他便憤然掙扎起來，「擊床而卒」。名振遺言，把自己一生心血所培養的部伍，交付煌言繼續統領。名振與煌言，是魯監國最後的一對「孤臣孽子」，煌言自丁亥（一六四七年）入海後，即奉命監護名振的大軍，九年中這兩位同志戰友，所歷大小戰役，幾於無役不偕，千艱萬險，風雨同舟，這個部隊的招訓編練，出征駐屯，煌言都是名振的主要助手。他們兩人性格雖然不同，在為政治軍上，在應付人事上，恰收剛柔互濟的實效，煌言平時以誠愛約束部下，為大家一致所信服，所愛戴，此時，自然成了最理想最適當的繼統人物。煌言自平岡奉詔入衛舟山，隨帶的所部只有三百名兵丁，鹿頸練兵，為時甚短，所以，一直沒有多少部眾，直到此時，繼統了名振的遺部，軍容始盛，並計約有六千餘人。[38]

定西侯壯志未伸，賫恨以歿，然而，他繼任有人，應無遺恨；但此後一切未了的責任，必須煌言一個人來獨力擔當，孤獨奮鬥了。這是一副何等艱難沉重的擔子，煌言悼傷定西之喪，卻又不得不忍著痛苦，凜然地站立起來，接著老友的腳步，向前邁進。

---

37 編者注：《東南紀事》，卷十，〈張名振〉，葉七左（頁七十六）。原文為：「吾於君、母恩俱未報，若母屍不獲，毋收吾骸。」

38 據徐孚遠撰〈奇零草序言〉。編者按：徐序見《張蒼水集》，〈序跋〉，頁三二七－三二九；《張蒼水先生專集》，〈遺著序文及跋〉，頁二一三－二一四；《張蒼水全集》，〈序跋〉，頁三八一－三八三。惟今存之徐序，未有提及張煌言「繼統了名振的遺部，軍容始盛，並計約有六千餘人」。作者之說，或是受趙之謙《張煌言年譜》的影響。趙氏言：「是時（順治十六年）公（張煌言）所部義從凡六千人，見徐孚遠所撰〈奇零草序〉。」見《張蒼水集》，頁二四〇；《張蒼水先生專集》，頁二五三；《張蒼水全集》，頁二三六。

煌言默默地把名振葬在舟山沈家門的蘆花嶴上，當他面對茫茫大海，渺渺青蒼，俯視三尺桐棺，一抔黃土，禁不住傷心酸淚，奪眶而出，〈哭定西侯墓〉詩曰：

> 牙琴碎後不勝愁，絮酒新澆土一抔。冢上麒麟那入畫，江前鴻雁已分儔。
> 知君遺恨猶瞠目，似我孤忠敢掉頭。來歲東風寒食節，可能重到剪青楸。[39]

鄭成功委總制陳六御和英義伯阮駿駐守舟山。從此舟山大權統由陳六御一手獨攬。島上新舊將士，離散不諧，種下翌年敗亡的因素。

· · ·

鄭成功既得舟山，即在浙江海上設置四屯，作為金廈的外圍，派定陳文達駐玉環，阮春雷駐楚山，另撥一部兵力駐紮牛頭山，同時請煌言駐軍天台的臨門。四屯既立，浙屬島嶼，不但成了金廈的屏障，而且成了進取東南的跳板，四屯之間，遙為犄角，互相呼應。煌言本為浙人，部下大抵都是浙東的子弟兵，他自然也極願意擔負這方面的任務。所以鄭令初傳，他即欣然就約，悄悄的離開了舟山，移軍臨門而去。

乙未攻取舟山之前，鄭部忠振伯洪旭曾襲溫台一帶徵取糧食。此時，滿清方面台州鎮將馬信，因為失了兩條戰船，非常恐懼，所以派人前來洽降，洪旭派人去接，未得其便，沒有成功。至煌言到了臨門，再次與彼聯絡，約期就海，他親自率領五百艘沙船前去接應，馬信也就棄城來歸。40

39 《奇零草》，《張蒼水集》，頁一二〇；《張蒼水先生專集》，頁六十一；《張蒼水全集》，頁五十九。

40 楊英《從征實錄》說：「溫台取糧，偽守將馬信聞風欲歸，慕忠振伯名，欲藉歸附。」而邵廷采《東南紀事》則說：「素慕定西侯張名振，聞其噩耗，不禁痛哭失聲，決意歸附。事非兩歧，不過各矜其美而已。」編按：《從征實錄》引文，見該書頁九十一。《東南紀事》引文，原書未見。

馬信與煌言初晤，他以煌言十年來孤身從軍，生活實在太過清苦，他把天台耆老陳函輝的女兒，帶來臨門，力勸煌言納為妾媵，俾得隨侍左右。煌言對這老將軍此番盛意，大為驚惶，他此時家已亡破，又值老父新喪，妻子陷獄，哪裡還有姬妾自奉的心情，何況陳函輝是他們江上起義時候的前輩，丙戌（一六四六年）浙東兵敗後，回籍自殺殉國的忠臣，他又怎能對他的遺女不禮呢？所以，婉言辭謝道：

她是本朝忠臣的後裔，斷斷不可屈辱她的。[41]

馬信以為煌言太迂，煌言再力辭道：「室人董夫人為我陷獄，我實在不忍再娶。況且，我自倡義以來，就從來沒有接近過女色，現在自己的生死成敗，都不可料，又何必再添一個妾侍之累。」馬信這才無言可勸，由煌言「厚贈遣之」。

煌言從二十六歲起，離開家庭，直到兵敗就義，二十年間都過的獨身生活，和他的營幕中的士卒一樣，徹底做到同甘苦、共患難的地步。他們這批部隊中，主要的骨幹，大抵都是一班同鄉子弟，與普通的士兵，素質不同，名振待自己的部下如此，煌言更沒有兩樣。

關於煌言對待部下的慈厚，以及執行軍紀的嚴厲，有兩個不同的傳說，前者，見於全祖望所撰〈神道碑銘〉：「嘗有盜公之衣者，部下擒而獻之。公曰：衣在我，為我暖；在爾，為爾暖，其暖一也。即以其衣賜之。」[42]後者，如計六奇《明季南略》的一則附記：

41 編者注：《東南紀事》，〈張煌言．附錄逸事〉，葉十一右（頁七十一）。原文為：「馬信以台州降。值定西以酖卒，信聞訃，大慟，遂棄城入海。以煌言在鯀，挾陳木叔（陳函輝）女奉之，（煌言）曰：『忠臣之裔，不可以辱。且室人董為我陷獄，義不再娶。』厚贈而遣之。」

42 編者注：《鮚埼亭集內編》，卷九，碑銘四，〈明故權兵部尚書兼翰林院侍講學士鄞張公神道碑銘〉，頁一九七。

當鄭成功趨圍南京，張煌言一軍抵蕪湖，令甚嚴。一兵買麵，價值四分，止與十錢，店主哄起白張，張問兵，曰：誠有之，時無錢耳。張曰：汝食大糧，何雲無錢，將藍旂投下，曰拿下去，左右縛兵，兵問故，曰：張爺命斬汝，兵大驚曰：吾罪豈至此乎？容吾回稟。張曰：吾有諭，在外即一錢亦斬，況四分乎？遂斬之。諸軍肅然，秋毫無犯。[43]

從這種傳說上，可以見得煌言部伍紀律的嚴肅，和他對待部下的寬厚，相輔相成，並不背違。

臨門是鄭氏安排下的四屯之一，煌言來此駐兵，既須與鄭氏部將保持聯繫，主客之軍，密邇相處，小有糾紛，隨時都可釀成大患，煌言在其同僚之間的肆應，不但圓融過於定西，且更能持大體，服人心，為他人作排難解紛的魯仲連。如《東南紀事》所言，即其一例：「時魯邸舊臣皆盡，而孤軍流寄窮島，鄭氏部曲陵暴，煌言惟禦之以忠誠。阮美陳文達爭餉地，為婉解曰：大敵在前，何暇私鬥。美軍有犯，輒曰：我大臣，寧與麾下爭曲直？獲內地邏諜，亦好語酒食遺之，由是主賓浹和，邊瀛感悅，遺黎亡卒，多為耳目者。」[44]

煌言之蒞臨門，時當永曆十年（一六五六年）丙申之春，他回想自乙酉（一六四五年）至今，十二年來孤危辛勞的經歷，忍辱茹荼的生活，往事如創，斑斑作痛。有一天，他感懷〈一紀〉舊事，悃然低吟道：

一紀戎衣有寸塵，到來江漢只孤臣。龍編未達劉琨表，蛟島空存豫讓身。甑墮妻孥寧復惜，劍懸朋友更誰親。頻年慚負蒼生望，敢向桃源別問津。[45]

43 編者注：《明季南略》，第二冊，卷十，〈浙紀・張煌言臨難賦絕命詞・附記〉，頁三一〇。
44 編者注：《東南紀事》，卷九，〈張煌言〉，葉二右（頁六十七）。
45 編者注：《奇零草》，《張蒼水集》，頁一一九；《張蒼水先生專集》，頁六十二；《張蒼水全集》，頁五十九。

浙東舊臣，凋殘已盡，現在只剩了一主一臣，相依為命。煌言北還入浙，本來駐蹕金門的監國魯王又從成功之請，於是年（丙申，一六五六年）三月徙居南澳。環境的艱難依舊，生活的窮困亦復依舊，固然，當時流亡海上的宗藩華胄，大多境況淒涼，然而魯監國仍因地位特殊的緣故，處境更加不易。

而且，監國舊臣如張煌言、徐孚遠等，深恐成功疑忌，便不得不對主上遠避嫌疑，三年來不敢求渴，不敢通啟，此在「始終為魯」的孤臣心中，非常痛苦，只是為著國族的前途，迫於情勢，無可如何耳。[46]

· · ·

煌言駐屯臨門，不滿一載。當年（丙申，一六五六年）八月，他正邀約了老朋友朱夏夫和田臨山兩人到天台軍中來，籌劃方略，卻突然接獲舟山方面被敵人進襲，情勢危急的軍訊，打破了島城的平靜。

八月滿清大將伊爾德率同降將田雄，帶領大兵進攻舟山。《魯春秋》記這場戰役說：

北師倪將軍師出攻舟山。島師戎政（陳）六御，定寧（伯）洪德與義英將軍（阮）駿分應要害。英標有最捷（者），從檣首飛渡敵舟，猝斷篷索，敵篷墮，壓斃百人，敵勢大沮。相持久，駿舟忽膠淺，不能馳驟，戰敗績。[47]

而楊英《從征實錄》，記述這場戰役的經過，更較詳細：

46 《東南紀事》說：「王不免飢寒，出無輿導，至以名刺投謁賓舊，張煌言徐孚遠避形疑，不敢入朝，王寄食鄭氏，如家人而已。」查繼佐《魯春秋》亦曰：「國姓以桂（永曆帝）無所通監國，引嫌罷供億，禮節亦疏，以見一，監國飢。」煌言等為避形疑，不敢顯通監國，確為事實，見於所撰《上監國啟》中。編按：《東南紀事》，卷二，〈魯王以海〉，葉十二左（頁二十三）；《魯春秋》，頁六十六。

47 編者注：《魯春秋》，頁六十九。

八月二十六日，虜水師大小五百餘船，進犯舟山，陳總制（六御）、阮英義（駿）等率戰艦五十餘號與戰，時我師占據上游，順風沖犂，大敗虜船，虜隨退回，我師全勝回舟山。

二十七日，虜又令舟師來攻，意在誘敵，且戰且退，我師誤中其計，直追而進，至定關口，水流湧急，虜遂湧合交鋒，我師少卻。陳總制遂呼英義伯二舟率先衝破其艅，緣不知水勢，二舟被流水擁拖而入，挽棹不進，虜認知為先鋒總制之舟，合力齊攻，銃矢如雨，總制知不支，望南拜畢，蹈海而死。阮英義亦知深入無援必死，將船中火藥銃器齊發，自焚其舟，虜船被擊沉二隻，虜兵亦死不計。我師見二船俱失，隨四散溜下，虜遂進克舟山。[48]

這場戰役，第一是攻守雙方的實力，竟是十與一比，強弱懸殊太甚；二則是舟山守軍，在第二天乘勝再戰時，不免恃勝輕敵，所以最初還能扼守住橫水洋抵禦來軍，後來卻就誤中了敵人的誘戰之計，深入包圍，又遇海上南風大作，清兵乘勢緊圍，左右夾擊。阮駿的坐船太大，被海浪沖入淺灘，膠入泥淖，不能移動，以致全盤潰敗，兩員主將，同時陣亡。而阮駿恰巧步了他的叔父阮進後塵，先後同在保衛舟山戰役中，又同在橫水洋上殉了國。煌言二十五歲在南京訂交的誠意伯劉孔昭的兒子劉永錫，此時擔任前軍，也因兵敗投水自殉。

煌言在臨門聽到舟山的消息，立即親自馳救，他身經兩次淪陷前的戰鬥，不但被圍，連他隨身攜帶的一部分詩稿也於此時亡失。[49]

其後他在壺江舟上作記事詩追述此次經歷說：

駭浪扁舟輕似葉，重圍匹馬跳如丸。創深已信傷弓數，痛定應愁捲土難。[50]

---

48 編者注：《從征實錄》，頁一〇三－一〇四。

49 〈奇零草自序〉曰：「綴輯新舊篇章，稍稍成帙。丙申（一六五六年）昌國（舟山舊名）再陷，而亡什之三。」

50 編者注：《奇零草・壺江即事二首（二）》，《張蒼水集》，頁一三一；《張蒼水先生專集》，頁六十五；《張蒼水全集》，頁六十二。

當時情況可見。

舟山既陷，臨門的地位，突然變成夾在兩面敵陣之間的一個孤島，成了棋局上的死眼，不但隨時可遭襲取，更無從講求防守，再也沒法仍在舊地立足了。於是，他只得移軍福建，仍回避難舊地的山區沙埕（秦川）去了。

煌言失意南奔，途經羊山，不禁使他有河山依舊，人事全非的感慨，想起從前此地與他把臂聯軍的戰友，尤其傷感。作〈重經羊山憶舊與定西侯維舟於此〉詩曰：

海國天空一柱撐，重過畫鷁似逢迎。雙牙舊憶聯翩駐，八翼新看跳蕩行。化去鸞旂難入夢，分來龍劍尚孤鳴。羊山亦有羊公淚，片石應同峴首情。[51]

閩南絕沒有煌言迴旋餘地，幾次三番親身經驗的事實，還清清楚楚活在煌言的心上。好不容易得到天台臨門這一方彈丸的浙土，又新得繼統了名振遺與的一支略具規模的部伍，十餘年來鬱結胸中的雄心，滿望此番得以一伸抱負；然而，總共不過幾個月的時間，忽然又禍變鄰境，把煌言心上的美夢，打得粉碎。他只能低垂倦翅，遙向黯淡的閩海前進，夢裡家山，眼前故國，緊緊的箍住了他的胸膛，惟有「但使胡塵終隔斷，餘生猶足老衣冠」。以尚有投身之處來聊作自慰而已。

隆武崩殂以後，鄭成功即於永曆二年（一六四八年）派遣光祿寺卿陳士京，奉表朝貢永曆；後來他凡遇重大決策須便宜封拜者，即在軍中設置皇帝的牌位，向北叩頭，焚燒奏疏後，再行發號施令。辛卯（一六五一年）那年，舟山初次淪陷後，魯監國等窮蹇來歸，成功已曾派員諷勸魯王，取消監國名號，當時婉辭未應，後來成功也因此感有不便，撤銷了對魯王的一切供應，於是魯王飄流南澳，窮乏無歸，弄得非常潦倒。丙申、丁酉之交（一六五六－一六五

51 編者注：《奇零草》，《張蒼水集》，頁一三八；《張蒼水先生專集》，頁六十三；《張蒼水全集》，頁六十－六十一。

七年），成功兵克連江，進圍福州，後自寧德還軍廈門，又獲護國嶺大捷。他就想再進一步籌畫進攻江南，派楊廷世、劉九皋兩員攜表泛海，從龍門間道粵西，赴雲南行在叩謁帝閽，報告南中情況。

這時候，魯監國漸次明白大勢的歸趨，幡然自悟，附疏上奏永曆帝，自動取消監國名號。[52]在此以前，魯王和張煌言對於永曆朝都還沒有通表訊使的聯繫，乙未年（一六五五年）永曆遣使南來，宣慰東南海上諸勳鎮各將領軍行的勞苦，也曾敕及煌言，但是煌言說：「但留大義垂千古，敢望虛名到九重。稍待鑾回掃境後，五湖煙雨盡從容。」[53]至魯王於丁酉取消監國，第二年雲南詔使再度來營宣慰，便賚敕遙授煌言為兵部尚書，煌言這才上表稱謝，並有詩曰：「料得楓宸能燭遠，黃麻紫綍不須多。」[54]深誌其遠臣的感激。

魯王取消監國一舉，煌言深知時勢推移，無法抗拒，他雖默然無語，不過，緬懷魯王的知遇之感，浙東從亡的經歷，和初來海上的雄心，恰似飲乾了一隻苦杯，無限辛酸，煌言〈戊戌冬懷八首〉中就有一章，記他對於此事的私人的感慨：

清角悲笳思黯然，長因滄海問桑田。越王臺榭風雲暗，禹會冠裳日月鮮。
黃屋建時曾割據，朱弓受罷亦依遷。只今冷落蛟螭窟，雪夜徒吟兔菟篇。[55]

滿清政府所攻下的舟山，鄭軍撤退前，已照著成功的軍令把這全島，徹底的清過野，平過城了，清人占得了這麼一座屢經兵燹，燃殘劫剩的荒島，島上聚居了一群鳩形鵠面的「鮫人蜑戶」，駐軍靡餉，實在太不值得，勉強撐持了

---

52 魯王自去監國名號一事，各書所記年分，遲早不同，紛紛眾說。但全謝山以丁酉煌言還軍舟山，魯王業已通表滇中，自去名號。趙之謙編《張忠烈公年譜》，以詩證撤名號於丁酉，與全說相符，可為信說。又查繼佐《魯春秋》，「己亥秋，桂王遙敕仍魯王監國，駐澎湖。」並為旁證。

53 編者注：《奇零草．朝議以諸勳鎮積苦行間，宣敕慰勞，余益不勝疏逖之感》，《張蒼水集》，頁六十八；《張蒼水先生專集》，頁五十七；《張蒼水全集》，頁五十五。

54 編者注：《奇零草．聞行在所遣使至營宣慰，有感二首（一）》，《張蒼水集》，頁一三三；《張蒼水先生專集》，頁六十八；《張蒼水全集》，頁六十五。

55 編者注：《奇零草》，《張蒼水集》，頁一三二；《張蒼水先生專集》，頁七十四；《張蒼水全集》，頁七十一。

幾個月，就改變方針，下令沿海居民，限期一律內遷四十里，規定如或留戀違限，就派兵把他的田廬房舍放火燒了；撤遷的人民，准許寄食內地的戚家，戚家不得拒絕。這種嚴酷的遷海政策，已經使得舟山殘民，流離載道的了，而清政府對於放棄了的四十里內的歲課稅捐，卻不肯放鬆，還要責成同邑者共償，沿海人民既已完全喪失了漁鹽生計的根據，卻還要負擔那空名的稅負，異族統治者的殘酷與壓榨，和敵騎下生民的憔悴，也實在是至此已極的了！

本已荒殘的舟山群島，等到清兵擄劫居民全部撤出以後，這一片島嶼真已成了一個荒涼的鬼國。這片土地，歷盡滄桑，五年之間，兩經淪陷，一度收復，現在兵燹之餘，連居留的人跡也都去盡，只剩了一望斷垣殘瓦的荒地，與滿目淒涼的海水而已。

縱然如此，但在不得已重投閩南，失路投閒的張煌言看來，他卻認識舟山無論如何總是一個控制三吳的戰略據點，何嘗不可憑萬能的雙手，去拓荒，去墾殖，去招集流亡，以自己的精神血汗作為灌溉的肥料，去重創一個天地。有此人棄我取的機會，他便決心北還，自率孤軍，重回舟山來了。

煌言一腔悲憤，在離閩前夕，作〈枯魚過河泣〉，詈罵無情的閩人道：「枯魚過河泣，道上陽侯揖，此方介族難與立！」[56]於是煌言第四次重到舟山。

在這塊漁島上，他們曾手建魯監國的海上皇朝，設治論政，整軍經武，當時復國的期望，並不因地狹民貧而稍挫銳勇，還如海上明霞，光映天壤。後來，與煌言同在浙東起義的多多少少故人舊侶，都在此圍城中殉了大節，連最後一個生死交情的戰友，定西侯也是銜恨畢命於這座島上，現在，這一片傷心舊地，只剩了他一個人，踽踽重來，真是不堪回首。當年在此開國的魯王，現在卻在蹀躞金門，乞食舊從，變成了一個十足潦倒的末路王孫，舊時此地的宮殿衙舍，此時卻已：「江皋烽盡燼猶紅，獵火歸然滿故宮。樓閣總隨蜃氣散，鼓鼙迸入角聲空。」完全變了一幅景象了。煌言巡行舊地，深慨幾年來人事滄桑的變化，與眼前一派蕭條的景況相映照，心事如潮，只得長歌當哭，吟出他

56 編者注：《奇零草》，《張蒼水集》，頁一六〇；《張蒼水先生專集》，頁六十七；《張蒼水全集》，頁六十四。

的〈舟山感舊〉詩來（四首錄二）。

孤雲兩角委漁磯，極目滄桑事已非。隔浦青燐相掩映，傍溪紅雨自霏微。檣烏轉逐危舟宿，社燕空尋舊壘飛。獨有采芝人尚在，天荒地老不知歸。

島嶼微茫兵甲殘，十年碧血恨漫漫。空村人跡疑毛女，野寺僧閑說漢官。獨喜亡秦三戶在，翻憐興夏一戎難。只今漲海胡塵裡，莫作當時天塹看。[57]

荒島秋風中，只剩了這麼一位瘦骨嶙峋長身玉立的「漢官」，孤獨地徘徊在渺無人跡的空村中的剩瓦殘垣之間，不但天荒地老不知歸去——他還要緊緊地抓住這塊控制三吳的復興基地，作他最後的奮鬥。

57 編者注：《奇零草．舟山感舊四首》，《張蒼水集》，頁一一三；《張蒼水先生專集》，頁六十七－六十八；《張蒼水全集》，頁六十四－六十五。

第五章

北征記

當福州淪陷，紹宗（隆武）殉國之日，身受國恩的鄭成功，諫阻父親鄭芝龍不要降敵，未成，他便展謁聖廟，謝先師，焚儒服，起兵南澳。數年之間，兵力厚集，轉戰閩南城邑，淹有金廈，巍然成了東南海上的國柱，忠義昭人耳目，四方來歸，勢雄力盛。

以鄭成功的雄才大略，志不在於福建範圍內一城一邑的得失，自為當然之事。早於永曆四年庚寅（一六五〇年）十一月，滿清平南、靖南二王，率騎兵數萬，攻襲廣州時，永曆帝即有詔旨令成功入援，成功當即調兵備糧，與他叔父鄭鴻逵會師南澳，薄海勤王。不幸軍行至白沙河，風大作，幾覆正副坐船，備遭飢餓、風浪之苦；同時又接到軍報，說清兵已襲破他們本身的據地——中左（廈門），緊接呼援，鴻逵勸他班師回去，成功說：「奉旨勤王，今中左既破，顧之何益！且咫尺天顏，豈可半途而廢。國難未報，遑顧家為！」[1]這是他第一次南下勤王的開始。雖然後來終以「將士思歸，脫巾難禁」[2]，不得已中道班師，但成功此心耿耿，從不忘懷復興的大業。

至永曆六年（一六五二年）壬辰十一月，安西王李定國克復廣西，殺偽王孔有德，遣使海上，前來邀約成功的海師南下東粵，他自己則將陸兵，謀取肇（慶）廣（州），以便會合水陸夾攻，只要能夠打通廣州，即可會師北伐；成功接得定國的邀約，興奮異常，立遣效用官李景間道赴桂，約會師期。

同年十二月，監國魯王既失舟山，彷徨來閩，浙軍領袖張名振、阮駿、周鶴芝、周瑞、黃大振等俱來歸附。張煌言也隨侍魯王來閩僑寓。這一行人中，阮駿、鶴芝都是東南海上著名的水師，而二張經略長江有年，熟諳江上水道和沿江的地方情況，成功得此濟濟英才，展望吳會，遙念少年時代自己讀書的舊地——龍蟠虎踞的金陵城闕，自也不免怦然心動起來。

這兩個機會，形成了鄭氏興復經略上兩條不同的路線，一是南下粵海，會合李定國西南的陸軍，溝通水陸，連兵北伐。一是北上長江，以浙軍為嚮導，攻取金陵，先霸江南。

---

1 編者注：《從征實錄》，頁十六。

2 編者注：《從征實錄》，頁十七。

這兩幅美麗的遠景，都在有力地誘惑他。

於是，有癸巳、甲午（一六五三－一六五四年）兩年，分兵名振，三入長江之舉。雖然結果不如理想，但就大體來看，清廷當時大部分的兵力，尚在西北地方追剿流寇，江防不甚堅實，分兵試探，便暴露了滿清人戒備空疏，守將張皇的弱點，否則名振等何以兩次俱得直叩南京門戶？二則大江南北人心傾附，煌言若干年來所做的敵後聯絡工作，很有基礎，政治工作得力，足以事半功倍，棄之可惜。

成功就名振、陳輝兩人入江的經驗，獲得如上的結論，便積極準備親征長江。乙未年（一六五五年）張名振入江，中途遇風未果，至丁酉（一六五七年）三月，成功即遣水師前鎮左營李順同、水師後鎮施舉前往浙江定海等處，採探敵方消息，收羅情報，同時招徠松江一帶的漁民，備為進取長江的嚮導。

同年初夏，成功召集部下重要的將領和幕僚，計議此事。參軍潘庚鍾說：「邊地雖得，亦不足以號召天下豪傑。昔太祖起義壕州，若不得俞通海、廖永忠等水軍，安能奪采石而得金陵，以成統一之基。」這段話，是對一部分嫉妒浙軍的鄭將而發的，接著說道：「漳泉沿邊，數載爭戰，人民亦已苦極，不如將數百號戰艦，直從瓜洲鎮江而入，逼取江西，南京一得，則閩、粵、楚以及黔、滇的豪傑，都起來響應了。」另一參軍陳永華也說：「倘徒然在福建一地爭野爭城，而望中興，自然很難，出師江南，其見甚高。」當時雖然有部分將領以為路途遙遠，補給不便，而沿江城守必堅，不易攻取，表示不如進取近處城邑。但是成功對於此說，卻表示了異常的鄙夷和憤怒。而況大將甘輝、馬信和工官馮澄世也都竭力勸贊大舉。

於是，這位少年大將軍，決定了主意，欣然高呼道：「據長江，則江南半壁，都在我囊中了。」[3]

3 編者注：鄭成功與屬下的商議，見江日昇：《臺灣外記》（臺北：臺灣銀行經濟研究室，一九六〇年），第二冊，卷四，頁一六四。惟據原書，「據長江，則江南半壁，都在我囊中了」一句，應是潘庚鍾所說。原文為：「入據長江，截其糧道，則江南半壁悉為我有。」

成功積極部署北征，一方面派員赴滇，上表永曆，並聯絡孫可望、李定國兩師，邀約他們出兵洞庭，會師江南。

翌年永曆十二年戊戌（一六五八年）正月，永曆詔使周金湯、劉國柱到達福建，宣諭慰勞。詔封成功為延平王、招討大將軍。[4]同時敕授煌言為兵部尚書，另派專使，到煌言營中來宣慰。

成功和煌言都非常感奮。煌言作〈有感〉二首，有曰：

傳聞使節下牂牁，天語銜來識聖波……料得楓宸能燭遠，黃麻紫綍不須多。

又曰：

徵師已審皇情重，掃境猶慚臣力微。從此群公須努力，星軺到處即天威！[5]

成功承制照王府體例，設立六官，並且封拜從義諸將，以資激勵。同時貽書煌言，約他會師北上，遠征長江。

延平此書，對於仰望南天，「計資延平大力，勇圖恢復」的煌言，[6]無異於天帝神符，頓時使他無限的興奮起來，立即開始部署兵馬糧秣，遣使覆書，

---

4 編者注：鄭成功於何年受封為延平王，諸家所說不一，至今尚無定論。此處所據，應是張煌言〈賀延平王啟〉（《冰槎集》，《張蒼水集》，頁六－七；《張蒼水先生專集》，頁一五一－一五二；《張蒼水全集》，頁一四三－一四四。詩的繫年乃係黃節的推斷，見國學保存會印行《張蒼水全集》（國粹叢編社，宣統己酉（一九〇九年）），上冊，卷一，頁三右。惟朱希祖則認為，鄭成功實際受封延平王的時間，應在永曆八年九年四月。見朱著：〈鄭延平王受明官爵考〉，原載《國立北京大學國學季刊》，第三卷第一期，頁八十七－一一二，後收入鄭亦鄒：《鄭成功傳》（臺北：臺灣銀行經濟研究室，一九六〇年），〈附錄二〉，頁一三七－一五六。

5 編者注：《奇零草．聞行在所遣使至營宣慰，有感二首》，《張蒼水集》，頁一三三；《張蒼水先生專集》，頁六十八；《張蒼水全集》，頁六十五。

6 見查繼佐《魯春秋》。編按：頁七十。

賀成功封王，並且熱烈應約。延平向來欽佩煌言的文學，特地請他起草北征的檄文。現在檄稿雖佚，然而《奇零草》中卻還有〈王師北發草檄有感〉二首，可見他那時的欣喜與自負：

似聞天地悔瘡痍，片羽居然十萬師。走檄故嫌阮瑀拙，射書正覺魯連遲。丸中但說明三表，麾下寧忘試六奇。要說遺民垂涕處，當年司隸有威儀。

期門取次出貔貅，首路軍聲胡騎愁。何獨止戈非廟算，還應聚米是邊籌。嚇蠻事往疑虛語，諭蜀才窮愧老謀。自古殊勳歸躍馬，幾人談笑得封侯。[7]

五月，成功派黃廷為前提督，洪旭為兵官，鄭泰為戶官留守思明，同時以煌言熟知江上形勢，專函請他擔任全軍的監軍。十三日，延平親自統率中提督甘輝、後提督萬禮、武衛林勝、統領余新以次提督鎮衛各將，部勒水陸甲士十餘萬，鐵人八千，[8]戰船八千，自廈門出發，揚帆北上，中途為江上風浪所阻，至二十一日到達沙埕，駐紮十餘日，因糧草不繼，議向溫州地界徵糧，六月初七，攻略平陽，清守軍車任暹降；十三日攻瑞安，守將艾誠祥降，行令各官兵取足七個月糧食。至十六日圍攻溫州，清將堅守不出，乃收兵下船，於七月初三，開赴舟山駐紮，與張煌言會齊，就舟山再行整頓一切。

延平大軍在舟山駐留一月，隨與煌言等一同出發，八月初九，投錨於江蘇金山縣東南海中的羊山。

據引港都督李順說：「此處有兩山，不甚高，一名猴山，一名羊山，山上多羊，無人居住，有一古小廟，傳祀羊山王，非常靈應，海船泊此，必須誠虔祭祀。」又說：「海中有矇瞽二龍，泊船不可有金鼓聲音，恐其驚動翻覺，

7 編者注：《張蒼水集》，頁一三〇；《張蒼水先生專集》，頁七十二；《張蒼水全集》，頁六十九。

8 鐵人係鄭軍特製，選部下魁偉壯漢，全身裹以鐵鎧，僅露兩目，當陣時，峙立軍前，手持利刃，專砍馬足，而本身則刀矢不受。此係專為應付號稱精銳之滿清騎兵之特製。

凡有泊船不祭而金鼓作聲者，船多不平安。」成功不信，正色說道：「焉有此理，光武涉滹渡之河，金人藐混洞之水，天意有在，岳瀆與之效靈。我提師望復神京，以為社稷，涉歷波濤有年，未見有如此妖氛。」[9]詎知翌日（初十）中午，延平方在中軍船上議事，忽見海上黑雲微起，風向不順起來，不多時，就波濤洶湧，迅雷閃電齊至，雨大如注，昏黑對面不見人影，風濤衝擊船隻，登時桅摧檣折，底穿水湧，或以椗系斷裂，隨風逐浪，失了蹤影，但聞黑霧濤嘯之中，隱約一片呼救求援的哭聲，震動遠近。自午至酉，足足四個時辰，方始平息。[10]

部下檢點，方知這場災禍，碎船數十艘，傷亡官兵數千，尤以六隻中軍船亦已全部打碎，船中失去妃殯六位，成功的三個公子（四子濬、七子浴、八子溫），連同其餘男婦梢兵共二百三十一人。

延平聽取報告後，慘然一笑，令各收屍埋葬。次日，收輯破船，料理傷患，當以部伍散亂，兵器糧草，損失甚巨，無法繼續前進，只得下令仍回舟山收拾整頓。

十四日返抵舟山，重行部勒編制，整補軍械、船隻和糧秣。九月間，糧食不足，於初十往徵象山縣取糧，知縣徐福具羊酒犒師，歸降。十月初二，大軍進入台州港，臨海守將逃竄，遂拔其城。其時，延平下令文武各官，可以輪番回家，候明春齊集北征。十一月五日，再圍攻樂清縣之磐石衛，七日攻陷，擒殺無算。

延平分派各提督，就溫台各汛養兵派餉，造船製器，十二月十五日，他自己移駐沙埕，因地在浙閩交界，得以兼顧指揮。

---

9 編者注：《從征實錄》，頁一三一。

10 據全祖望《鮚埼亭集》，羊山多羊，見人馴擾不避，任何舟楫往過，嚴禁殺，並不許有金鼓鑼鈸之聲。延平不信，船泊羊山時，不但堂堂鉦鼓不休，且聽任軍士殺羊烹食，不料釜中羊尚未熟，而風禍即至。全氏詩尚有〈羊山吟〉一篇，有「鴉兒軍士偶不戒，誰知忽震天狼威」云云。編按：《鮚埼亭集內編》（《全祖望集彙校集注》，上冊），卷九，碑銘四，〈明故權兵部尚書兼翰林院侍講學士鄞張公神道碑銘〉，頁一八三；《句餘土音》（《全祖望集彙校集注》，下冊），卷下，頁二四六五。

至於煌言，本是竭蹶應徵的孤窮之軍，同遭此難，其整修、補給的困難，自然更為嚴重，不能不有「上客攝衣空有鋏，孤軍裹甲已無褌」之嘆。

・・・

翌年永曆十三年己亥（一六五九年）二月二十日，延平自沙埕直抵磐石衛，即在該地設置總部。先期行令各提督、統領、總鎮速辦船隻、餉務、限三月底以前，齊到磐石衛聽令。

三月二十五日，陸續報到的十餘萬大軍集結該地，分泊附近各港，日較圍射，勵行操練。

忽又傳聞西南方面，軍情緊急，有清兵攻陷滇都（昆明）永曆西奔永昌的消息，促使延平急切希望早日出發；但是，當時風信不順，只得靜候。至四月十九日，方自磐石衛取次啟航，麾軍北征。

延平自領首程船隊，督師於二十八日在鎮海縣東南梅山港登岸，次日進攻定海炮臺，水師進入寧波港，奪取炮臺，焚毀敵船。五月初四，延平至舟山烈港。提督總鎮二十八員，齊集聽議行軍事宜。

煌言此時，將自己所部數千人，[11]全部結束停當，參加大軍行列，在他，已是盡其所有的實力，作了乾坤一擲的孤注，而他平生從事的戰役，其規模、數量和裝備，也從來沒有如這一次的宏大、強盛而精良的。

北征金陵，本是煌言夢寐所求的平生大願，然而，一旦成為事實，身臨此役，倒反而使他分不清究竟是興奮還是惶惑，是憂慮還是喜悅，只是戰戰兢兢的，混和了警惕、惶恐與熱狂的各種情緒，他自記會師東甌時候，所自負者是：「誰為揖客稱司馬，獨將游兵是水犀。」而慄慄危懼者，則是：「箸借自來非為漢，瑟操猶恐未工齊。」[12]

11 據徐孚遠撰〈奇零草詩序〉言，煌言己亥提槊北上時，所部有六千人。但無旁證其確實數目，姑存此說。編按：如前述，徐序未見「六千人」說。

12 編者注：《奇零草．會師東甌漫成》，《張蒼水集》，頁一三九；《張蒼水先生專集》，頁八十一；《張蒼水全集》，頁七十七－七十八。

五月十六日自舟山出發，十七抵羊山，十八進泊崇明，大軍駐紮蘆竹洲。守該島的清提督梁化鳳，一面攖城固守，一面假意乞降，且與馬信結拜兄弟，延平以為崇明區區一個外島，梁既歸降，便不派人駐守。煌言不以為然，向成功建議：「崇明沙為江海門戶，而且外有懸洲可守，不如先定之以為老營；前行倘有疏虞，進退可資依據。」[13]

成功沒有接納，他說：「崇明城堅地小，攻擊徒費時日，不如先取瓜步，門戶一破，餉道隨即斷絕；譬如腹心潰敗，肢體必然墮亡，崇明是可以不攻自破的。」[14]

翌日，大軍移泊吳淞港，一面遣監紀劉澄密促清江南提督馬進寶，請踐前約，相機反正，一面以煌言曾經三入長江，熟悉江上形勢，所以派楊戎政、李順等會同煌言所部沙船，探勘狼山等處沙壇的深淺。

大軍初試七里港，旗開得勝，打了個大大的勝仗；六月初一，抵江陰，清將堅守不出，諸將恐延誤大事，棄之。揚帆續進，大江之上，只見王師鷁艅，首尾相銜，壓浪前進，大漢旌旗蔽天翳日而過，聲威煊赫，盛極一時。

六月十四日，大軍到達丹徒，泊焦山。成功即在焦山山上，設壇祭告天地山川嶽瀆諸神，次日再具太牢祭太祖和崇禎、隆武二帝，全軍縞素哭臨，哀聲動天，甚至兩岸官民，也都聽得焦山上三軍慟哭的聲音，聞者人人掩涕。

舉行誓師大典後，成功即於十四日召集重要將領，舉行軍事會議。決定進攻的策略。據楊英《從征實錄》：「瓜洲、鎮江是南都的門戶，峙立兩岸，滿清必有重兵鎮守，又有譚家洲炮臺，與瓜洲柳堤炮臺對擊；又有滾江龍把截江上，未易輕敵，須分兵一支由水路攻取譚家洲，奪其大炮，另撥陳大勝部善於泅水者，斬斷滾江龍，又以大兵直搗瓜洲，使滿虜左右支吾，聞風破膽，瓜洲、鎮江就不日可以攻破了。」[15]

當時，滿清政府的精銳兵馬，全在西北進剿流寇，西南圍攻永曆，所以沿

13 編者注：《小腆紀傳》，下冊，卷四十四，〈張煌言〉，頁四六九。
14 編者注：《臺灣外記》，第二冊，卷四，頁一七三－一七四。
15 編者注：《從征實錄》，頁一四六。

江兵力本甚薄弱。不過江陰以上，為保衛南京，卻有極堅強的布置，戒備非常森嚴。他們在圌山和譚家洲兩岸，密密排列幾百座西洋大炮，可以對岸夾擊外來的船隻，操江御史朱衣佐鎮守瓜洲。另外，他們在江上還有兩件專門對付水軍的新武器，滾江龍和木浮營，是那個時代非常厲害的防江利器。

他們在金山與焦山之間，用了粗大的鐵索，橫江封鎖，任何船隻若不先將鐵索毀斷，休想過江，號稱滾江龍。至於浮木營竟是一座水上的活動碉堡，威力更猛，其制，照《從征實錄》說：「此浮營用大杉木板釘圍，內容兵五百名，大炮四十門，火藥、火罐不計。上游壓下，船遇之立碎，此項最厲害。」[16]《明季南略》記述得更加詳細：

> 鎮江至瓜洲，江面十里，大清朝守臣用巨木築長壩。截斷江流，廣三丈，覆以泥，可馳馬，左右木柵，有穴可射，炮臺盤銃，星列江心，用圍尺大索，牽接木壩兩端，以拒海舟，凡費金錢百萬，壩始成。[17]

這是海上王師此行的第一道難關。

延平主持誓師禮後，隨即派定任務，下令進攻瓜洲，一以右提督馬信，前鋒鎮督余新率領陸軍進攻譚家洲，奪取沿江炮位。二以親軍及中提督甘輝，後提督萬禮，左提督翁天祐等率大軍，跟隨成功的中軍船徑取瓜洲。三由兵部煌言率領陳文達等水師一號船隻，俱到譚家洲放炮，以便陸軍登陸，搶奪沿江炮位，次日又令羅蘊章督飭所轄兵船協助煌言進攻譚家洲炮陣及進據瓜洲上游，焚奪滿洲木浮營。四派阮英、李順、袁起震等到瓜洲放炮。五著工都事謝維傳撥配各船火藥。

這樣的配置中，煌言的任務不輕，他要首冒夾岸的炮陣，作江上的前驅，即使僥倖通過炮陣，還要負責劫奪木浮營，那是江上最難克服的武器。其次便是滾江龍，是另外派了戴罪材官張亮選善泅士兵「泅水蕩船」而去，刻限斬斷。

16 編者注：《從征實錄》，頁一四七。
17 編者注：《明季南略》，第二冊，卷十一，〈閩紀・鄭成功入鎮江〉，頁三三〇。

煌言明知任務艱險，但他是：「念在國事，敢愛軀命！」[18]慨然承諾了；並且劍及履及，立即就提軍直航而上。哪知此時長江上游，風信不順，風逆勢大，水流又急，各船鱗次相接，竭力撐前，還是且行且卻，而兩岸炮火齊發，一條時彈如雨下，火石並擊，聲如雷轟。江上的木船中了炮火，轉瞬間檣帆折裂，或亦火焰狂飛，紛紛下沉，傷亡非常慘重。何況船行還因風力水力的阻礙，遲滯不前，直成了兩岸炮火最好的目標，煌言急得沒了辦法。只得登上船樓，露香祝告上蒼：「成敗在此一舉，天若祚國，如從枕席上過師，否則，將我身碎為齏粉，亦始順之所及。」[19]祝罷，鼓棹前進，居然似有神靈呵護。飛火夾船而墮，其時滾江龍已為我軍斬斷，煌言就跟著揮船直上，直抵金山，同行幾百艘戰船，得能逃過炮火到達上流的，僅僅只有一十七艘，而此十七隻船中，屬於煌言部轄的竟有十三艘之多。

《從征實錄》說：「十六日張兵部（煌言）羅蘊章等已奪滿洲木城三座，遂克瓜洲。朱衣佐乞降。」[20]

煌言在江上「敵前強渡」成功以後的第二日，鄭氏的陸軍就占據了譚家洲炮陣，進而克復了瓜洲。於是成功召集重要將領商議次一步的計畫。當時煌言即向成功建議道：「鎮江實為長江門戶，若不先下，則敵方水路未斷，虜舟自由出沒，主客之勢便異了。」[21]

「但慮南京援騎，朝發而夕至。」成功說。

「何不遣舟師，先搗觀音門，則南京震動，虜方自守不暇，何能分擾他郡？」[22]煌言對此熟籌已久，所以，延平略一躊躇，即便向他建議道：「瓜洲

18 見煌言自撰《北征錄》。編按：《北征錄》，或作《北征紀略》、《北征得失紀略》，《張蒼水集》，頁一九二；《張蒼水先生專集》，頁一三七；《張蒼水全集》，頁一二九。

19 見黃宗羲撰墓誌銘。編按：〈兵部左侍郎蒼水張公墓誌銘〉，《黃宗羲全集》，第十冊，碑誌類，頁二八二。

20 編者注：《從征實錄》，頁一四八。

21 編者注：《北征錄》，《張蒼水集》，頁一九二；《張蒼水先生專集》，頁一三七；《張蒼水全集》，頁一二九。原文為：「潤州實為長江門戶，若不先下，則虜舟出沒，主客之勢殊矣」。

22 編者注：《張蒼水集》，頁一九三；《張蒼水先生專集》，頁一三八；《張蒼水全集》，頁一二九。

陸兵雖敗，尚有水師退入蕪湖，倘若彼等偵察我師登陸紮營，順流沖下，未免牽掛。自當從速整頓水師，直搗蕪湖，一則牽殺虜船，二則聲取南都，用以分其兵勢，使他不敢來援，然後陸軍可無卻顧之憂，必能進取鎮江了。」[23]延平頓悟，便決定委請煌言和楊戎政兩人總督水師前鎮，以及羅蘊章、袁起震等大小戰船，進攻蕪湖。

這個進據蕪湖的任務，不但要以一旅孤軍，深入敵方後陣，且須阻遏上流的敵船，保衛下游的安全，俾大軍得以從容進取鎮江，圍攻南京，這責任何等艱巨，然而，煌言並不躊躇，慨然領命下來。他在《北征紀略》裡自言：「夫蕪湖固七省孔道，商賈畢集，居江楚下流，為江左鎖鑰重地。況逾金陵，歷采石，懸軍深入，此不可居之功也。余一書生耳，兵復單，何能勝任；雖然，倡義之謂何，顧入中原而不圖匡復也，余何敢辭？」[24]

於是，煌言就督促所部，溯江直上；其時適逢長江退潮，水不甚急，逆流行舟，不免遲緩，煌言不能等待，他換坐了小型的沙船，命令軍士，背牽前行。他的船隊離開儀真還有五十里路遠，儀真的吏民卻已趕出城來，到岸迎降。原來先一日延平已派都督李必安撫該城，該城人士則素仰煌言姓名，遮道要留，不讓他走，甚至闔郡士民焚香長跪雨中，固邀煌言登岸，不得已，登江濱公署，一一延見慰諭，然後再下船前進。

成功自率大軍，進取鎮江，水陸兩路，齊頭並進。清兵雖然陳軍江口，嚴陣以待，但到底兵力薄弱，略一接仗，節節敗退。成功部隊周全斌又奮勇爭先，率部前登，最後一場的鎮江攻防戰時，天正下著大雨，土地泥濘，清軍中最驍勇的馬隊，全部陷入泥淖之中，轉折困難，於是海上的步兵，就特別活躍起來，徒跣擊刺，往來剽襲，更加派出了大隊朱碧彪文的鐵人，持刀專砍馬足，直殺得胡騎塞馬，紛紛潰敗，無論馬步清兵，一見鐵人的形狀已經駭然，何況弓箭不受，如何抵敵，相繼逃竄，清鎮江提督管效忠也只得抱頭逃入南京

23　編者注：《從征實錄》，頁一四八。
24　編者注：《張蒼水集》，頁一九三；《張蒼水先生專集》，頁一三八；《張蒼水全集》，頁一一九。

城中，不敢出來。六月二十日登岸，二十四日克復鎮江，此一勝利，震動了整個大江流域，人人睜著興奮的眼睛，南望王師，謀劃乘時自效。當時，煌言在極為興奮的情緒下，代延平草了一篇恢復鎮江一路的檄文，詔告兩岸的人民和軍士。

此時煌言一路又已收復了六合，句容縣自動前來歸附，延平派煌言安撫浦口，袁起震、徐長壽安撫滁州六合等處。待得接到鎮江的捷報，照煌言的計算，鎮江距離南京不過一百五十里路，假使走陸路，縱使步兵團為身負沉重的鐵鎧，行動遲緩，但日行三十里，則至多五天一定可以到達石頭城下了。因此他當時最大的憂慮是自己的船隊趕不上成功陸行的大軍，他就下令不分晝夜，牽纜兼程進航，六月二十八日他竟趕到了南京的觀音門。

煌言現在已可以望見蒼碧的鍾山和金陵的城堞了，他獨立船頭，披襟當風，不禁高聲朗吟道（題作〈師次觀音門〉）：

樓船十萬石頭城，鍾阜依然拱舊京。弓劍秋藏雲五色，旌旗夜度月三更。中原父老還扶杖，絕塞河山自寢兵。不信封侯皆上將，前茅獨讓棄繻生。[25]

煌言從六合動身的時候，一面怕趕不上成功的大軍，所以不分晝夜，兼程開航；一面又怕成功大軍，若是不走陸路而依然乘船的話，則逆流逆風，必將羈遲誤事，因此，他還特別寫信催促五軍統將張茂之說：「兵貴神速，若從水道進師，巨艦逆流，遲拙非策。」[26]竭力忠告他們，非趕從陸路急行，馳赴南京不可。

但是，二十八日煌言既達觀音門，而成功這面卻還在鎮江會商「官兵行程，水陸孰得快便」？當時，中提督甘輝的意見，和煌言一樣，他向延平建

25 編者注：《張蒼水集》，頁一三九；《張蒼水先生專集》，頁八十二；《張蒼水全集》，頁七十八。

26 編者注：《北征錄》，《張蒼水集》，頁一九三；《張蒼水先生專集》，頁一三八；《張蒼水全集》，頁一二九。

言：「兵貴神速，乘此大勝，狡虜亡魂喪膽，無暇預備，應由陸路長驅，晝夜倍道兼程而進，逼取南都，倘敵人敢於迎戰，則破竹之勢，一鼓而收；否則，圍攻南京城，一以杜絕援兵，二則先破附近郡邑，孤城不攻自下。若由水路前進。此時風信不順，時日稽遲，彼必號集援虜，便將攖城固守，那時再戰，我必多費一番功夫了。」27

當時成功確很聽信甘輝的建議，但後來忽然又因他人進言，說天氣酷熱，軍士不習水土，不慣陸行，延平一時姑息，便改變了這項決定，仍然分乘大船，金鼓樓帆，迤邐上航，一直遲到七月初十方在鳳儀門登陸，十二日，遣將布陣完成，就錯過了攻其不及措手這麼個大好的機會了。

煌言從六合出發時，他僅帶了幾十艘輕舟，晝夜不停地牽纜上行，士卒瑟瑟行於蘆荻之中，兼程急趕，以致他到觀音門時，與同行友軍的大隊戰船早已脫節很遠了。他認為當此千鈞一髮的時機，焉能稍加鬆懈。誰知他在觀音門等了兩夜，後隊的戰船還是一隻不見，他再也等不得了，先派出大部分的隨船趕赴蕪湖，他自己則徑趨浦口。哪知此時敵方已經偵得他們先驅部隊力量單弱，大隊戰船距離還遠，就在七月初一派了一百多隻快船，滿裝勁卒，出上新河順流而下，邀擊煌言，其時煌言左右不滿十隻兵船，眾寡懸殊，接仗不利，幸而落後的船隻卻巧接著趕到，才解了這場危困。第二天黎明再行整師前進時，忽然消息傳來，煌言昨天才派去窺探江浦的七個哨兵，卻已占領了「敵遁城虛」的浦口城。

江浦的捷報初到延平大營時，成功認為綏撫的工作非常重要，臨時要煌言暫緩赴蕪，先事扼守浦口，規撫江寧附近城邑。延平大軍尚在七星洲時，煌言曾經抽身趕往成功大營，商取進攻南京的方略，而前方捷報傳來，煌言先遣的幾個裨將，又已於初五日下了蕪湖。

當時成功再三考慮，沒有一個適當的人選可以擔任控制長江上游的責任，因此，便和煌言商量道：「蕪湖是長江上游的門戶，江楚往來的要道，倘然南京不能於朝夕之間立即攻下，怕敵方上游援軍即日就來，控扼要害，非公親去

27 編者注：《從征實錄》，頁一五二。

不辨。」[28]

煌言原意，很想留在大營，為成功運籌於帷幄之內，但是控制上游，更屬急要，成功既要他去，自然推辭不得，只能拜命出發。煌言對延平大營的「幕府之謀」，自此便不復與聞了。

富於感情的張煌言，到了這個時候，對於前途欣喜的情緒，怎樣也按捺不住。他唯一耽念的是再經戰亂的人民，會不會因厭戰而發生怨望。他所作〈師次蕪湖〉一詩曰：

元戎小隊壓江關，面縛長鯨敢逆顏。吳楚衣冠左衽後，蕭梁城郭暮笳間。
王師未必皆無戰，胡馬相傳已不還。寄語壺漿休怨望，懸軍端欲慰民艱。[29]

當時，海上王師，挾雷霆萬鈞的聲勢，一路入江，所向無敵，以短短的時間，連下大江兩岸的名城要塞，直薄金陵，東西震盪，民情沸騰，不但江西江南總督郎廷佐，聞警膽落，接連的敗報傳到北京，甚至年輕的順治皇帝，也嚇得手足無措，竟想逃回關外去避難，被皇太后叱罵了一頓，又激怒得如中狂疾，堅欲御駕親征，雖為大臣湯若望等勸阻住了，但已可見清廷對此震驚失措的程度。

成功兵臨南京城下的時候，此時金陵城內，還有一個他當年的老師，江南大名士錢牧齋（謙益），聽說他的學生領兵反攻，到了城下，也為之興奮異常，在他所作的《投筆集》中，有百餘首金陵秋興詩，幾乎都為成功而詠，因以抒寫他的悔悟和欣期。茲錄兩章，可見一斑。

龍虎新軍舊羽林，八公草木氣森森。樓船蕩日三江湧，石馬嘶風九域陰。
掃穴金陵還帝脈，埋胡紫塞慰天心。長干女唱平遼曲，萬戶秋聲息搗碪。

28 編者注：《小腆紀年附考》，下冊，卷十九，頁七五〇。原文為：「蕪湖上游門戶，留都不能旦夕下，則江、楚之援師日至；控扼要害，非公不可。」

29 編者注：《奇零草・師次蕪湖，時余所遺前軍已受降》，《張蒼水集》，頁一四〇；《張蒼水先生專集》，頁八十二；《張蒼水全集》，頁七十九。

雜虜橫戈倒載斜，依然南斗是中華。金銀舊識秦淮氣，雲漢新通博望槎。黑水遊魂啼草地，白山新鬼哭胡笳。十年老眼重磨洗，坐看江豚蹴浪花。[30]

煌言之赴蕪湖，隨身帶領的部隊，「兵不滿千，船不盈百」。他的經略沿江郡邑，並不依賴武力，只在以大義感召人心，運用政策的成功而已。所以，不但他所到之處，沿江郡縣，迎降恐後，甚至遠如「江楚魯衛豪傑，多詣軍門受約束」。[31]煌言相度形勢，派一軍出溧陽，窺廣德；一軍鎮守池州，抵遏上流敵方的援兵；一軍拔陽和，圖攻采石磯；一軍入寧國，逼取東路的休寧、歙縣諸城。他自己名雖駐節蕪湖，事實上卻往來宛陵、姑蘇、常熟之間，慆慆惶惶，席不暇暖，他沒有夠他支配調遣的兵馬，只能往來奔走，竭力呼號，「騰書縉紳，馳檄守令」，發動政治攻勢，以策反招降，瓦解敵方的統治。果然，大江南北，相率來歸，不到半個月的時間之內，降撫了徽州、寧國、太平、池州四府，廣德、湯和、無為三州，當塗、蕪湖、繁昌、宣城、寧國、南陵、南寧、太平、旌德、貴池、銅陵、東流、建德、青陽、石埭、涇縣、含山、舒城、廬江、高淳、溧陽、溧水、建平等二十四縣。橫跨江蘇、安徽兩個省區。

師行的迅捷，幾如天馬行空，名城歸降，也如秋風落葉，而官吏歸降的虔誠與人民響應的熱烈，都使煌言非常的感動。他的〈師入太平府〉詩有曰：

王業昔誰開采石，霸圖古亦起丹陽。百年禮樂還豐鎬，一路雲霓載酒漿。[32]

30 編者注：錢謙益：〈金陵秋興八首次草堂韻〉，氏著《投筆集》，收入錢曾箋注，錢仲聯校：《錢牧齋全集》（上海：上海古籍出版社，二〇〇三年），第七冊，卷上，頁一一二。

31 見《北征錄自述》。編按：《北征錄》，《張蒼水集》，頁一九四－一九五；《張蒼水先生專集》，頁一三九；《張蒼水全集》，頁一三一。

32 編者注：《奇零草》，《張蒼水集》，頁一四〇；《張蒼水先生專集》，頁八十三；《張蒼水全集》，頁七十九。

他在勝利的狂歡中，不能忘記生民的憔悴和遍地的瘡痍，所以〈偏師已復池州〉詩說：

歌吹已知來澤國，樵蘇莫遣向田家。前驅要識王師意，劍躍弓鳴亦謾誇。[33]

這樣諄諄的告誡他的前驅部隊。到前軍進入寧國，徽郡來降時，他更進一步安慰興奮歡躍的人民道：

舊闕烽煙須早靖，新都版籍已全收。遺民莫道來蘇好，猶恐瘡痍未可瘳。[34]

煌言是這樣的憂慮著，他怕人民的狂歡過度，容易激起後來的失望，他又知道軍事的成功容易，而凋敝的元氣恢復艱難，所以他又不得不耽著極沉重的心事。

查繼佐《魯春秋》記當時江北士民上印赴降的情形說：「諸郡縣或不即上印，鄉紳衿多詣官，公勒獻冊，野健復挺起，建旗遙應者，不啻數千部。百姓爭出城逸去，以弱守者，禁不能止。西至荊襄，南迄梅嶺，烽信所及，魂夢輸服。其奉二三工為大言高步，以警觀聽者，即或坐不道例，顧視鼎鑊如飴，談笑而盡，聞者益心動。」[35]

由此可以看出，煌言的策反部署，絕非在北征當時，早若干年前他已夙有根基，至此春陽初展，便萬花競放了。第二點可以看出煌言工作的對象，不僅

33 編者注：《奇零草》，《張蒼水集》，頁一四〇－一四一；《張蒼水先生專集》，頁八十三；《張蒼水全集》，頁八十。

34 編者注：《奇零草．師入寧國，時徽郘來降，留都尚未克復》，《張蒼水集》，頁一四一；《張蒼水先生專集》，頁八十三－八十四；《張蒼水全集》，頁八十。

35 編者注：《魯春秋》，頁七十一－七十二。編按：引文「禁不能止」後，刪去「或久以詿誤在禁未決者，官為禮貌善飲食，慰去之」一句。

上層的守吏紳衿，更多下層的地方豪俠和平民，所以他能在極短時間內，蹤跡所至，撫定南北，而且風言傳布得那麼快，遠達湖北廣東，也都望風回應，民族革命勢力之發展，有如此者，實在足以令人「魂輸夢服」的了。

至於，煌言在蕪湖一帶的情況，全祖望〈神道碑銘〉記敘最詳，有道：「初公之至蕪也，軍不滿千，船不滿百，但以大義感召人心，而公師所至，禁止抄掠，父老爭出，持牛酒犒師，扶杖炷香，望見衣冠，涕泗交下，以為十五年來所未見。瀕江小艇，載果蔬來貿易者如織，公軍中人以船板援之而上江濱，因呼為船板張公之軍，公所至城邑，人謁先聖，遺臣故老赴見者，角巾抗禮，撫慰懇至，守令則青衣待罪，考其政績而去留之，遠方豪傑，延問策畫，勉以同仇，多有訂師期而去者，日不暇給。」[36]煌言自己也說：「鷁首所向，遺民無不具瓣香相送者，而江濱小艇，載果蔬來，貿易如織，若不知有兵者，余顧而樂之，以為儼然王師氣象矣。」[37]煌言行軍牧民的態度，所部的紀律，確實做到了軍行所過「肆不廢市，農耕於野」的地步。因此獲得一般民眾簞食壺漿的合作，自然是無可懷疑的。他尊重社會領袖的父老，鼓勵他們號召群眾，更注意民間的疾苦，處處予以幫助。他一點不像是個持籌決勝，叱吒風雲的大將，他處世對人的態度和律己的嚴肅，依然不脫樸質儒生的模樣，「坐明倫堂，如州牧行部事」那樣的小心謹慎，娓娓不倦。[38]

此時煌言打算乘勢更進一步，麾軍直取九江，但是他不得不回顧成功的大軍，與他配合步調。計算大軍包圍南京，已經半個月了，卻還未曾聽見一聲炮響，他先是擔心成功行軍太慢，給予敵人以補充後援的機會，而現在更憂慮大軍為何屯兵城下，竟不攻擊，而鎮守鎮江的周全斌，又不曾出兵把南京的外圍句容、丹陽等交通要道扼塞占領，使得浙西蘇松的援兵可以長驅入京，這使他更加不安，他既負責扼守上游，抽身不得，而心裡卻掛慮著大營的戎幕，缺少

---

36 編者注：事見《鮚埼亭集內編》（《全祖望集彙校集注》，上冊），卷九，碑銘四，〈明故權兵部尚書兼翰林院侍講學士鄞張公神道碑銘〉，頁一八六。

37 編者注：《北征錄》，《張蒼水集》，頁一九三；《張蒼水先生專集》，頁一三八；《張蒼水全集》，頁一二九。

38 見邵廷采《東南記事》。編按：卷九，〈張煌言〉，葉四右（頁六十八）。

一個老謀深算的輔弼，午夜徘徊，異常愁急，只得上書延平，略曰：「頓兵堅城，師老易生他變，亟宜分遣諸將，盡取畿輔諸城，若留都出兵他援，我可以邀擊殲之，否則，不過自守虜耳。俟四面克復，方以全力注之，彼直檻羊阱獸也。」[39]

・・・

果然，成功入江累捷，兼以江北一路兵馬又勢如破竹，就不免恃勝而驕，認為滿清的統治力量，不過爾爾，南京必然旦夕可下，有點大意起來。

駐守南京的滿清總督郎廷佐利用成功過於自信的弱點，設下一套詭計，卑辭請降。

最初的錯誤，是成功一時寬大把鎮江一役所俘獲的操江御史朱衣佐放走了，哪知此人逃回南京，即向總督獻策道：「速遣人卑辭寬限，以驕其志，然後設守禦之策，徵援兵破之。」郎即派人詣成功大營，請求寬限三十日，即行開城歸降。他的說辭是清朝有例，「守城過三十日者，罪不及於妻孥，現因各官眷屬俱在北方，所以三十日後，開城投降，以全眷屬。」[40]這樣笨拙的遁辭，本來應該容易看破的，不幸此時成功竟為極強烈的優越感所迷惑，以為「聚敵而殲，寧不痛快」，當場答應了他，連得本來打算派水師提督羅蘊章招撫吳會的計畫，也擱置一邊，專候三十日後的開城揖降，大軍便次在南京城下，牽連立屯八十三營，安設雲梯地雷，建造木柵，只作久圍之計，哪知丹陽、句容不收，滿清方面的蘇松援軍，就得步騎平行，陸走南京，而正在此時，遠征雲貴的滿兵，已將永曆皇帝打到緬甸去了，凱旋途中，便被調來保衛江南，於是南京的力量，陡然雄厚起來。

海師尚未到達南京之初，郎廷佐曾下令將城外房屋悉行燒拆，近城十里以

39 編者注：《北征錄》，《張蒼水集》，頁一九五；《張蒼水先生專集》，頁一四〇；《張蒼水全集》，頁一三一。編按：引文部分字眼與原書略異。

40 編者注：《臺灣外記》，第二冊，卷四，頁一七八。

內的居民，一律命令入城，大開水西、旱西兩門，使百姓置柴堆薪，限期於五日之內，如城外不賣及賣不完的柴薪，全部燒卻，實行清野，臨時再事堅壁。

等到鄭軍進圍以後，崇明總兵梁化鳳亦即應召入京，梁在崇明時曾經詐降，[41]偽與大將馬信結拜兄弟，而成功又輕信了他，待郎廷佐檄令松江提督馬進寶和崇明梁化鳳兩軍入援南京時，馬因與延平原有宿約，此時首鼠兩端，意存觀望，對於總督的檄令，延不奉命，而化鳳卻率領所部四千人趨京應命了。

成功八十三營的兵馬，圍守在南京城外，等候郎廷佐自動開城時，而南京城內卻在積極布置，調集援兵，挖掘隧道，準備一切攻防的部署，十分緊張。鄭部參軍潘庚鍾曾向成功力諫道：「孫子說：卑詞者詐也，無約而請和者謀也，降則降，豈戀內顧，此是緩兵之計，速進兵攻之，乃為上策。」屯兵南京之初，即七月十七日，甘輝也力諫主帥道：「大師久屯城下，師老無功，恐援虜日至，多費一番功夫，請速攻拔，別圖進取。」然而成功卻堅執原來的主張，漫然答道：「自古攻城掠邑，殺傷必多，所以未即攻者，欲待援虜齊集，必撲一戰，邀而殺之，管效忠必知我手段，不降亦走矣。況屬邑節次歸附，孤城絕援，不降何待，且銃炮未便，又松江馬提督合約未至，以故緩攻。」[42]煌言雖說駐節蕪湖，但是他卻僕僕於沿江郡縣，一面忙於新復城邑的綏撫工作，一面分頭接洽其他郡縣的歸降，軍書傍午，席不暇暖，他也曾上書鄭氏，直率揭破郎廷佐的詐謀。勸他兵貴機先，應該先聲奪人，但是成功不聽。

崇明總兵梁化鳳，雖然甘冒險阻，入衛金陵，而滿籍的統帥卻因他是漢兵，對他非常輕蔑，把他帶去的騾馬，統統分給了滿兵，他的部下又常為韃子兵捆打欺凌，這樣就逼得他急於想打一個勝仗，以顯能邀功。

七月二十一日，適逢前鋒余新的壽辰，軍中戒備疏忽，開筵祝壽，兵卒四出，將士鬥飲，哪知梁化鳳就乘這個機會，於夜間開了向來封閉的神策門，突然掩旂鼓，縱輕騎，來襲余營，余新出於不意，闔營潰散，本人也就做了梁化

41 見計六奇《明季南略》。編按：事見第二冊，卷十一，〈閩紀·郎廷佐大敗鄭成功〉，頁三三五。
42 編者注：《從征實錄》，頁一五八。

鳳的俘虜。[43]

成功經此挫折，才明白敵人詭詐的真面目，但他非常鎮定，而且自信，認為敵人「將有大敗，必有小勝」，只要開城接仗，他相信一定能夠勝利的。二十二日，他下令移營觀音山，哪知二十三日清晨，大軍移屯未妥，滿清的騎兵卻就移山倒海一般地衝殺出來，於是各軍聞風大亂，紛紛潰退。

本來，兵敗如山倒，何況八十三營兵馬，擁擠一處，前遇強敵，便像潮水一樣地盡往後退，一時有如山崩谷陷，收煞不住，一直退到江邊，前有追兵，後無退路，加以梁化鳳又另外派了一支隊伍，在江岸上放起一把大火，把鄭氏沿江列陣的近萬隻戰船，大肆焚燒，火光紅透滿江，逃到江邊的潰兵退卒，就更加混亂起來，溺死燒死者無算。

擁有主力的大將軍甘輝，眼看自己這邊陣亂兵敗，就只得放棄原來的部署，親督所部從石灰山衝襲下來，要挽回退局，卻不幸傷了馬腿，把他掀下坐騎，被清兵俘虜了，後與余新同時被難。

二十四日鄭軍退到鎮江，沿江收羅救護傷殘的兵卒，但是清兵絕不讓他稍舒喘息，僅隔兩天，就大兵追趕前來，延平只得竭力派人照顧兵卒登舟，以周全斌、黃昭為後衛，次第撤退，二十六日撤出鎮江，二十八日放棄瓜洲，一路撤退入海。

八月初一至狼山，八日退至崇明，成功此時忽然想起煌言、甘輝兩人最早的建議，他就向幕中諸將說：「師雖少挫，全軍猶在，我欲攻克崇明縣以作老營，然後行思明（廈門）調換前提督等一支，再圖進取。」[44]但此時新敗之軍，銳氣全失，十日依令登岸攻城，而崇明縣城卻已深溝高壘，屢攻不破，延平也即接受周全斌的意見，「傳令班師」。

43 見劉獻廷《廣陽雜記》。編按：見北京中華書局一九五七年版，卷二，頁一〇四。其謂：「賜姓（鄭成功）之攻南京，總統余新為梁化鳳所愚，約降有日，遂不為備；值其誕日祝壽，開神策門攻之，余新、甘輝、洪復皆成擒，余新跪而請降、甘輝不屈而死、洪復亦罵敵而死。」

44 編者注：《從征實錄》，頁一六四。

八月十八日軍至臨門，二十七日至舟山。派忠靖伯陳輝督水師前鎮阮美都督羅蘊章李順等，駐泊舟山，用以控制上流，同時派員在浙江的溫州、石塘、清江、金鄉、瑞安、福建的蓁嶼、三都、興化、南日一帶，屯兵徵餉。

成功軍在金陵城下撤退時，秩序還是很好。邵廷采據一個目擊成功兵敗的梁部管姓軍官說：「成功身在軍中，自石灰山轉戰而下，聲如崩山，然猶按步鼓收兵，至後乃大潰，延平師有紀律如此。」[45]成功兵敗，不但使得大江南北的老百姓一朝熱望，猶如滾湯沃雪，連他的錢老師也大大地失望，作〈後秋興〉詩曰：

> 雨戒關河萬里山，京江天塹屹中間。金陵要定南朝鼎，鐵甕須爭北固關。應以縷丸臨峻坂，肯將傳舍抵孱顏。荷鋤父老雙垂淚，愁見橫江虎旅班！[46]

又曰：

十載傾心一旅功，御槍原廟夢魂中。每思撒豆添營壘，更欲吹毛布雨風。淮水氣連天漢白，鍾離雲捧帝車紅。南宮圖頌丹沿在，辜負秋窗老禿翁。[47]

這時候，還有一個溧陽書生羅子木，他聽得鄭軍輕撤，即沿江追趕，親叩延平座船，痛哭挽留。

羅子木，名綸，以字行。向在蘇州設館授徒為生，但他十分有心國事。海上王師進度金焦時，他曾趕往前線觀變，後來又跟蹤張部跑到儀真，晉謁煌言，面陳附近的山川形勢，煌言非常器重他，認為「少年而負奇氣，有清河李

45 編者注：《東南紀事》，卷十一，〈鄭成功上〉，葉十六左（頁八十五）。
46 編者注：錢謙益：〈後秋興八首之二（八月二日聞警而作）〉，氏著《投筆集》，《錢牧齋全集》，第七冊，卷上，頁六。
47 編者注：同前注，頁八。

萼之目」。[48]當時有意留他在幕中任事，但他卻因親老，辭而未就。

子木原是延平麾下水師總兵羅蘊章的侄子，他也曾因蘊章的關係，上謁過延平。此時聽得鄭軍忽敗，初猶不信，親登金山遙望，果見海師聯翩東下，他疾忙趁上小艇，趕到延平的座船邊，高聲呼叫道：「我是羅總兵的侄子，要事請見大帥。」上了大船，他便對成功說：「公何以費數十年的功力，而輕自辜負天下人的仰望。」

成功不答。

「公兵勢還很強盛，奈何以小衄挫志？敵人戰勝之後，必然驕惰，假使我軍轉帆復進，定然能夠攻破南京，若是現在輕失時機，以後怎樣能夠再圖振奮？」據說，這位熱情的少年，當時情不自禁，竟牽住了延平王的衣袖，號啕痛哭起來，但是成功依然一言不答，只吩咐左右從人，扶送子木下船。[49]

後來，羅子木奉了父親，通江入海，不意船到三山，猝遇追兵，他拚死捍衛老父，被清兵打落水中，而他的父親也就被擄失了蹤影。子木獲救後，流離海上，輾轉各島，癡想得一奇計，救回他的父親，但他父親的下落，卻一點沒有消息，心裡悲涼激楚，嘔血幾死。

他終於孑然一身，懨懨如夢地來找煌言。煌言就勸他立功即是報仇，留他在幕。從此他就相依不去，一直跟從煌言，與他同時就義。

· · ·

煌言在安徽寧國聽得南京的敗耗，急忙趕回蕪湖，他以為鄭軍偶遇挫敗，未必立刻捨陸登舟，縱使登舟，未必立刻揚帆下駛，縱要下駛，必能據守鎮江，他萬萬料不到鄭軍竟自輕棄前功，遠揚出海。他怕軍心動搖，竭力把這敗績的消息，嚴密關防，一面彈壓上游，此時太平守將背叛，他依然發兵收復，

48 編者注：見全祖望《鮚埼亭集內編》（《全祖望集彙校集注》，上冊），卷九，碑銘四，〈明故權兵部尚書兼翰林院侍講學士鄞張公神道碑銘〉，頁一九六。

49 編者注：《東南紀事》，卷九，〈葉羅二客傳〉，葉十三右－十三左（頁七十二）。

擒誅叛逆，一面尋到一個和尚，叫他夾帶帛書，間道追訪延平。他上函曰：「兵家勝負何常，今日所恃者民心耳。況上游諸郡邑，俱為我守，若能益百艘來助，天下事尚可為也，儻遽捨之而去，如百萬生靈何？」[50]詎料延平已經出江入海，全軍以去。

此時敵方的統帥，卻把全局看得洞若觀火，轉而矚目於懸軍深入上游的張煌言，他們趁他援絕勢孤，被困江北的時機，郎廷佐、哈哈木、管效忠等就都紛紛羽書招降。郎函略曰[51]：

……倘邀天幸，大君子幡然改悟，不終有莘，自膺聖天子特達之知，轟轟烈烈，際會非常，開國奇勳，共襄大業，此其上也。如曰志癖孤忠，願甘恬退，悠然山中宰相，祖塋墳墓，朝夕相依，骨肉至親，歡然團聚，出處既成，忠孝兩全，此其次也。其或不然，即於歸來之日，祝髮陳詞，僕代請作盛世散人，一瓢一笠，逍遙物外，偏選名勝，以娛天年，又其次也。亦強日坐危舟，魂驚惡浪，處不成處，出不成出，既已非孝，亦難名忠，況且震聽海岸，未免驚擾百姓，竊為大君子難聞者。」

煌言答書，示以峻拒：

夫揣摩利鈍，指畫興衰，庸夫聽之，或為色變，而忠貞之士則不然。其所持者，天經地義，其所圖者，國恨家仇，其所期待者，豪傑事功，聖賢學問。故每氈雪自甘，膽薪彌厲，而卒以成功者，古今以來，何可勝數！如僕者，將略原非所長，只以讀書知大義，痛憤胡氛，左袒一呼，甲盾山立。區區此志以濟，賴君之靈；不濟，則全臣之節，故爾憑陵風濤之中，縱橫鋒鏑之下，迄今逾一紀矣。同仇漸廣，晚節彌堅，練兵海宇，正

50 編者注：《北征錄》，《張蒼水集》，頁一九五；《張蒼水先生專集》，頁一四〇；《張蒼水全集》，頁一三一－一三二。

51 全文見《明季南略》。編按：見第二冊，卷十，〈浙紀．大清部院郎廷佐致明帥張煌言書〉，頁三〇六－三〇七。

為乘時，今何時乎？兩粵天聲，三楚露布以及八閩軍書，何啻雷霆飛翰。而清人則島夷外侮，西虜內侵，左支右吾，將見其立消滅也。僕方當起而匡扶帝室，克復神州，此忠臣義士得志之秋也；即不然，謝良平竹帛，抗黃綺衣冠，亦之死靡他，豈煩詞曲說，足以動其志哉！

乃執事儼然以書通，是以僕亦庸庸者流，可以利鈍興衰奪者，譬諸虎帳戒途，雁奴伺夜，既受其役，竟忘其哀，在執事固無足怪，而僕聞之，髮且衝冠矣。

夫執事固我朝勳舊之裔，而遼左死事之孤也。念祖宗之恩澤，宜何如怨傷？思父母之深仇，宜何如報雪？稍轉一關，不失為中興人物，顧以陵律自居，華夷莫辨，竊為執事不取也。

且即來書恩仇之說言之，自遼事起而徵調日繁，催課益急，以故潰卒散而為盜賊，窮民亦聚而弄干戈，是釀成寇禍者清人也。乃乘京華失守，厲國興師，誠能挈舊物而還之天朝，則是吐蕃回紇，不足專美於前，奈何拒虎進狼，既收漁人之利於河北，長蛇封豕，復肆蠡蠆之毒於江南，則果恩乎？果仇乎？執事亦可憬然自悟矣。以來函溫潤，諒執事非憒憒者比，遂附數行以覆，若斬使焚書，適足以見不廣，僕亦不為也。[52]

煌言既拒招降，清吏即派楚將羅八率領戰船千餘艘，渡過安慶，扼守下游，截斷他的歸路，一面又派步兵，著著進逼，水陸夾圍，期在生擒。《北征紀略》說：「留都敵兵，始專意於余。百計截余歸路，以為余不降，必就縛，各將士始稍稍色變，然刁斗猶肅然。始余猶據城邑，與敵格鬥，存亡共之，從念援絕勢孤，終不能守，則敵必屠城，余名則成矣，與士民何辜？而轄下將士家眷俱在舟，擬沉舟破釜，既難疾馳；欲衝突出江，池州守兵，又調未集。」[53]

52 編者注：《冰槎集．復郎廷佐書（復偽總督郎廷佐書）》，《張蒼水集》，頁十－十二；《張蒼水先生專集》，頁一五四－一五五；《張蒼水全集》，頁一四六－一四八。

53 編者注：《北征錄》，《張蒼水集》，頁一九六；《張蒼水先生專集》，頁一四〇－一四一；《張蒼水全集》，頁一三二。編按：引文個別字眼與原文略異。

煌言正在如此焦慮，躊躇未決時，忽然得到報告敵船已渡安慶，趕忙部勒全軍，開赴繁昌暫避，此時池州守兵幸已調到，當下召集部將會商進止，大家認為：「下游的水路，雖被清兵截斷，但是江西、湖北一帶卻還不會知道南京的敗訊，此時部眾合計，集有萬人左右，江楚方面原先本有成約，從前楊（廷麟）、萬（元吉）諸家的舊贛軍，總還有一部分可以招集。不如集合艨艟，徑趨鄱陽。」[54]於是，他們決定西上。

八月初七到了銅陵，當時船行參差，不免先後，煌言一隊當先，將到烏沙峽地方，後隊還在三山，突然遇到了來自湖北的敵船，煌言此時江前遇敵，無從掩避，只得下令，橫流奮擊，把來船打沉了四艘，溺死清兵不少，時候已晚，就在原處停船過宿。哪裡知道，到了半夜時分，敵船預備逃駛下流，開行時因怕煌言這邊追趕，故意發了幾炮，虛聲恫嚇。而煌言轄下的官兵，誤會敵兵劫營，倉皇夜午，起帆解纜，紛紛潰散，有的轉回蕪湖，有的直入焦湖，一霎時大部驚散，因此，原定西上江西的計畫，竟成畫餅。

煌言無奈，只得把大船鑿沉了，換乘沙船到無為，打算趕赴焦湖，去收集這次亡散的部伍。行至半途，碰到了英霍山寨的義士魏耕。魏說：「焦湖入冬水涸，不能停舟駐軍，不如到英霍山寨去，那邊的首領，都係舊識，可以負責聯絡，借寨駐軍，方得持久。」[55]煌言此時，走投無路，就聽從了魏耕的建議，把所坐的沙船也燒了，提兵登陸，此時檢點部從，還有好幾百人。

這魏耕，是山陰祁忠愍公彪佳的兒子理孫、班孫的密友，他們結合了錢纘曾、楊樾、李甲、陳三島等人，經常假祁宅的四負堂，祕密集會，志謀復興。據楊大瓢（楊樾的兒子）所撰〈祁奕喜（班孫）李兼汝（甲）合傳〉說：「慈溪魏耕，為兵部侍郎張煌言結客浙東西，班孫留之寓山，或經年不去。」[56]

54 編者注：《北征錄》，《張蒼水集》，頁一九六；《張蒼水先生專集》，頁一四一；《張蒼水全集》，頁一三二。

55 編者注：同上，並參全祖望：〈明故權兵部尚書兼翰林院侍講學士鄞張公神道碑銘〉，頁一八八。

56 編者注：楊賓：《楊大瓢先生雜文殘稿》（蘇州：江蘇省立蘇州圖書館，一九四〇年），頁二十六。原文為：「慈溪魏耕以詩名，於時為兵部侍郎張煌言結客浙東西，班孫留之寓山，或經年不去。」

而全祖望的〈雪竇山人墳版文〉又說：「雪竇山人魏耕者，與歸安錢纘曾同居苕溪，閉戶為詩，又與祁理孫、班孫兄弟善，得盡讀淡生堂藏書，詩日益工。然先生於酒色有沉癖，一日之間，非酒不甘，非妓不寢，禮法之士深惡之，惟祁氏兄弟，竭力資給……久之先生又遣死士，致書延平，謂海道甚易，南風三日，可直抵京口，己亥，延平如其言，幾下金陵，已而軍退，先生復遮道留張尚書（煌言），請入焦湖，以圖再舉，不克。是役也，江南半壁震動。既而聞其謀出於先生，於是邏者益急。……」[57]照這樣看來，這位雪竇山人魏耕，早就是海上派駐大陸的聯絡人員，並且又是煌言在東西浙結客的代表人物。所以此時，他在無為遮道要留煌言，絕非偶然的巧遇。

後來煌言投案不成，魏耕廢然重返山陰祁家，就為怨家告密，釀成了清史上有名的「浙中通海案」，魏耕、錢纘曾都被解返杭州腰斬東市，祁六公子（班孫）和楊樾等一起流戍寧古塔的，共有一百多人。

· · ·

煌言聽從魏耕的建議，便隨著他直奔英霍山寨。

到了桐城黃金弸地方，奪了守兵幾十匹馬，由奇嶺跨馬入山。此時一望前途，盡是危峰峭壁，煌言的部卒，素在海上，不慣山路，幾日之後，腳皆重趼，跬步難行。而且這批部屬，都帶有眷屬同行李，每天勉強走到三十里山路，已經弄得人疲馬乏，煌言又不忍棄置，只能在窮山荒谷之間，按轡徐行，等待他們。八月十七日，進入霍山界，離霍山寨已經近在咫尺，他致函寨主褚良甫要求借屯。哪知這位寨主此時已經接受了清廷的招撫，而且似已聽得南京的敗耗，心存向背，竟不接納。

煌言不得已，只得改投英山將軍寨。

這時候，同行將士，個個疲倦到動彈不得，不免怨苦連天，但是煌言依然披衣強行。他精於六壬課，當此危疑，有一天晚上，他取出卦盒來自占休咎，

---

57 編者注：見《鮚埼亭集內篇》（《全祖望集彙校集注》，上冊），卷八，頁一七四－一七六。

哪知連卜四課，都是「空陷」，煌言大驚，馬上下令第二日黎明早發，他親率騎兵開路，要想逃出這個凶兆，哪知滿清的追兵，果然就跟蹤在他們身後，緊緊地追上來了。

他們一行，剛剛跑到東溪嶺，後隊已經被清兵追上，疲兵倦卒，紛紛逃竄山谷。煌言一看自己左右，一霎時只剩了二十多乘騎兵，不滿一百個步卒，他又勒馬高坡遠望，才看見自己的後隊人馬，已被追兵截斷，首尾不能相顧，此時敵騎漸合，包圍漸緊，煌言自念在這個窮山之上與這批追兵毆鬥而死，死得太不值得，當下就決心單騎突圍而走，只有一個捧印的童子跟從同逃，後來又遇到了一個逃而復返的牙門將，[58]從此，他們只剩下伶仃三人，亡命荒山了，他和魏耕大約也在這個時候失散了的，煌言自記此時的感慨，說：

嗟乎！余之入山，非避死也，尚圖控連江楚，收湖南北之大俠，雲擾中原，天下事未可知。奈何孤軍無援，鼓聲不振，卒以潰敗，東溪之不為空阬者幾希，天耶？人耶？[59]

一行三人，去敵稍遠，卻又在東溪嶺的山岡之間，迷失了道途，迂迴覓路之間，只見當地土人都手挾烏銃，游戈四山，專事搶劫散兵的身財，他們三個倉皇失路的敗軍，自然不免，煌言就分給他們一百兩銀子，叫土人帶路，土人叫他們躲藏在山坳裡，約定夜間來帶領他們，三人就改換衣裝，等待入夜，那位牙門將，深怕土人靠不住，會向當地官方告密，急得直是哭泣，煌言卻說：「死，原是我的本分，假使土人靠不住，發生惡變，我當明言姓氏，到南京去

58 牙將疑是徐允巖，《冰槎集》有徐允巖詩序曰：「己亥秋，從余入江，余下名城數十，徐子多所贊襄；迄延平王兵衄於金陵城下，余提孤軍走英霍山，徐子躡蹻擔簦，章皇山澤中，幾欲與余共嘗秦軍格鬥以死。……既而我師竟潰，余以間道還海上，徐子復間道來歸。」事跡差相符合，錄以參考。編按：《張蒼水集》，頁十三；《張蒼水先生專集》，頁一五八；《張蒼水全集》，頁一五〇－一五一。「躡蹻擔簦」，或作「擔簦躡蹻」。

59 編者注：《北征錄》，《張蒼水集》，頁一九七；《張蒼水先生專集》，頁一四二；《張蒼水全集》，頁一三三。

從容就義；不然，就能逃出虎口了！一切聽憑天命吧！」[60]當晚酉時，士人果然來了，還帶了食物來給他們吃飽，就乘月色西行，一夜之間，走了七十里路，而且都是山岡間的羊腸鳥道，特別崎嶇難行。煌言本來騎馬是穿的靴子，後來捨馬徒步，著靴不便，偶然拾到了一雙破鞋子，他就把靴子換了下來，當時還勉強可以穿得，哪知半夜涉水之後，鞋子浸濕了，就緊窄起來，勉強穿著走了一夜，腿股腳踵一齊腫脹得破裂開來，十個足趾兀自汩汩出血，但他只能忍痛拚命前奔。次晨，不但倦極，而且餓透，望見前面有份人家，就趕上去求頓早飯，向土人偽稱：煌言是個館塾先生，那位牙將是個生意人，都是逃難出來的，總算混過去了，再走了一段路，卻在路上碰到了十幾個煌言部下的散兵，這幾個兵丁認識煌言，趕過來敬禮道旁。那個嚮導的士人不明原由，大駭疾走，煌言也只能低頭避過，跟他直奔。鄉村裡的人，看見這四個行路的陌生人，形色倉皇，向前直奔，以為後面還有追兵，都來遮道爭問，這使得那位嚮導的士人，以為「事已敗露」，竟背了煌言的鋪蓋管自己逃跑了，而跟隨煌言的牙將和侍童，卻還鵠立在隔溪呆望。

至是，煌言不得不反身就著他的兩個從人，步履踉蹌地繼續奔走；不過，他們既不認得道路，又失了嚮導，鄉村中人以為他們是逃兵，紛來索詐，煌言只得傾囊分贈，就中挑了一個相貌忠厚的胡姓鄉人，強邀他領路前行，一心只想趕快出山。這一天又走了三十里路，夜投逆旅。這個逆旅主人原是姓胡的族屬。剛剛坐定，胡的弟弟突然跑進屋來，招呼他的哥哥過去，兩人喊喊喳喳耳語了半天，那個哥哥回身進來，突然對煌言問道：「你是從海上來的嗎？你不是逃兵。」

「是的，你怎麼知道的呢？現在怎麼辦呢？」煌言一想既已被人識破行藏，索性坦率承認了，非常鎮靜地回答他。

「你在村上的時候，曾看到有十幾個人走過我家門口沒有？他們是到鄰家

60 編者注：《北征錄》，《張蒼水集》，頁一九八；《張蒼水先生專集》，頁一四二；《張蒼水全集》，頁一三四。原文為：「死固我分也。藉土人叵測，吾當明言姓氏，令舁至建康，從容就義耳。不然者，脫虎穴矣。是蓋有命焉！」

避雨去的，我的弟弟聽他們說，才知道你原來也是從海上來的，他怕我引導不力，所以趕來相助。」胡熱誠地說出他弟弟的來意。[61]

這時，煌言才把一顆忐忑的心，定了下來。胡家老人也重具雞黍餉客，對煌言說起：「這個村莊，往年也曾舉義，沒有成功，頗受清兵的荼毒，現在不敢再動了。想不到你們又已失敗到這個地步，我們這一輩子再也不能重見太平了。」[62]

大家相對嗟嘆了一番。不過煌言雖承認了是海上來人，卻始終沒敢說出自己的真名實姓。

當下煌言就和他們商量怎樣走法，他們都說應該從安慶渡江。

煌言忽然想起他有個舊時賓從，歙縣姓朱的，[63]他改了姓名，一向在高河埠賣藥為生，煌言在江上時，他曾來謁，要求隨軍服務，但其時已在南京兵敗以後，所以辭謝了他，現在決定要去尋他。

千辛萬苦地到了高河埠，差人一問，才知那位朱君到外埠去還沒有回來。旁邊有人看見他們一行生人，尋問朱君，都跟蹤過來嚴加盤詰。就中有一個姓金一個姓徐的兩人，原是地方豪俠之流，也是姓朱的朋友，看了煌言一眼，就挺身出來排解，將市人分散了，又默默跟著他們，看他們投定旅舍才走。

第二天早晨，煌言忽然想到，安慶向來有一種裝運糧米的船，往來大江南北，必然經過樅陽，而樅陽離開高河埠僅一水之隔。他於是決定要搭這種米船，預備出池州，登九華山，再圖歸計。他就叫那姓胡的代覓便船，船雇定了，相約中午開行，煌言就在旅舍中等候，哪知這時，昨天路上碰見的那兩個人卻從外面匆匆進來，一見煌言就問他們究竟是從那裡來的。

61 編者注：《北征錄》，《張蒼水集》，頁一九八－一九九；《張蒼水先生專集》，頁一四三；《張蒼水全集》，頁一三四－一三五。

62 編者注，同上，《張蒼水集》，頁一九九；《張蒼水先生專集》，頁一四三；《張蒼水全集》，頁一三四－一三五。

63 煌言於己亥後一年，有〈得朱子成書〉一詩，曰：「書來惜分手，正憶皖城秋。入海仍精衛，還山尚蒯猴。參差非恨事，倉卒少良謀。異日傳心史，孤忠冀見收。」趙之謙編年譜，疑此朱子成即為高河賣藥之朱君，依詩意推測，似非無見。錄以參考。編按：〈得朱子成書〉，見《奇零草》，《張蒼水集》，頁一四五；《張蒼水先生專集》，頁九十三；《張蒼水全集》，頁八十八。

「我在外面設館教書，現在要回江南去，便道來尋訪此地的朱君的。」煌言回答。

「你尋朱君做什麼？」閒在旅舍中的流氓，就插嘴詰問煌言，煌言只能詭辭以答。

這時金、徐兩人卻在言語中暗地幫著煌言支吾過去。並且使個眼色，引他跑進一間空屋，然後輕輕問道：「你是姓張嗎？」

「我姓吳。」煌言謊他。

「不對。」兩人中那個姓金的說，「前些日子，我是和朱某一同到江上來的，曾從鄰船窺見過你，你本是張尚書。我們聽說你已經提兵入山，怎麼又到此地來了呢？現在又預備到哪裡去？」

原來那個姓金的曾與朱君同訪江上，所以認識煌言，於是煌言也就只得直告來由。

「江上尚在戒嚴之中，還有誰敢搭救你呢？倘有一個疏忽之處，怎麼辦？」姓徐的那個人非常躊躇地說後，沉默片刻，隨即堅邀煌言到他家去暫避。

後來，他們又叫另一個密友何某，護送煌言搭了來船由樅陽出江，金、徐兩人為避人耳目，別從安慶走路，到張家灘會合後，就寄宿在徐的從兄家裡。

於是，再從建德、祁門兩山中走休寧。這條山路比霍山更加崎嶇難行，此時煌言又染了瘧疾，扶病上路，頭汗涔涔，形容枯槁，勉強在崎嶇山路上掙扎前進，險些做了山溝中的瘠鬼。這帶山上，還不斷有土匪攔路剽掠，煌言力疾零丁，徒步前奔。將到祁門地方，適逢江右義旅陳九思正駐屯宋家橋，煌言深恐被人看破，就挑人皆裹足的冷徑僻路，獨自攢趕行程，幸而引路的都是安徽本地人，不為人疑，總算平安闖了過去。

將到休寧，前途又遇兵阻，沒法進城，只得在城外候著，等得機會，才混入城裡，寄寓徐的叔父家裡，徐的叔父是個鄉下醫生，頗有隱君子的風度，他大治酒食，招待煌言，但只知道他是個館師，與他侄子交好而已，並不曉得這位憔悴失路的病客，卻是聲震大江南北的張大司馬。[64]

64 編者注：由尋朱子成至終脫險之事，見《北征錄》，《張蒼水集》，頁一九九－二〇二；《張蒼水先生專集》，頁一四四－一四六；《張蒼水全集》，頁一三五－一三八。

在休寧等到前途兵退，再雇民船向嚴陵前進。船過新安溪時，正是涼秋好天氣，溪上風景如畫，身在危難的煌言，此時驚魂漸定，恢復了平靜的心境，時時憑檻吟賞。他有一首〈新安溪行〉，就在此行船上作的：

曲曲溪流面面山，青峰千折水千灣。山亭擁霧遙疑塔，水碓舂雲巧作關。越榜下灘雙槳捷，吳鹽到界一帆閑。卻看兩岸楓林晚，似送離愁照客顏。65

這位奔竄不遑的逋逃客，正在船上憑流吟賞時，船已到了街口，街口的巡邏兵卻突然登舟檢查，打斷了煌言的詩興。巡邏兵覺得這位牙將身體魁梧，又說的一口北方話，疑心他是個逃兵，查問得十分嚴緊，牙將大怒，便與他們打起架來，經眾人解勸，總算未成禍端，一面急急開船，待過淳安，才算走出安徽省境。回到了煌言的故鄉浙江省界了。

剛剛走到浙江境界，煌言的坐船又被官方扣去，當了兵差，他們只得改從遂安徒步山行，走到嚴州，他恐怕浙江認識他的人太多，不敢走大路，只揀小路偷行，由金華府到東陽、義烏走向天台，這一程山路，羊腸鳥道，比安徽的英霍山更加難走。那時候，煌言已把隨從的牙將打發先從杭州出海，而金、徐兩個安徽人，又不認識浙江的道路，反要煌言領路了，但煌言又實在茫然不辨金、台之間的山徑，瞎跑了許多天，問問路人方才知道已經逃出了清兵的天羅地網，到達了自由海濱。

煌言這才九死一生，間道逃亡，才幸脫險生還，他在亡命途中，有〈間道雜感〉二首，記敘此行。

鐵幢才解又芒鞋，姓氏逢人且自埋。夜踏巉岩驚伏虎，朝披霧露避群豺。
乾坤蒼莽投金瀨，徑路蕭涼阻玉階。贏得風衣兼雨帽，相看不是舊形骸。

---

65 編者注：《奇零草》，《張蒼水集》，頁一四一－一四二；《張蒼水先生專集》，頁八十五；《張蒼水全集》，頁八十一。「越榜下灘雙槳捷」，原文作：「越榜下灘雙槳疾」。

一椎可奈誤秦車，蕭瑟秋風圯上書。伏匿那能忘鐵馬，潛游猶覺負銀魚。
荒村雲擾難敧枕，單袷霜深已敝裾。總是姓名隨地變，任呼牛馬亦何如！[66]

煌言後來自記此役的經歷，撰《北征紀略》一篇，文末感慨萬分地說道：

回思霍山奔亡以來，之安慶，之池，之徽，之浦江、東陽、義烏，之天台、寧海，計程兩千餘里，間關百折，何其窮也！復回思自崇明進師，而瓜步、潤州，而和陽、太平、寧國，而徽、池、盧之諸州邑，乘勝長驅，又何其壯也！然而，轉瞬成敗異勢，榮辱殊形，是又戲也！夢也！余自丁亥迄己亥，前後入江，皆歲在雙魚，而一再蹟，疑若數焉。然以十五載之揣摩簡練，既得而復失之，人壽幾何？河清難俟，不亦重可慨也夫！[67]

金陵敗績的消息，喧傳海濱以後，人人期待張大司馬歸來的消息，然而，音訊沉沉，而各式各種的謠言，紛紛並起，有的傳說他已在安慶抗敵陣亡了，有的說他已在英霍山中死難；甚至還有傳說他已披剃空門了。

然而，「落魄鬚眉在」的張兵部終從九死一生中脫險生還了。

這在當地人民，是個天大的喜訊，立刻轟動全城，歡呼塞道，人人額手壺漿，前來慰問這位落魄的英雄。

自嘆「蹈險身謀拙，包羞心事違」[68]的煌言，靦然面對「江東父老」，不禁深為如此熱情的老百姓所感動，他有一詩自記，題曰：「海濱居民聞予生

66 編者注：《奇零草》，《張蒼水集》，頁五十四；《張蒼水先生專集》，頁八十四；《張蒼水全集》，頁八十。

67 編者注：《北征錄》，《張蒼水集》，頁二〇一－二〇二；《張蒼水先生專集》，頁一四六；《張蒼水全集》，頁一三七－一三八。引文個別字眼與原文略異。

68 編者注：《奇零草．生還四首（一）》，《張蒼水集》，頁一三六；《張蒼水先生專集》，頁八十五；《張蒼水全集》，頁八十二。

還，咸為手額，且以壺漿相餉，余自慚無似，何以得此於輿情也。」詩曰：

虛名浪說逐群雄，垂翅何心得楚弓。每把金魚羞父老，豈應竹馬笑兒童。
衣冠不改秦時俗，雞黍相遺晉代風。正覺漁樵多厚道，不將白眼看途窮。[69]

另一種溫慰他的，是不論他此行雖已失敗，然而他的功業，他的志節，不但名滿天下，抑且上達天聽。這年秋天，永曆皇帝從雲南派遣監臣劉之清來閩，寄到專敕，仍請魯王監國，駐蹕澎湖，同時，晉煌言東閣大學士，仍兼兵部尚書原官。

漁樵小民的愛護，國家名器的崇獎，是此時此地，剩得孑然一身，萬劫歸來者的唯一的安慰和愛撫。

69 編者注：《奇零草》，《張蒼水集》，頁一三四；《張蒼水先生專集》，頁八十六；《張蒼水全集》，頁八十二。

第六章

徘徊閩浙

己亥為明永曆十三年，清順治十六年，西紀一六五九年。這一年是煌言一生功業，表現得最輝煌的時期，但也是他生平所受挫折最嚴重的一遭。

當他以偏師作先驅，開府蕪湖、傳檄江北時，正是志士人豪得意之秋，豈料為時不及一個月，南京城下的鄭軍俄然敗退，興復中原的好夢，頓被罡風吹斷，而且孤軍被遺在長江上游，首尾都遭敵人圍困，險遇不測。

冒了九死一生的艱險，逃回海濱，只剩得孑然一身。煌言原來的駐地舟山，早於八月間已由陳輝、阮美、羅蘊章等人占駐，煌言此時，竟已無地棲身。作〈生還四首〉，誌其悲憤：

落魄鬚眉在，招魂部曲稀。生還非眾望，死戰有誰歸。
蹈險身謀拙，包羞心事違。江東父老見，一一問重圍。
痛定悲疇昔，江皋望陣雲。飛熊先失律，騎虎竟孤軍。
鹵莽焚舟計，虺隤汗馬勳。至今頻扼腕，野哭不堪聞。

本以揚旌去，胡為棄甲旋。名城空繡錯，故老盡株連。
百折終何補？千秋倘復憐。亦知收燼易，蕭索愧金錢。
奔北誰能殿，圖南我亦迷。翻令百步笑，未得一枝棲。
孤島搖烽燧，登壇恃鼓鼙。風雲蹉跌後，無計展霜蹄。[1]

既不能再回舟山，他只得先在象山縣南門外找間破屋暫住，這間房子上面草頂已經洞穿，四壁門窗都不齊全，而且住不多久，廚房又失了火，他自寫〈卜居〉詩曰：

1 編者注：《奇零草》，《張蒼水集》，頁一三六；《張蒼水先生專集》，頁八十五－八十六；《張蒼水全集》，頁八十二。

荒洲小築笑焚餘，結構新茆再卜居。性僻故貪鷗鷺侶，地偏猶逼虎狼墟。寒蘆瑟瑟秋張樂，宿火熒熒夜讀書。正憶普天方左枉，此身那得混樵漁。[2]

他這時候的景況是：「半床留破席，一室欠疏糯。」[3]作〈苦饑〉詩說：

蘆荻風蕭蕭，白石不可煮，絕粒固所宜，躊躇傷徒侶。
豈乏稻粱謀，卑棲因鎩羽，安得有蕨薇，療饑待明主。[4]

最不能忍受的，他現在住的地方是與敵人毗鄰的「虎狼之墟」，隨時隨刻都有危險。

「徘徊貪有髮，惆悵賦無衣；此地兼烽火，孤蹤何所依？」[5]煌言託人到福建去與鄭成功聯絡，他終不能以這個窮海荒陬做安身立命的地方。

・・・

然而，清吏在長江上游用盡心計，想招撫這張大司馬，不能成功，以為設下天羅地網，總能生擒活捉過來，不料又被他間道脫走，禁不住惱羞成怒，便

2　編者注：《采薇吟》，《張蒼水集》，頁一七四；《奇零草》，《張蒼水先生專集》，頁八十九；《張蒼水全集》，頁八十五。

3　煌言有以〈浮跡〉為題寄友詩，自述此時景況，錄為參考：「蕭瑟干戈事，浮蹤已似萍。半床留破席，一室欠疏櫺。霜月窺人白，漁燈入夜青。天涯知已在，猶自嘆零丁。」編按：《奇零草．浮蹤同含山感賦（萍蹤同邱含山感賦）》，《張蒼水集》，頁一三七；《張蒼水先生專集》，頁八十八；《張蒼水全集》，頁八十四。

4　編者注：《奇零草》，《張蒼水集》，頁一六二；《張蒼水先生專集》，頁八十七；《張蒼水全集》，頁八十三。

5　編者注：《奇零草．寒山》，《張蒼水集》，《張蒼水集》，頁一四四；《張蒼水先生專集》，頁九十三；《張蒼水全集》，頁八十八。

向原已羈押在杭州的董夫人和兒子萬祺，再施酷虐的壓迫。[6]

庚寅、辛卯（一六五〇－一六五一年）之間，煌言在舟山時，滿清官吏就曾先後勒逼他的父親和夫人寫信給他，招他回來就撫。但是幾次三番發出信去，卻總沒有結果；到他父親一死，漢奸們對這一點希望也就跟著斷絕，隨即換了猙獰的面目，把煌言的夫人和兒子一起移到杭州羈押起來，無衣乏食，備遭困苦。幸得有個澹齋和尚，每天募化白飯來，供養他們，如是者竟維持到十年之久。[7]

己亥（一六五九）這一年，清廷正式下令，抄籍煌言的老家。

其實，煌言乙酉（一六四五年）參加浙東起義之初，他父親已把一點薄田破賣了支持兒子的大計。《寧波府志》記煌言入海後，圭章在家的境況說：「……由是室廬盡傾，簞瓢不繼，年七十餘卒，無以為殯。」[8]

甲午（一六五四年）年煌言作〈得友人書道內子艱難狀〉詩，有曰：

鐺釜原兼絕，機梭亦屢空。鹿車誰共挽，羞殺是梁鴻。

又曰：

家計深行惻，朱顏亦固窮。……寄託誠交道，支持仗女工。9

6 煌言壬寅詩：「稚子竟何辜，十載尚淹獄。仳離有寡妻，墨幪兼緇幗。」壬寅（一六六二年）上溯十年為癸巳（一六五三年），公子萬祺羈獄時，年僅十五歲。編按：〈虜廷以余倡義既久，屢復名城，遂逮及族屬，且開告密之門，波及（一作波累）親朋，榜掠備至，聞之泫然〉，《張蒼水集．奇零草》，頁一六二；《張蒼水先生專集．詩外編》，頁一三四；《張蒼水全集．詩外編》，頁一二七。黃節謂：「捕逮族屬事，黃梨洲〈蒼水墓誌銘〉及沈冰壺〈蒼水傳〉所書皆在甲辰（一六六四年），而《趙譜》（趙之謙撰《張蒼水年譜》）此詩繫之壬寅。」見國學保存會印行《張蒼水全集》，卷十，頁四左。

7 黃宗羲〈書澹齋事〉。編按：《黃宗羲全集》，第十冊，傳狀類，頁五六一－五六三。

8 編者注：引文不見於《寧波府志》，應是來自康熙《鄞縣志》，見卷十七，〈品行攷六．賢傳四〉，葉七十四右。原文為：「繇是室廬盡傾，簞瓢不繼，處之怡然，年七十餘卒，無以為殯。」

9 編者注：《奇零草》，《張蒼水集》，頁一〇三；《張蒼水先生專集》，頁五十三；《張蒼水全集》，頁五十一。

這時候，除出他的族人受累之外，他的「家」還有什麼可以籍沒的呢！董夫人羈押杭州前後，即曾削髮為尼。煌言詩所謂：

失林應惜飛蓬早，出獄仍悲曳縞遲。豈為留賓還斷髮，聊因佞佛故低眉。10

即是詠此。然而縱使如此，還是難逃漢奸的毒手，母子二人，終於鋃鐺就道，移送鎮江監獄作為重囚監禁起來。脫屣妻孥，本非易事，兵敗家破的張煌言，俯仰身世，實在沒法排遣他心頭的沉重，他只得打起精神，巡行台屬沿海地區的窮鄉僻鎮，訪求民隱，以消磨痛苦的心事。

光陰迅速，轉瞬已至歲暮天寒的時節，他巡行到天台府屬的一個叫長亭鄉的背山面海的漁村，這個村莊由於連年戰亂，海塘失修，因此原有的田地，都為海潦淹沒，成為不毛的鹽沼，人民失了生產的根據，無法逃避窮破的命運。

於是，煌言從極度窘澀的囊橐中，自行捐出五十兩銀子來作為創導，勸令該鄉的地方父老輸財，少壯出力，鳩集全鄉的人力財力，一齊來修復這條海塘，以保障全鄉生存的命脈。

地方人民經他的號召，果然大家紛紛合作，踴躍進行，只有三個月工夫，就完成了這件百年利賴的水利工程。完工以後，煌言還很高興地作了一篇〈山頭重築海塘碑記〉，紀述此事的原委。[11]

煌言就是如此孑然一身，跋涉山海之間，栖栖惶惶，不遑寧處。己亥除夕，他寂坐茅簷，苦吟度歲：

10 編者注：《奇零草‧得家信有感二首（一）》，《張蒼水集》，頁一三八；《張蒼水先生專集》，頁六十九；《張蒼水全集》，頁六十六。

11 該碑曾為清人掘毀，文存集中。編按：碑文見《冰槎集》，《張蒼水集》，頁八－十；《張蒼水先生專集》，頁一五五－一五七；《張蒼水全集》，頁一四八－一四九。

湖海椒觴十五星，故園咫尺卻揚舲。流年與日相將去，歸夢兼愁總未醒。臘鼓何如鞞鼓急，閩船猶並越船停。春來消息茫無據，起把菱花仔細聽。[12]

庚子的上半年，他把大部分的光陰，消磨在船唇艙尾，以舟為家。他這時候的生活正如他〈愁泊〉詩所言：

蕭風苦雨逐潮來，慘淡危舟倍足哀。身比傴僂長似曲，心疑混沌不知開。海翁蚤蛤還相餉，山鬼揶揄且莫猜。往事分明堪擊筑，浮生那得數銜杯。[13]

在煌言目斷南雲，浮舟愁絕的時候，福建方面，鄭成功見到煌言的使者，得知他居然已經脫險歸來，不禁大喜過望，立刻決定將浙海天台一帶所屬的轄地，全部劃歸煌言，並且調遣附近的駐軍，助他守衛，歸他節制。

其時即將另有一場大戰在醞釀著。

成功接到諜報，清將達素將親領滿漢大兵萬餘人前來剿海。

庚子四月初，又探得杭州清軍將先犯舟山，與達素等會齊後，繼攻廈門。成功便命防守舟山地方水師前鎮阮美會同張兵部（煌言）、袁兵部（起震）各船，「戧開外洋，尾隨敵後，隔港泊宿，以逸待勞，不必與戰，彼必卻顧，候到海壇、南日、崇武近地，我有水師堵禦。」[14]煌言得到通知，便與阮美等同在浙閩沿海一帶，日夜巡邏戒備。

五月初一，大戰爆發，成功親率各軍，堵禦來犯漳州港的滿清大隊水師；繼又有由同安南北港來犯者，成功分兵抵禦，只十餘日，「三股滿漢精銳，俱

12 編者注：《奇零草．己亥除夕》，《張蒼水集》，頁一四二；《張蒼水先生專集》，頁九十二；《張蒼水全集》，頁八十七。

13 編者注：《奇零草》，《張蒼水集》，頁一六三；《張蒼水先生專集》，頁九十六；《張蒼水全集》，頁九十一。

14 編者注：《從征實錄》，頁一七三。

被我師殺死不計。」達素狼狽逃去，成功論功行賞，一洗南京撤師之恥。[15]

至是年秋季，海上烽煙稍靖，煌言才得移師臨門，樹纛鳴角，重行編整他的部隊。

臨門是煌言舊遊之地，他於丙申年（一六五六年）的冬天，離開此地，移軍福建沙埕，至今相距幾已四年，天台舊地，司馬重來，這地方的父老人民是他所熟悉的，還有許多舊部仍舊住在原地，他是不再寂寞的了。不過連年兵革，臨門已經不是別前的景況，何況當年他在鹿頸頭治軍，舟山行在，朝氣蓬勃，他也意氣如雲，與山陰迂儒葉振名抵掌痛論天下事，現在情況，完全不同，煌言作〈復屯臨門〉詩曰：

十年兵甲滿滄洲，此日回戈又上游。人去鹿場仍舊跡，秋高蟹浦足晨羞。空山餓犬聲如豹，失路窮黎狀似鳩。自笑經營何太拙，誤將島嶼作并州。[16]

・・・

丙申（一六五六）三月，成功安排魯王遷住南澳，已過了三個年頭。詎至己亥正月南澳島上發生海盜劫掠事件，魯王僑寓不安，倉皇逃歸金門。煌言有〈聞監國魯王以盜警奔金門所〉一詩說：

> 揮淚東南信，初聞群盜狂。扁舟哀望帝，匹馬類康王。流彘終何限，依斟尚不妨！只今謀稅駕，天地已滄桑。[17]

15 詳見楊英《從征實錄》。編按：《從征實錄》，頁一七八。原文為「三股水陸，集滿漢精銳，費許多軍器船隻，俱被我師殺死不計」。

16 編者注：《奇零草》，《張蒼水集》，頁一四六；《張蒼水先生專集》，頁九十四；《張蒼水全集》，頁八十九－九十。

17 編者注：《奇零草》，《張蒼水集》，頁一四五；《張蒼水先生專集》，頁九十三；《張蒼水全集》，頁八十八。

他自恨北征無功，又哀憐監國之駐蹕無地，非常感傷，於是將上年金陵之役的經過，上啟監國。據《魯春秋》記：「煌言意望延平再舉，陽疏監國，監國亦曲諒。」[18]則此表還含有極其微妙的政治作用在內。原表曰：

竊臣萬里孤蹤，一軍特立，睽違潛邸，屢易星霜，雖傾日有心，而瞻雲無路；又恐旁疑他妒，未敢輕達封章。己亥夏於東甌，晤錦衣指揮陳貴，曾附疏轉達，豈意陳貴隨船北上，後因南師挫衄，流落江上，聞今已往山東矣。

若臣自入長江，先驅直奪鎮江炮口，即復孤提本轄船兵，深入上游，傳檄而下徽寧池太四郡，和州無為二州，及招降溧水、溧陽、高淳、建平、廬江、巢縣、舒城、含山諸邑，通計得江南北府州縣三十餘城，遂駐紮蕪湖，且撫且恢，水陸兵至萬餘；豈意延平藩師潰於金陵，倉卒南還，臣之孤軍，竟陷重地。

虜酋百計阻截歸路，貽書招誘，臣遂焚舟登陸，入英霍山寨以圖震盪中原，提三千餘眾，轉戰千里，相持二十七日，屢有斬獲，楚豫之間，蠢蠢欲動，終以勢孤援絕，士卒罷勞，而敗臣單騎突陣，遁伏山谷中，由間道徒步二千余里，賴義士扶衛，始得生還海上，皆賴主上福蔭也。

然志猶未已，力圖收燼，以冀桑榆之效，幸而散亡漸集，正在整槊俟時而動，奈囊空釜罄，力不如心。茲藉延平藩同仇誼篤，分地給兵，或可厲秣俟時而動耳。其如虜警頻仍，窺伺日迫，倘浙海決不可支，亦當南帆一覲睿顏也。

昨差官自思明州歸，始知移蹕金門之訊，當此漢厄未回，即遵養時晦，尚無其地，是臣所為日夕旁皇者也。臣垂翅之餘，百事艱難，芹曝之獻，容俟後期。

竊有錦衣張士魁、楊澄，亦經患難，俱得生還，現在臣營，合併具報，茲因便帆，具啟上候睿安，臣曷勝悚惶瞻依之至。[19]

18 編者注：《魯春秋》，頁七十三。

19 編者注：《冰槎集．上監國啟（上監國魯王啟）》，《張蒼水集》，頁十三－十五；《張蒼水先生專集》，頁一五八－一五九；《張蒼水全集》，頁一五一－一五二。

煌言此表，除出報告北征的經歷之外，對魯監國繾綣之誠，溢於楮表。自後他就憑藉延平王的協助，駐守防地，招練新軍。不過他局處浙海一角，糧薄兵寡，力量依然非常貧薄。一方面敵人此時，眈眈窺伺，亟圖掃蕩海氛，煌言所處的前衛地帶，正是如履春冰，如蹈虎尾，他只得兀守自己的堡壘，還要愁慮左支右絀的糧餉調度，更沒有餘力可以向外發展了。

翌年辛丑（一六六一年），滿清政府實施堅壁清野的「禁海令」，命令上起遼東，下迄東粵，濱海三十里以內區域的居民，一律撤遷內地；同時派兵鎮守沿海，禁止任何漁舟商船在海上往來，尤其嚴禁食糧偷漏入海，當時的口號是：「寸板毋入海，粒米毋越疆。犯者死連坐。」[20]這樣苛酷的經濟封鎖，力量勝於軍火，不但使得沿海五省幾千萬的人民流離失業，廬舍成墟，並且使得海上各軍，都紛紛大鬧糧荒，軍情民心，就無由穩定而漸漸開始動搖。天台區的張煌言，距離敵軍最近，被管制封鎖得也最緊密，毫無退步可求，因此窮乏飢餓更甚。

除出這個經濟封鎖政策外，滿清政府同時還有一個更毒辣的反間政策。

下詔招撫海上義軍，對於來降的將士，不但不追究既往，而且一律加官晉級，優待過於諸旗的兵弁，「從優敘錄，不吝高爵厚賞」。[21]以致有人從未到過海上，也偽造印敕求降，清吏明知作偽，故意不予追問底細，廣開門路，一律給賞錄用。他的賞格，分長髮、短髮兩種，所以有的人竟先以長髮求降，得了賞銀，狂嫖濫賭花完了，再以短髮投誠，照樣也能邀賞錄用，這樣的風傳到了窮餓的海上，義軍組織便發生了根本的動搖。常常有逃亡叛變或內款降清等不幸的變故出現。

如此毒辣的政策，不但迫使一部分為窮餓逼迫的義軍變節投降，也使擁有海上最大實力的鄭成功，不得不遠辟臺島，另營海外的扶餘。

定海的敵人實施禁海令而強迫居民撤遷時，當地一般無知的老百姓把身受的荼毒，遷怒到海上的義軍，便把葬在蘆花嶴的定西侯張名振的墳墓盜掘了。

20 編者注：《東南紀事》，卷十一，〈鄭成功上〉，葉十五左（頁八十四）。

21 編者注：《明清史料》，丁編（上海：商務印書館，一九五一年），第三本，頁二五二右。

後來，直待煌言等到定海敵人完全撤退之後，乘機派了一部分隊伍進入這空虛的棄地時，方知此事，便立刻派工修復，並且親撰祭文，遣員代祭。在這篇祭文中，煌言回首前塵，把這幾年間萬種艱辛，向這位死生知己盡情訴說。文曰：

嗚乎！我兄墓草已宿矣，墓木已拱矣！回念乙未之冬，棄捐賓客，距今僅七載耳，其間興廢存亡之感，月異而歲不同；如我兄既歸三尺土，而尚不能保百年墳，至有發冢開墳之變，余聞之，痛何可言哉！幸我師入定，毀逆民之廬，屠逆民之族，英魂其亦可稍慰。獨余以飄零患難之身，入閩入吳，浮江浮海，數年間屢蹶屢奮，徒深掛劍之懷，每阻炙雞之願，空山寂寥，知兄當慨然而悲矣。茲憑仗靈爽，駐師臨門，苦以軍滯，未遑瞻掃高塋，特備椒漿，遣員代侑。嗚乎！翁洲孤島，今存荒壤，丁鶴歸來，徒有華表耳，能不痛哉！[22]

煌言這一支孤軍，物質根基最弱，面對清人這樣毒辣的政治攻勢，在現實的飢餓威脅之下，真是朝不保夕，勉強掙到這年初冬，百計俱窮，只得痛下決心，拋撇了臨門的鄉土父老，率引所部，橫海入閩，暫駐於浙閩交界之處的沙埕。

沙埕位於福建福鼎縣的東南，與浙江的平陽接境，兩岸山勢峻險，絕少平原，本是個非常荒瘠的臨海山區。煌言於丙申年（一六五六年）舟山再陷後，曾經來過這塊貧僻的山地，現在為環境所迫，又要到這舊遊之地來避風浪，難怪他〈三過沙關〉詩要說「五載真如夢，秦川恨舊遊」了。[23]

· · ·

22 編者注：《冰槎集·祭定西侯張侯服文》，《張蒼水集》，頁二十二；《張蒼水先生專集》，頁一六六；《張蒼水全集》，頁一六〇。

23 編者注：《奇零草》，《張蒼水集》，頁一四九；《張蒼水先生專集》，頁一〇四；《張蒼水全集》，頁九十八。

滿清禁海令的飢餓政策和招撫辦法，雙軌進行，不但迫使煌言避地沙埕，更重要的是迫使延平王鄭成功注目福建海以東的臺灣。

成功自從南京兵敗回來以後，看出滿清統治大陸的力量，已經根深柢固，東南民心雖然尚未完全消歇，但在嚴密的壓制之下，可以因勢利導的機會，已經很少。現在西南方面的局勢已經平定，清人已將兵力從容抽調到東南沿海一帶來，此後不但難越雷池一步，即使兀守閩局，亦非易事，更何況海隅一陬之地，兵力和物力的來源，被自然條件殘酷的限制著，本地的發展，比較困難，禁海令下，物資枯竭，唯一的前途，只有力向海外擴展，才是保存民族生機的唯一生路。

於是，金廈對海的臺灣，那座物產富饒的島嶼，便在高瞻遠矚的鄭氏心上，認是保存民族復興種子的新天地了。這座島嶼，是他父親鄭芝龍昔年縱橫海上的發祥之地，在成功原是先人之故土，對他是非常親切而有感情的；自從荷蘭人占據以後，和鄭家的關係依然非常密切，成功起兵閩南，軍需民食，仰賴於臺灣通商者，比例甚大，對於島上的物產、交通、貿易和人民情況，他更非常清楚，知道足為復興的據地，而且，荷蘭東印度公司統治下的臺灣，對於當地土著和僑民，苛刻剝削，異常毒虐，民心思變，若是一旅王師，登高呼召，不難全島響應，而荷蘭戍軍之兵微將寡，更是成功深切注意之點。

因此，他在己亥金陵敗歸以後，略事整頓，同年十二月，即有「議遣前提督黃廷，戶官鄭泰，督率援剿前鎮，仁武鎮往平臺灣，安頓將領官兵家眷」之議。[24]嗣因清將達素來攻金廈，暫緩其事。

不久，有臺灣通事何斌者，因代延平征取船稅，得罪於荷屬東印度公司的臺灣督辦鄂易度，[25]密繪地圖並臺灣全島形勢的木造模型，前來廈門請謁成

---

24 詳見楊英《從征實錄》。編按：頁一六八。

25 荷蘭臺灣督辦鄂易度（Frederick Coyett，或譯揆一）著有《被忽視之臺灣》一書，詳述閩臺通商情形，延平征臺始末，自為臺灣史上重要文獻，作者與李辛陽先生譯其全書，改書名曰《鄭成功復臺外記》，一九五五年臺灣中華文化出版事業委員會出版，可以參看。編按：注中所提《鄭成功復臺外記》，原書為荷文，書名為 *Verwaerloosde Formosa*。英譯本 *Neglected Formosa*，於一九七五年出版。

功，報告情況，勸他進取。

成功成竹在胸，準備一切，至擊敗滿清達素等三路大軍調回以後，便於永曆十五年辛丑（一六六一年）正月召集諸將密議。成功說：

天未厭亂，閏位猶在，使我南都之勢，頓成瓦解之形。去年雖勝達虜一陣，偽朝未必遽肯悔戰，則我之南北征馳，眷屬未免勞頓。前年何廷斌所進臺灣一圖，田園萬頃，沃野千里，餉稅數十萬，造船製器，吾民麟集。所優為者，近為紅夷占據，城中夷夥，不上千人，攻之可垂手得者。我欲平克臺灣，以為根本之地，安頓將領家眷，然後東征西討，無內顧之憂，並可生聚教訓。[26]

根據此一原則，二月初一，延平即於親自祭江後，發兵南征。三月廿四日，各船俱到澎湖，延平紮營內嶼，候風向臺灣本島進兵。

然而，此在庚子之冬，遠從浙江臨門趕來福建，要作秦廷之泣的張煌言，卻是一個無情的打擊。對於開闢臺灣這一個策略，延平和煌言兩人的見解是南轅北轍的。

在煌言方面看來，成功進取臺灣的新計畫，不啻是恢復中原的喪鐘。魯監國力量澌滅，西南的永曆皇帝此時早已敗入緬甸，殘明一線生機，完全維繫在延平王一身進止之中，他若闢疆異土，照當時一般的看法，必將遠以自保，從此「憚勞疏敵」，還有什麼希望逐鹿中原呢？況且，大軍入臺，金廈必將難保，那麼，他和監國魯王目前暫時駐足之地，也將發生動搖，遑論規復故土，重整大漢衣冠。所以，煌言不能不竭力表示反對，想挽回成功此一決策。

煌言和成功兩人，出身全不相同，環境、教育和見解自然相異。臺灣這座海島，在煌言看來，是未經教化的蠻貊之邦，爭此蓁莽蠶叢，又何補於復國的大業。但在成功則不同，臺灣是成功的先人之地，臺灣可以通外洋，行貿易，在清人禁海令的封鎖之下，是唯一的經濟門戶。煌言雖是胸襟開明，但他總是

26 見楊英《從征實錄》。編按：頁一八四。

一個出身內地的書生，不能了解成功的闊大之處，因此就不免對此流露極度的失望。

早在臨門時，煌言的參軍羅子木曾向他建議，要煌言出面邀請成功再次舉兵北伐，但是煌言非常頹喪的回答道：「我力不能獨舉，他已意不在此，不過因為我素來謹弱，代他防禦此屯，通通中原音息而已。」[27]他那時對鄭氏的失望之情已經溢於言表。

成功親率大軍二萬五千，在安平附近登陸後，一戰即下赤嵌城，四月進圍安平，但是荷蘭人堅城固守，久不能克，相持過了整個夏天，還是沒有進展。

但在大陸這一邊，辛丑（一六六一年）這年，滿清政府所施行的沿海遷界令，比舟山撤退時的封鎖規模大大不同，不但範圍擴大至於全國的海岸線，而執行的嚴格，更是空前凶橫。沿海的老百姓，不是漁戶鹽民，就是當年耕耨的農夫，他們的生活資料完全取給於大海和沿海的土地，一旦失去了海水和泥土，撤遷到三十里外以後，又從哪裡去討生活的資源？然而，異族統治者是不顧生民的存活的，他們用大刀來推行這個政策，不願餓死就得流血。這個海禁自此開始直到二十多年後，才得開放。

這條禁令，固然使海上義軍大受打擊，但是另一方面，面臨生死邊緣的沿海人民便有洶洶欲動的趨勢，煌言注目於此，一則深感滿人手段的毒辣，悲憫人民流離的困苦，再則人民被壓迫而激生的反動，他是深知其力量是無窮的偉大的，若能因勢利導，把這一群沿海的憤怒的群眾，與死亡搏鬥的人民組織起來，豈非是個大可作為的機會嗎？然而他自己沒有力量，足以順民心，舉大事。他想念遠在臺灣與紅夷相持不下的成功時，便不禁頓足長嘆道：「棄此十萬生靈不收，倒反與紅夷去爭座荒島，做什麼哩？」[28]

煌言此時，憂心如焚，而一籌莫展，他只得分函前任尚書盧若騰、侍郎

27 編者注：《東南紀事》，卷九，〈張煌言〉，葉五右（頁六十八）。原文為：「我力不獨克，彼意似不欲本朝復興，徒以我素謹弱，為彼禦定關，通中原音息。」

28 編者注：全祖望：〈明故權兵部尚書兼翰林院侍講學士鄞張公神道碑銘〉，頁一九〇。原文為：「棄此十萬生靈而爭紅夷乎？」

王忠孝、都御史沈荃期、徐孚遠、監軍曹從龍，這一班向在延平左右的故老舊友，請他們協力勸諫，挽回成功的決心。但是不能如願。[29]

當時煌言困守沙埕，寂寞無告，他寫下了許多傷時感事的詩篇，如意刺延平征臺的感事詩有曰：

田橫嘗避漢，徐福亦逃秦。試問三千女，何如五百人。
槎歸應有恨，劍在豈無嗔。慚愧荊蠻長，空文採藥身。

聞說扶桑國，依稀弱水東。人皆傳燕說，地亦闢蠶叢。
篳路曾無異，桃源恐不同。鯨波萬里外，儻是大王風。[30]

但是，這些苦吟傳到「道不同不相為謀」的成功耳裡，只有一笑置之。

據說有一次，羅子木再向煌言建議，請他自己親函成功一試，煌言一腔憂急，化成了憤怒，大聲答道：「他已力疲而神耗，不會再來的了。」

「姑且由我帶了你的信去當面籲請如何？」子木自告奮勇。31
煌言考慮了一下，除此以外，更無別法，他也就接受了羅的建議，寫了一封長函，派羅子木齎呈澎湖的延平大營。函曰：

竊聞舉大事者，先在人和，立大業者，尤在地利，故晉武以獨斷而平吳，苻堅又以獨斷而敗於晉；尉陀以僻處而據粵，劉禪又以僻處而亡於

29 全譜曰：「公曾邀盧司馬若騰、王司馬忠孝、徐中承孚遠、沈中丞荃期勸延平回軍西指，蓋盧公等均在延平軍中也。」煌言詩有〈得故人書至自臺灣二首〉，似即盧等復書，故有「只恐幼安肥遯老，藜床皂帽亦徒然」及「寄語避秦島上客，衣冠黃綺總堪疑」等語。編按：事見《張蒼水集．附錄年譜（一）》，頁二二四；《張蒼水全集．張忠烈公年譜（一）》，頁二二一。詩見《奇零草》，《張蒼水集》，頁一五九；《張蒼水先生專集．詩外編》，頁一二九；《張蒼水全集．詩外編》，頁一二一。

30 編者注：《奇零草．感事四首》，《張蒼水集》，頁六十一；《張蒼水先生專集》，頁一〇三；《張蒼水全集》，頁九十八。

31 編者注：《東南紀事》，卷九，〈葉羅二客傳〉，葉十三左（頁七十二）。

魏，則人和地利審之不可不精也。

即如殿下東寧之役，豈誠謂外島可以創業開基，不過欲安插文武將吏家室，使無內顧憂，庶得專意征剿。但自古未聞以輜重眷屬置之外夷，而後經營中原者，所以識者危之。或者謂女真亦起於沙漠，我何不可起於島嶼，不知虜原生長窮荒，入我中國，如適樂郊，悅以犯難，人忘其死，若以中國師徒，委之波濤浩渺之中，拘之風土狉獉之地，真乃入於幽谷，其間感離恨別，思歸苦窮，種種情懷，皆足以墮士氣而頓軍威，況欲其用命於矢石，改業於耰鋤，胡可得也。故當興師之始，兵情將意，先多疑畏，茲歷暑徂寒，彈丸之地，圍攻未下，是無他，人和乖而地利失宜也。語云：與眾同欲者罔不興，與眾異欲者罔不敗，誠哉斯言也。

今順酋短折，胡雛繼立，所云主少國疑者，此其時矣；滿黨分權，離畔疊告，所云將驕兵懦者，又其時矣；兼之虜勢已居強弩之末，畏海如虎，不得已而遷徙沿海，為堅壁清野之計，致萬姓棄田園，焚廬舍，宵啼露處，蠢蠢思動，望我師何異飢渴，我若稍為激發，此並起亡秦之候也。惜乎殿下東征，各汛守兵，力綿難恃，然且東避西移，不從偽令，則民情亦大可見矣。

殿下誠能因將士之思歸，乘士民之思亂，回旂北指，百萬雄師可得，百十名城可收矣，又何必與紅夷較雌雄於海外哉？況大明之倚重於殿下者，以殿下之能雪恥復仇也，區區臺灣，何與於赤縣神州，而暴師半載，使壯士塗肝腦於火輪，宿將碎肢體於沙磧，生既非智，死亦非忠，亦大可惜矣。

矧普天之下，止思明州一塊乾淨土，四海所矚望，萬代所瞻仰者，何啻桐江一絲，系漢九鼎，故虜之虎視，匪朝伊夕，而今守禦單弱，兼聞紅夷搆虜乞師，萬一乘虛窺伺，勝負未可知也。夫思明者，根柢也，臺灣者，枝葉也，無思明是無根柢矣，安能有枝葉乎？此時進退失據，噬臍何及？古人云：寧進一寸死，無退一尺生，使殿下奄有臺灣，亦不免為退步，孰若早返思明，別圖所以進步者。

昔年長江之役，雖敗猶榮，已足留芳百世，若捲土重來，豈直汾陽臨淮不足專美，即錢鏐竇融亦不足並駕矣。倘尋徐福之行蹤，思盧敖之故跡，偷安一時，必貽譏千古；即觀史載陳宜中張世傑兩人褒貶，可為明鑒，九仞一簣，殿下寧不自愛乎？夫虬髯一劇，只是傳奇濫說，豈有扶餘足王乎？若箕子之居朝鮮，又非可語於今日也。

某倡義破家以來，恨才力譾薄，不能滅虜恢明，所仗殿下發奮為雄，俾日月幽而復明，山河毀而復完，其得全髮歸里，於願足矣。乃殿下挾有為之資，值可為之勢，而所為若此，則某將何所依倚，故不敢緘口結舌，坐觀勝敗。然詞多激切，冒觸威嚴，罔知忌諱，罪實難逭，願殿下俯垂鑒察，有利於國，雖死亦無所恨。謹啟。[32]

子木臨行，煌言還寫詩送行說：「中原方逐鹿，何暇問虹梁。」又曰：「此莫非王土，胡為用遠攻。閫師原將略，墨守亦夷風。」他依然寄以極大的希望說：「別有蒭蕘見。回戈定犬戎。」[33]

當然，羅子木此行，不過是徒然奔波了一趟烽火漫天的海程，一點結果也沒有得到。

・・・

辛丑（一六六一年）這年，真是多事之秋。浙閩沿海，既遭滿清嚴重的壓迫。金廈海上雖曾獲得一次小小的勝利，但也饑荒遍地，不堪敵人經濟封鎖的重壓和反間政策的活動，迫而進兵臺灣。到了冬季，消息傳來，西南情勢又告危急。駐蹕雲南的永曆皇帝，早於兩年以前，被迫流亡緬甸。但在當時，西南將領中還有李定國、白文選等均尚擁有相當兵力，遊弋中緬邊境，兩圍阿瓦，意欲迎駕返國；不幸入緬的從官相與狼狽，謊稱帝駕已經航閩。至九月，李軍甫撤，吳三桂便會同清定西將軍愛阿星以大軍分三路進入緬境，來追取永曆的

32 編者注：《冰槎集．上延平王書》，《張蒼水集》，頁十八－二十；《張蒼水先生專集》，頁一六三－一六五；《張蒼水全集》，頁一五六－一五八。引文部分字眼與原書略異。

33 編者注：《奇零草．送羅子木往臺灣二首》，《張蒼水集》，頁一四九；《張蒼水先生專集》，頁一〇四；《張蒼水全集》，頁九十八。

「逆旅之身」了；而天朝入緬諸公，也就無法拒飲緬人的咒水，一網皆盡。

滇中警訊傳來，延平有事於臺灣，煌言自然無力勤王，他在絕無辦法之中，只想起川楚之間，以前還有十三家鄖陽義師，[34]尚未消滅，也許可以請他們就近舉兵，攻楚救滇。

煌言就與延平會銜，派遣職方郎中吳鉏，懷夾帛書，間道赴楚去頒救求援。煌言並自撰上奏永曆皇帝一疏，詳陳南北機宜，略曰：

臣本書生，遭逢多難，自經創義，十有六年。雖棲山横海，備嘗艱苦，而恢復未奏，但覺有罪之當誅，實無功之足錄。蒙主上綸綍頻頒，節鉞謬寄，臣感極生慚，憤極思奮。（中敘己亥北征一役經過，刪節）復蒙主上遣監臣劉之清賷到專敕一道，時臣方收燼於浙，而使臣又停棹於閩，未獲具疏陳謝，至今悚仄。嗣聞虜氛，流突行京，不審六飛今駐何地？但稽之天意，參以民心，漢阼當興，勢過時可。順酋夭折，孤雛蒙位，足知中興有象。臣日夕圖維，自恨力綿，不能長驅迅掃，幸而舊部盡歸，新軍漸集，山東河南以及兩淮三吳義勇，無不遠通期約，摩厲以須。在延平王亦更加選練，謀定而戰，則桑榆之收，當亦未晚。第兵有犄角，則敵勢始分，使敵若潰癱，則兵威始振，況數年之間，遠邇所聞，久不知天南確訊，恐報韓之念倏衰，思漢之情旋冷，則事機得失，關係非輕，伏乞主上親統六師，出臨滇蜀，仍敕諸王公分道大舉，先遣信使星馳宣諭直省，俾天下曉然知報仇雪恥之意，將見忠臣義士，必且雲合景從矣。臣雖駑鈍，亦當持戈以待，卷甲而趨，斷不敢逡巡卻顧，以負國恩。茲以職方郎中臣吳鉏不憚萬里間關，願得陛陳恢復大計，將具疏附奏，過勝翹企感泣。35

34 川楚之間，張獻忠殘部與鄉兵會合，結寨抗清，尊奉明室者。初時，袁韜據重慶、于大海據雲陽、李召春據涪州、譚詣據巫山、譚文據萬縣、譚弘據天子城、侯天錫據永寧、朱化龍據松藩、馬應試據蘆衛、王祥據遵義、楊展據嘉定、曹勳據洪雅、劉體仁據巫山，統稱鄖陽十三家。後又與李自成殘部袁宗第、賀珍、郝搖旗等會合，同事明室，與海上素通聲息。但在此時，勢已零落。至永曆十八年甲辰（一六六四），為陝西清督李國英襲破諸寨，全部消滅。

35 編者注：《冰槎集．上行在陳南北機宜疏》，《張蒼水集》，頁二十一－二十二；《張蒼水先生專集》，頁一六五－一六六；《張蒼水全集》，頁一五八－一五九。

閩浙海上距離滇緬，間關萬里，不但交通困難，而且路隔華夷，蠟丸間使，頗不容易，所以煌言等雖然把解救滇黔的希望寄託於鄖陽義師，如煌言所作〈送吳佩遠職方南訪行在兼會師鄖陽〉詩，幻想著「雲棧凌霄起，旌旗插壁屯；金貂皆上將，鐵馬足中原」的局面，但在實際上，那個時候，所謂鄖陽十三家義軍，早已勢敝力衰，根本無兵可出的了。

煌言送吳鉏行時期望他道：「憑君馳蠟表，早晚聽鐃歌。」[36]又是一場苦心結構的幻夢。

不等吳鉏到達西南，吳三桂大兵即已兵臨緬京，威脅緬王，於十二月初二日夜，將永曆輿送三桂大營了。次年（壬寅，一六六二）四月初八，就在昆明市郊被弒。南明三個皇帝，至此均已先後殂落，明代的天下，也只剩了海上殘餘的一線，還似垂燼的燭光，在風雨飄搖中，將明欲滅的苟延殘喘。

唯一令人興奮的事，是這年年底，十二月初三日，延平王東征成功，終於趕走了荷蘭人的盤據，完全占領了臺灣。此後他一心經營臺島，而命他的長子鄭經督守金廈。

但是，高吟「堯封禹貢幾滄桑，海外何當有大荒。」[37]力主北征中原的張煌言，他的心裡，便如冰窖雪穴一般；「杞憂天墜屬誰支，九鼎如何繫一絲。」他真一籌莫展的了。

・・・

當熱烈領導民族鬥爭之初，曾經高唱過「丈夫志氣豈勳名，何況文章等芻狗！」[38]的張煌言，時移勢轉，待到辛丑、壬寅之間（一六六一－一六六

---

36 編者注：《奇零草》，《張蒼水集》，頁一四八；《張蒼水先生專集》，頁一〇二－一〇三；《張蒼水全集》，頁九十七。

37 編者注：〈有所思二首〉，《張蒼水集・采薇吟》，頁一七五；《張蒼水先生專集・詩外編》，頁一三三；《張蒼水全集・詩外編》，頁一二五。

38 編者注：〈歲在戊戌，余行年已三十九撫時感事遂以名篇〉，《張蒼水集・奇零草》，頁一二五；《張蒼水先生專集・奇零草》，頁七十；《張蒼水全集・奇零草》，頁六十七。

二），大勢顛危，一籌莫展之際，英氣漸消，而書生積習也就從寂寞中抬起頭來。夜潮拍岸，他禁不住在燈昏陋室之中，重檢舊作，一帙帙的叢殘手稿，都是他一生行誼的紀錄，他無法輕自捨棄，慢慢地手自丹黃，重加纂輯起來，親自料理「寂寞身後名」了。

煌言的老友徐孚遠於辛丑九月替他的詩集作序文，婉轉傳出煌言當時輟軍務而輯辭章的心情道：「於今又二年，江之南北，尚爾寂寥，四七之讖，為存為亡？玄箸雖復枕戈，將何所待以成大功。近輯綴其所著詩，名之曰《奇零草》，而問序於余。夫秉旄鉞以佐中興者，玄箸之志也；耽翰墨以畢餘年者，不肖遠之業也，乃輟軍務而留意於此，將意謂世事汗漫，特以暇日，泐為成書，以俟後世之知也耶？」[39]闇公此言，真不愧是煌言的知己。煌言編詩集曰《奇零草》，編散文曰《冰槎集》。文集始於辛卯（一六五一年），終於壬寅（一六六二年）九月，自撰引言曰：

嗚呼，此予槎上作也。昔之乘槎者，或為客星而直犯牛斗，或入女宿而

> 得支機，故至今羨為勝事；余獨不然，浮蹤浪跡，當淒霰嚴霜，不得已而棲托靈槎，筆墨所及，都成冰聲，則是槎也，非貫月也，亦非掛星也。而茲集所存，又皆余晚節所依，於是以冰槎名。嗟乎！水澤腹堅矣，天根盡見矣，乃從凌陰千丈間，而欲論列古今，辨正華夏，不失君臣父子朋友之義，不其難矣！異日者，東風解凍，尚有想見此槎中人而興嘆者否？[40]

煌言收編的散文不多，大都為奏書和書牘，然而，即此瀝盡丹忱的疏啟，和辭嚴義正的拒降書牘，又盡是他志節所依的血淚文章；不幸，他所想望「異日東風解凍」，得以憑此念及他這個冰槎勞人，此一微薄的願望，也須等到二百餘年以後，清社將屋時，才能實現，真是大可哀憐的了。

---

39 編者注：徐孚遠：〈奇零草序〉，收入《張蒼水集‧序跋》，頁三二八—三二九；《張蒼水先生專集‧遺著序文及跋》，頁二一四；《張蒼水全集‧序跋》，頁三八二—三八三。

40 編者注：〈冰槎集引〉，《張蒼水集》，頁一；《張蒼水先生專集》，頁一四七；《張蒼水全集》，頁一三九。引文個別字眼與原文稍異。

煌言從九歲時即已酷好詩歌，學為吟詠。此後，一生遭際歷盡坎坷，他只能把他一腔國事興廢、人風存沒的感慨，從歌詠中寄洩悲涼，數量應該不少。但是，他自二十六歲辭家入海，少作全亡；此後他的生活，漂泊閩浙，屢經兵厄水危，零落散亡，幾已無從收拾，到了此時，回頭來收輯殘篇，「思借聲詩以代年譜」，所餘已經很少，尤其三十歲以前文字幾已完全曳白。

詩集曰《奇零草》，集丙戌（一六四六年）以後甲辰（一六六四年）六月以前的所作，甲辰散軍以後蒙難諸詩另編曰《采薇吟》。壬寅（一六六二年）五月自撰〈奇零草序〉，敘述他的詩作屢經亡失的經過，亦即反映他二十年來海上生活的流離困厄。序曰：

余自舞象，輒好為詩歌，先大夫慮廢經史，每以為戒，遂輟筆不談，然猶時時竊為之。及登第後，與四方賢豪交益廣，往來贈答，歲久成箧，會國難頻仍，余倡大義於江東，楸甲敲干，凡從前雕蟲之技，散亡略盡矣。於是出籌軍旅，入典制誥，尚得於餘閒吟詠性情；及胡馬渡江，而長篇短什與疏章代言，一切皆付之兵燹中，是誠筆墨之不幸也。

余於丙戌（一六四六年）始浮海，經今十有七年矣，其間憂國思家，悲窮憫亂，無時無事，不足以響動心脾；或提槊北伐，慷慨長歌；或避虜南征，寂寥低唱，即當風雨飄搖，波濤震盪，愈能令孤臣戀主，遊子懷親，豈曰亡國之音，庶幾哀世之意。乃丁亥（一六四七年）春舟覆於江，而丙戌所作亡矣；戊子（一六四八年）秋移節於山，而丁亥所作亡矣；庚寅（一六五〇年）夏率旅復入於海，而戊子，己丑（一六四九年）所作又亡矣，然殘篇斷簡，什存三四；迨辛卯（一六五一年）昌國陷，而笥中草竟靡有孑遺，何筆墨不幸，一至於此哉！

嗣是綴輯新舊篇章，稍稍成帙，丙申（一六五六年）昌國再陷，而亡什之三；戊戌又覆舟於羊山，而亡什之七；己亥（一六五九年）長江之役，同仇兵燹，余以間行得歸，凡留供覆瓿者，盡同石頭書郵，始知文字亦有陽九之厄也。

年來嘆天步之未夷，慮河清之難俟，思借聲詩以代年譜，遂索友朋所錄，賓從所鈔次第之，而余性頗強記，又憶其可憶者，載諸楮端，共得若干首，不過如全鼎一臠耳，獨從前樂府歌行，不可復考，故所訂幾若廣陵散。嗟呼！國破家亡，余謬膺節鉞，即不能討賊復仇，豈欲以有韻之詞，求知於後世哉！但少陵當天寶之亂，流離蜀道，不廢風騷，後世至名為詩史；陶靖節躬丁晉亂，解組歸來，著書必題義熙；宋室既亡，鄭所南尚以鐵盒投史眢井中，至三百年而後出，夫以其志可哀，其精誠可念也已！然則，何以名《奇零草》，是帙零落凋亡，已非全豹，譬猶兵家握奇之餘，亦云余行間之作也。永曆十六年（一六六二）歲在壬寅端陽後五日張煌言自識。[41]

煌言筆墨的不幸，生前固然如此，而身後由於滿清政府的禁令，燒殘滅沒幾於全部淪亡。直至鄞縣全祖望撰《神道碑銘》時，稍稍收羅遺著，稱詩文結集共為八卷，其後再經增補，詮次審定，纂成張尚書集，則正文已有《奇零草》、《采薇吟》、《冰槎集》及專門記述己亥北征經過的《北征錄》共十二卷，附《鄉薦經義》一卷，全氏又作詩話兩卷，年譜一卷，附於集後，全氏撰序記述煌言就義後，他的遺著之遭受摧殘並獲救的傳聞，有曰：「吾聞尚書既被執，籍其居，無所有，但得箋函二大簏，皆中原薦紳所與往來，送入帥府，薦紳輩懼，遣說客請帥焚之，帥府亦恐搖人心，如其請，投之一炬，火既息，有二殘冊，耿耿不可爇，左右異而視之，則尚書之集也。說客因竊置懷而出，遂盛傳於人間。嗚呼！尚書之身可死，集不可泯，殺其身者，梁父亢父，所以成一代之純忠；存其集者，祝融吳回，所以呵護十九年之心氣，夫孰非天之所為者。」[42]

41 編者注：《張蒼水集》，頁五十一－五十二；《張蒼水先生專集》，頁一七一－一七二；《張蒼水全集》，頁一－二。引文個別字眼與原文略異。

42 編者注：全祖望：〈張尚書集序〉，見《鮚埼亭集外編》（《全祖望集彙校集注》，中冊），卷二十五，頁一二一〇－一二一一；收入《張蒼水集》，頁三三二；《張蒼水先生專集》，頁二〇八；《張蒼水全集》，頁三八八－三八九。

撰《續表忠記》的盧宜也有類似的傳說記敘：「當執公時，得一篋，滿中皆書札，提督張慮連染滋禍，取火焚之。適里中朱氏婦在署中為女紅師，乞得公詩文名《奇零草》兩帙，今與北征記祭張侯服文答王招撫王兵道趙督院書並傳於此。」[43]

這兩個傳聞，一說送入帥府，當為浙江總督趙廷臣處，而為中原薦紳的說客乘機竊出。一說是為寧波提督張杰於逮捕時搜獲，焚毀時為一女紅師朱氏所乞得，微有不同，然而事實大體還不怎樣歧異；假如這個傳說可信，則有兩個事實非常值得注意。當時滿清人雖然早已一統中國，但是中原人心未死，而遠踞海島的煌言，結客東南，聲氣之廣，實在令人驚服。其二由上列的傳說，煌言親手編訂的遺集，雖似幸逃毒火，應該尚存人間的，然而康、乾間的全祖望已經不能看到原本，他只是從私家收藏中零碎編湊成集的，而且乾隆年間，編纂《四庫全書》時，再經銷毀，所以到了咸同年間，趙之謙補編《張忠烈公年譜》時，即全氏編本也已滅沒難求了。他在譜序上說：「自乾隆中，東南收繳禁書，遺黎私記，窮里複壁，罔敢伏匿，抽毀既定，殘無百一，今已半歸滅沒。」[44]趙之謙所看到鄭姓所藏題作全祖望輯的年譜，據他考證卻是一本內容荒謬，歲月顛倒的托名偽書，另外也只在冷攤上得見了《奇零草》殘寫本七葉而已。

清末光緒年間，民族運動重起，煌言的遺作才又陸續出現，潘文慎先刻《冰槎集》（不全）、《北征錄》於《乾坤正氣集》，光緒乙酉（一八八五年）杭州丁丙（松生）求書於故家，傳得舊鈔數冊，喜極欲狂；但因「編錄失次，雜不可整理。」連忙寄給大興傅以禮（節子），由傅手校數過，再添入《乾坤正氣集》內的材料，「補所未備，匯鈔一帙以贈。」當時此書似是深藏丁氏八千卷樓，並不傳布，因此，不但同時鄉人如趙之謙者既未獲覯，即至

43 編者注：引文見闕名〈兵部左侍郎張公傳〉盧宜的按語，載《張蒼水集》，頁二六一—二六二；《張蒼水先生專集》，頁三六九；《張蒼水全集》，頁二六一。

44 編者注：引文見《張蒼水集》，頁二二九；《張蒼水先生專集》，頁二三八—二三九；《張蒼水全集》，頁二二五。

清季末年，餘杭章太炎輯印《張蒼水集》二卷時，似也未見丁本，必須入民國後，八千卷樓藏書公開，才由太炎門人順德黃節（晦聞）根據丁本釐定增益，重輯全集，復十二卷原編，以國粹叢書排印本行世。其後，煌言同時鄉人高允權編本，又經發現，可資勘校者甚多，於是煌言積一生血淚寫一代殘局的史詩，才得重見天日，[45]但它在滿清暴力壓迫之下，已經沉埋了二百數十年之久，不但與鄭所南的《鐵函心史》，後先媲美，想到他說：「異日者，東風解凍，尚有想見此槎中人而興嘆者否？」這話時沉痛的心情，真使後之讀者欲為一掬同情之淚了。

煌言的詩文，本來是文獻的價值高於辭采。〈奇零草自序〉也說：「思借聲詩以代年譜。」並不是徒逞翰墨的辭章，然而，就辭章說，不但為當時大家所推重，全祖望也稱他：「才華橫溢，藻采繽紛。」推為一代大手筆，並且指出煌言在文學方面的薪傳木本，說：「明人自公安竟陵，狎主齊盟，王李之壇，幾於堙塞，華亭陳公人中，出而振之；顧其於王李之緒言，稍參以神韻，蓋以王李失之廓落也。人中為節推於浙東行其教，尚書之薪傳出於此。及在海上，徐都御史闇公故與人中同主社事，而尚書壬午齊年也；是以尚書之詩古文詞，無不與之合。」[46]

人中是江南大名士華亭陳子龍的字，號臥子，曾以進士為紹興推官，與徐孚遠（闇公）等結松江幾社，為盟主。弘光朝任兵部尚書，嗣因馬阮當國，乞假歸里，南都淪陷後，曾經一度披剃為僧，後來又與夏允彝等結兵太湖，為浙西義軍中的翹楚，松江吳勝兆反正之役，事敗牽連被捕，投水自殉。徐孚遠與煌言是壬午鄉試同年，又是海上救亡的同志，初與煌言等同事魯監國，後歸鄭氏，兩人聲氣應求，往還甚為親睦。煌言壬辰作贈徐闇公年丈詩，敘述兩人的交誼說：

45 編者注：有關後人對張煌言詩文的整理及傳播，可參看相關的序跋，見《張蒼水集·附錄序跋》，頁三二七－三四三；《張蒼水先生專集·遺著序文及跋》，頁二〇七－二三二；《張蒼水全集·附錄一序跋》，頁三八一－四〇二。

46 編者注：全祖望：〈張尚書集序〉，頁一二一〇；《張蒼水集》，頁三三一－三三二；《張蒼水先生專集》，頁二〇七；《張蒼水全集》，頁三八八。

竹箭東南橫得名，飛來龍劍卻爭鳴。誰云四海同科第，自是中原一社盟。[47]

他們不僅是同年，也還是社友。他在詩尾還相約將來事定以後，相偕歸隱。說：「他年若遂蓴鱸興，擬共山陰道上行。」如此交誼，如此的聲應氣求，他們之間文字風格的影響，也就非常深刻的了。

何況煌言賦性豪邁，而一生遭際又如此，自無怪他的文體，在格律和精神上，都與臥子恣肆沉雄的風調互相吻合。

慷慨豪放的徐孚遠也曾據此以占國運的再興，詩序說：「余聞詩能窮人，又聞窮而後工於詩。今玄箸之詩，其氣宏偉而昌高，其詞瞻博而英多，盡明堂之圭璧，清廟之賁鏞也。長離一鳴，世以為瑞，況律呂之相宣乎！夫氣有盛有衰，先動於人心，取玄箸之詩而詠歌之，不特審音可比於夔曠矣，我明之再興可以推矣，何必反覆前代之已事，而為憂恤者！」[48]

後有奠邑秦川者[49]跋蒼水詩，更言：「十九年間漂泊於波濤颶浪之中，竭蹶於干戈顛沛之際，履危蹈險，辛苦萬端，宜其音之哀且促矣。今觀《奇零草》文辭和雅，氣韻平舒，有從容瞻就之風，而無淒颯倉皇之態；有慷慨憤起之情，而無卑靡挫折之念；至若興趣所臻，風流跌宕，冠裳所集，意象崢嶸，覽厥體製，有直追嘉隆盛時諸作者，何其音之不類也？噫！我知之矣。昔者，典午凌夷，江左繼祚，新亭之會，四座興悲，而王茂弘獨曰：當共戮力王室，恢復中原，奈何作楚囚狀耶！玄箸之意，蓋在於此。」[50]

而且，煌言於詩，更有他自己的見解；他認識生活環境對於文字的影響力

47　編者注：《奇零草．贈徐闇公年丈三首（二）》，《張蒼水集》，頁九十一；《張蒼水先生專集》，頁二十五；《張蒼水全集》，頁二十四－二十五。

48　編者注：徐孚遠：〈奇零草序〉，見《張蒼水集》，頁三二九；《張蒼水先生專集》，頁二一四；《張蒼水全集》，頁三八三。

49　奠邑秦川者，慈溪鄭溱，世稱平子先生者是也。以避清人耳目，作序不敢露真姓名，拆字署之如此。

50　編者注：鄭溱〈張蒼水公遺著跋〉，見《張蒼水先生專集》，頁二一六－二一七；《張蒼水全集》，頁三八六。

量很大，非到沉著纏綿的境地，不能有深切的文字，所以他同意窮而後工的原則；他反對踵步前人，刻畫舊體，他以為有新生命應有新創造，新詩人應該感自己之所感，言自己所欲言，摹擬陳跡，宛如削足就履，襲貌遺神。舊的已經死亡，何必再去自尋桎梏。還有一點，他力主詩的格律，他的意見是格律必須精密，但非機械的雕琢，而須具有本身的神韻。神韻者，半固發於才情，譬如禪鋒；半亦由於涵養，苦思方得，非盡精竭力何得詩魔。他這樣的詩文觀，見諸他的文字者如：

甚矣哉！懽愉之詞難工，而愁苦之音易好也。蓋詩言志，懽愉則其情散越，散越則思致不能深入，愁苦則情沉著，沉著則舒籟發聲，動與天會，故曰詩以窮而益工，夫亦其境然也。（曹雲霖詩集序）51

樞不朽，流不腐，文章一道，倘陳陳相因，寧付之祝融氏之為快也。究之秦皇焚書而書存，漢儒窮經而經亡，嗚呼！是豈焚之罪也哉。況乎風雅

之林，日趨於新，而動輒刻劃開寶，步趨慶曆，譬之寒灰，其能復燃乎？（陳文生未焚草序）[52]

從來儒墨分席，然詩律，可通於禪，禪鋒每寄於詩，是何以故？蓋詩家格律甚精，不遯虛空之昧，而禪家機鋒相觸，原具風雅三摩，故禪有魔而詩亦有魔，而詩稱聖禪亦稱聖，超悟者，本無殊趨也。（梅岑山居詩引）[53]

51 編者注：《張蒼水集》，頁三－四；《張蒼水先生專集》，頁一六八；《張蒼水全集》，頁一六二。

52 編者注：《張蒼水集》，頁四十六；《張蒼水先生專集》，頁一八〇；《張蒼水全集》，頁一七四。

53 編者注：《張蒼水集》，頁四十七；《張蒼水先生專集》，頁一八一；《張蒼水全集》，頁一七五。

煌言對於詩文的見解，即此簡約的三說，已足見出他於形式無論內容，都具有獨到的革新的態度；由此也足以反映他的人格裡面獨立自由的精神。

第七章

濡羽救火的鸚鵡

昔有鸚鵡，飛集陀山。山中大火，鸚鵡遙見，入水濡羽，飛而灑之。天神言：爾雖有志意，何足云也？對曰：嘗僑居是山，不忍見耳。（周櫟園《書影》）[1]

煌言在沙埕一住三個多月，延平既已東赴臺灣，一般閩人對他更加冷淡，一切資糧都得不到接濟，「金盡糧空」，窮到絕頂。他自述此時情況，有〈沙關感懷〉詩：

漂泊終何濟，蕭然一撫襟。呼童刪白髮，結客煉黃金。擊水垂天翅，依風縮地心。得閒聊把卷，非敢學書淫。[2]

煌言本為依靠鄭氏才到沙埕來，既然得不到任何幫助，他就再萌歸計，兩次皆因風阻，沒有走成。其間曾寫一封〈答曹雲霖監軍書〉，訴說他此行的失望。

曹名從龍，字雲霖，曾任黃斌卿的監軍，他們同在舟山時，相處甚歡，曹也喜歡做詩，煌言為他的詩集作過序，後來曹佐成功幕府，兩人交誼還甚密切。書云：[3]

徐兄來接有手教。想徐兄掛帆時，敝差官尚未到臺城，故社翁不審北方消息耳。然敝差官去後，浙事又一變，及徐兄至，弟已移師寓沙關矣。種種虜情，已具在前日報文內，不必更贅。獨是偽令遷徙沿海居民，百萬生靈，盡入湯火中，洶洶思動，惜無一勁旅，為之號召，以致顛連莫告，我輩坐視其荼毒而不能救，真愧殺也。

1 編者注：周亮工：《書影》（上海：上海古籍出版社，一九八一年），卷二，頁四十四。

2 編者注：《奇零草》，《張蒼水集》，頁一〇五；《張蒼水先生專集》，頁一〇四；《張蒼水全集》，頁九十八。

3 編者注：《冰槎集・答曹雲霖監軍書》，《張蒼水集》，頁二十三；《張蒼水先生專集》，頁一六七－一六八；《張蒼水全集》，頁一六一－一六二。

弟棲遲沙關，幾三月矣，金盡粟空，誰能為景升仲謀者，只得仍圖北返，兩番鼓棹，又以石尤留滯；今春風至矣，決計回浙，亦旦晚間事。弟非不知兵力單極，況二阮一陳，俱徘徊閩境，則弟聲勢更孤；然弟之區區，以為寧進寸毋退尺，寧玉碎毋瓦全，其素志然也，但不知果能自存否？近有小詠云：虬髯空擬浮家去，雁足虛傳屬國還。又云：平原一旅真孤掌，可有天戈靈武間。感慨系之矣。4

弟中夜自念，一片孤忠，是天地間一男子，而時勢交迫，終不克一昂首伸眉，夫亦命也已！竊意延平王為千古第一流人，欲為千古第一等事，又何忍使同仇阽危，而不策應耶？

閩海遷徙，十已八九，將來南北魚雁，必愈闊疏，握手之期，杳未可料，幸社翁努力！努力！倘張生或以鬥死，或飢餓而死，社翁能不一為表揚否耶？

徐兄適會弟於阮塗，勿克稍為分潤，何梁伯鸞偏遇范萊蕪乎？一笑。

煌言即於翌年壬寅（一六六二年）二月，所謂「春風解凍」的時候，還軍浙江臨門。他平日奔波這一趟，不得不仍然帶著一班飢餓的袍澤，再冒風濤，黯然重回茫茫的來路，心裡的痛苦，自然不言可喻，而他作〈北回示將吏〉一詩，還勉強安慰他們道：

利鈍寧能料，孤軍又北回。同仇計左矣，遺老思深哉。
破斧烝徒義，持籌參佐才。古來忠孝事，天地每相哀。[5]

---

4 原詩繫年辛丑，題作〈愁心〉，全詩曰：「一片秋明遶萬山，愁心似水轉相關。虬髯空擬浮家去，雁足虛傳屬國還。聲入鼓鼙龍自鬥，夢回砧杵鶴難攀。平原一旅真孤掌，可有天戈靈武間？」編按：《奇零草》，《張蒼水集》，頁一一三；《張蒼水先生專集》，頁一〇五；《張蒼水全集》，頁九十九。

5 編者注：《奇零草》，《張蒼水集》，頁一五七；《張蒼水先生專集》，頁一一〇；《張蒼水全集》，頁一〇三。

當他回浙不久，就接著雲南方面的噩耗，流亡緬甸的永曆皇帝終於為緬甸人出賣，送到昆明被吳三桂絞死於市郊。另一消息是煌言在故鄉的親屬又先後被滿清政府逮捕入獄，煌言以「驚聞行在之變，正值虜廷逮余親屬，痛念家國，心何能已」為題紀詩曰：

自分孤臣九死應，國仇家難轉相仍。埋名恨不同梅尉，誓旅知非擬駱丞。芳草王孫歸莫望，蒼梧帝子去無憑。枕戈此日將何待？仰視浮雲一撫膺。[6]

東南海上抗清復明的義師，十幾年來，憑陵風濤，力求發展，雖然屢經挫折，依然奮鬥不懈；不過，戰爭殘酷的破壞，沿海地區的人力物力有限，再加以滿清政府徹底的「清野政策」，無論兵源，無論糧秣的供應，都已到了骨乾髓盡，現在滿清政府一面積極招降，一面對於不肯投降的人，便把他們留在大陸的親戚朋友，直接施予凶殘的屠殺，利誘威脅，雙管齊下。

煌言在故鄉鄞縣的親屬之到現在再被進一步毒害者，以此。

煌言的夫人和兒子萬祺，現在已被當作重囚，移送到鎮江監獄監禁起來了。他的父親圭章先生，早因貧窮和憂愁交相煎迫病死於壬辰（一六五二年），他的二叔堯章早世，三叔憲章此時也已死了，鄞縣城中雍睦堂張家，本就只仗他的四叔封章在支持門戶，哪知壬寅（一六六二年）正月下旬，清吏居然伸出魔掌，將這七十七歲的老人也加以無情的逮捕了，不但囚繫監獄，而且五刑齊用，慘酷難言。稍後，更連累到他已經出嫁的胞姊和姊夫費禕舫[7]，都被株連入獄，甚至又廣開告密之門，恐怖的威脅照臨到他的朋友故舊，橫被「通海」的罪名，牽連就縛。煌言有〈聞族屬被逮且以告密波累親朋〉一詩，紀其悲憤說：

---

6 編者注：《張蒼水集・奇零草》，頁一六〇；《張蒼水先生專集・詩外編》，頁一二九；《張蒼水全集》，頁一二二。

7 據張氏族譜載煌言之姊一人，嫁費禕舫。

> 宗國既飄搖，家門遂顛覆。感此多難心，欲泣不成哭。我生實數奇，乾坤方百六。猰貐滿中原，赤靈社已屋。逋臣骨可糜，豈敢惜孥戮。所悲諸父行，斑白攖三木。女兄與所天，株連遭桎梏。幸或作流人，否亦登鬼籙。稚子竟何辜，十載尚淹獄。仳離有寡妻，墨幪兼緇幗。國亡家亦亡，我固甘湛族。邇聞告密風，舊遊復被錄。白虹慘欲垂，黃金貧莫贖。天地豈不寬，誰念忠之屬！唯應千秋名，芬芳追王蠋；泗涕慰親朋，安知此非福！[8]

在這一場酷虐的惡變之中，煌言近親中唯一得以倖免的，只有他的女兒，就是嫁給全美樟次子做媳婦的那位獨女。這一份親戚（即全祖望的族母）全因他的親家翁具有遠見，先已舉家遷寓天台黃岩，才逃了這場浩劫。據全祖望說：全穆翁當初在黃岩租賃房屋時，原意本為準備煌言歸來時避居之用，不料後來卻做了自己一家的逋逃之所。

煌言的四叔父，究竟年紀大了，禁受不住嚴刑拷打，即於同年四月十三日瘐死獄中。他四叔父的兒子昌言於六月間逃到煌言軍中，煌言才知道他叔父的死訊。至於他的姊姊和姊夫結果如何，雖然無可考見，不過大約也難逃同一的命運，「幸或作流人，否恐登鬼籙」的了。此時另有一個從姊的外甥幸得逃出死網，奔就煌言軍中。煌言一見這位亡命而來的顯甥，[9]悲念姊氏，自不禁萬感鑽心，滂沱涕淚起來。

8　編者注：即〈虜廷以余倡義既久，屢復名城，遂逮及族屬，且開告密之門，波及親朋，榜掠備至，聞之泫然〉，《張蒼水集・奇零草》，頁一六二；《張蒼水先生專集・詩外編》，頁一三四；《張蒼水全集・詩外編》，頁一二七。

9　據《鄞志》注，及高允權編集注，均言阿顯為傅蓉鏡小字。蓉鏡名攀龍，有雋才，諸生，隨父從軍，遊歷患難，亂定，傲游諸幕府，後設教鹽官以自晦。按煌言詩稱，似顯甥之父並為清人所執，且族譜姊婿姓費，似為從姊妹之子，非為嫡甥。又煌言就義後，另有一甥朱相玉者購其頭歸殮者，當亦為另一從甥。編按：見《張蒼水集・人物考略》，頁三五〇；《張蒼水先生專集・詩外編》，〈顯甥奔至・人物考略〉，頁一二八；《張蒼水全集・詩外編》，〈顯甥奔至〉注文，頁一二〇—一二一。

初聞購孺子，何幸脫蘆中。執手哀吾姊，囊頭並若翁。死生盡一別，忠孝已雙窮。淒絕青山外，鵑啼血倍紅。[10]

煌言一身赴義，生死度外，但是敵人的酷虐，竟禍延到所有的親屬朋舊，他自不免臨風北望，以歌當哭，作〈聞家難有慟〉四首：

仇國言終驗，衰門祚亦危。痛心唯骨肉，耄及受參夷。
白首青楓暗，黃腸廣柳遲。百端交集處，能不碎心脾。

家破原因我，何堪玉並焚。亢宗空有子，函夏已無君。
左衽與亡決，南冠生死分。拊棺猶未得，揮淚結玄雲。

孤竹行吟後，家無四壁存。更聞宗欲墜，不但族先燔。
蹭蹬孤臣節，踉蹌孝子魂。願為雙白鶴，飛去叩天閽。

淫威何太甚，原外鶺鴒鳴。空擬班昭疏，甘成聶政名。
肝埋有處士，腸斷是零丁。遙識江胥路，霜飛獨滿城。[11]

煌言的父親和妻子的遭遇，固然已經慘極，但最後連他唯一存活的長者——四叔父，煢煢支持雍睦堂張家的老翁也跟著受了荼毒，瘐死獄中。他的三個從弟，總算逃出了兩個：嘉言和昌言偷偷渡海，來佐軍幕，最稚小的德言和家中老弱的女流也都不得不東逃西竄，下落難明；滿清統治者，刺刀尖竟又指向他的姊姊的外家，他的從姊的夫翁，甚至連累到與他曾有交遊的故舊，煌言所遭受異族的淫威，竟在破家滅族以上。

10 編者注：〈顯甥奔至〉，《張蒼水集・奇零草》，頁一五七；《張蒼水先生專集・詩外編》，頁一二七；《張蒼水全集・詩外編》，頁一二〇。

11 編者注：《張蒼水集・奇零草》，頁一五七－一五八；《張蒼水先生專集・詩外編》，頁一二八；《張蒼水全集・詩外編》，頁一二一。

煌言有〈祭四叔〉一文，瀝述他的破家的感愴。原文云：

嗚呼叔父，其死獄中矣。其得疾而隕耶？抑感憤引決耶？侄自丁國難，倡義辭家，迄今十有七載，吾父見背，路隔華夷，奔喪無所，至今抱恨終天。嗣是門衰祚薄，猶幸叔父支持，歲時伏臘，祖宗血食不絕如線，今則已矣，春仲侄提師北還，始知叔父於正月下浣被虜拘執，業赴省獄矣，侄聞之痛心疾首，計叔父篤老，南冠泥首，形影龍鍾，其能久乎？未幾而訃果聞矣。

吾弟昌言以虜網四張，幸而得脫，潛鱗戢羽，將母蘆中，既不敢槖饘相救，亦不敢含斂躬親，故叔父易簀之期竟不可聞，而訃音亦得之友朋之書，及六月三日弟來，始知叔父以四月十三日捐館，方敢為位而哭。叔父年已垂老，因侄抗節，遂以瘐死，是叔父因侄而亡，侄寧不痛心乎！

古來教子弟者動以忠義為訓，豈意忠義可為而不可為耶？自古何代無廢興，其間必有忠臣義士，仗節抗旌，思扶王室，因以傾家者往往有之，若尊行受禍，亦不少概見，今逆虜滅天經，斁人倫，株連波累，致叔父畢命圜扉，侄獨何人，寧不肝腸寸裂耶！

侄自倡義以來，屢蹶屢奮，幾於嚼雪呑氈，臥薪嘗膽，虜招之不應，購之不克，始逮及妻孥，故新婦與祺兒錮獄已經十載，侄義不返顧，自分為劉琨為卞壼矣，何其復貽禍叔父耶。前此叔父之得免者，虜視侄無甚輕重也，及己亥侄入長江，連下名城數十，虜遂畏侄恨侄且忌侄，而誅求不遺餘力，即吾姊與姊丈，暨二三故交，亦在不免，而況叔父耶，於乎痛哉！

叔父雁行有四，吾父居長，止生侄一人，二叔父早亡無嗣，三叔父以壽終，生從兄弟三人，長嘉言次昌言又次德言，叔父無所出，昌言遂為承祧，然初無家人產，今叔父已逝，侄與嘉言俱在軍次，歸里無期，季弟德言尚稚弱，恐不任箕裘，則高曾之不祀忽諸，是侄未能報國，先已亡家矣，於乎痛哉！

近者，聞共主蒙塵，而侄且重遘家難，天道其果有知耶，其果無知耶？豈春秋大義徒虛語耶？侄不能為復楚申胥，必須為奔鬲臣靡矣。但既無秦庭可哭，又鮮有鬲可奔，恐終當為伏柱豫生耳。嗚呼！歸櫬何時，拊棺莫望，徒有泣血而已，於乎痛哉！[12]

嘉言，早於戊戌年（一六五八）即冒險逃來海上就煌言舟山營幕，幫他哥哥治軍。煌言詩以志喜，有

消息鴒原家難後，行藏闤市國仇來。孤蹤橫被黃金笑，晚節爭禁白髮猜。回首故園花萼冷，誰知三徑總蒿萊。[13]

之句。至是年六月三日，昌言再來，他們張氏門中，煌言一輩四個嫡堂弟兄，已有三人寄命海上了。

・
・
・

煌言回軍臨門後不久，鄭氏內部閩臺之間，發生了不幸的分裂。

當時成功自駐臺灣，曾命長子鄭經督守金廈兩島。鄭經與他弟弟的乳媼陳氏私通，生了一個兒子。起初成功以為是鄭經侍姬生孫，非常高興，不料鄭經和他的太太感情不睦，他太太的祖父尚書唐顯悅便寫信給成功，揭破了這一祕密，並且譏責成功「治家不正，安能治國」。此在正氣充盈性烈如火的延平王，又如何忍受得下，大怒，立刻傳命鄭泰就地監殺董夫人論以治家不嚴之罪，並斬經及陳氏母子。

金廈方面的將領，除遵命將陳氏母子殺了，報命到臺外，並具公啟為董夫人及鄭經請赦。哪知成功不許，堅令原使必須依照前令行事。此時，金廈方面

12 編者注：《冰槎集．祭四叔父文》，《張蒼水集》，頁二十五－二十六；《張蒼水先生專集》，頁一七二－一七三；《張蒼水全集》，頁一六五－一六六。

13 編者注：《奇零草．喜從弟至兼寄中表》，《張蒼水集》，頁一二九；《張蒼水先生專集》，頁七十六；《張蒼水全集》，頁七十二－七十三。

的將領，心懷疑懼，忽然又發生另一種謠傳，說成功將派遠征南澳歸來的大將周全斌、移軍來閩，執行斬令，並將問罪違令的人，禍且不僅鄭經母子。

這個謠言使當時危疑動搖的金廈，人人惶懼起來，於是兩島的將領鄭泰、洪旭等為了保障自己的安全，一面調兵嚴守大擔，把周全斌設計騙到，將他拘執起來，一面續上第二次公啟專呈臺灣，除繼續代鄭經求赦外，竟說了「報恩有日，候闕無期」的話，儼然含有分疆拒命的口氣。從此以後，閩臺之間，訊息全絕了。[14]

但是，延平尚在，安能聽任亂臣孽子割據金廈？閩臺之間內難剿亂的戰火，真有一觸即發之勢。這項消息傳到臨門時，煌言最初即為逗留金門的監國魯王的處境擔憂。不過再一深思，此時滇明已亡，正統待續，延平入臺以後，一時難望共謀中原，倘能趁金廈將領危疑渙散的機會，利用時勢，進行收羅，也許事勢轉移，倒反而可以另開一個局面。煌言想到此處，心熱如煬，雖有種種顧慮，不能插翅飛閩，但也立刻上啟魯王，竭力勸說監國必須緊緊抓住這個千載難逢的機會。啟曰：

春末閱虜邸抄，知去年十一月緬夷內變，導虜入緬，致我永曆皇帝蒙塵，一時扈從宗室官員無一得免，惟吉王自縊以殉，而晉藩李定國入海，鞏昌王白文選亦遁深山。臣聞變之日，肝腸寸裂，猶謂狡虜詐傳，疑信參半；及四月中旬，聞宮眷竟從鎮江北轅矣。思維我太祖高皇帝聖德神功，豈意後王禍等徽欽，辱同懷愍。或者剝極而復，天意有歸，故虜亦厚其毒而速之亡也。

但中華正統，豈可久虛，只今虜亦以諸夏無君，偏張偽檄，熒惑視聽，四顧敷天，止海上尚留左袒，臣以為延平藩必當速定大計，以伸大義，亟誓大師，以報大仇，而至今寂寂。道路謠傳，又有子弄父兵難信之事，臣中夜彷徨，竊恐孤島孤軍，難以持久，況復加以他故，譬羸尩之夫，胸胃轉增雜疾，其能久乎？

只今虜遣偽招撫於浙閩廣，每省二人，以解散海上，若不及早經營，則

14 編者注：事見《臺灣外記》，第二冊，卷五，頁二一〇—二一一。

> 報韓之士氣先衰，思漢之人情將輟，臣惟有致命遂志，以了生平。獨所惓惓者，主上遷旅島嶼，不獨與閩人休戚相關，亦且與閩海存亡相倚，萬一變生肘腋，進無所依，退無所往，有不忍言者矣。
>
> 既恨臣力太綿，不敢輕為迎駕，復顧臣心獨苦，又不敢輒行趨扈，計惟在閩勳鎮，正在危疑之際，不若急用收羅之術，以為擁衛之資，然後速正大號，俾天下曉然，知本朝尚有真主，中國自有正統，在屯之稱建侯，在渙之言享帝，正此義也。於是，傳檄省直，刻期出師，雖強弱懸殊，利鈍莫必，而聲靈宣布，響應可期，倘皇天未忘明德，則興滅繼絕，端在主上，此非欲邀福也，免禍亦宜然；即未暇雪恥也，圖存亦宜然。
>
> 臣今擬上詔書一道，伏乞主上密與寧靖王及諸縉紳謀之，發奮為雄，以慰遐邇，臣曷勝激切翹望之至。[15]

煌言極想親自趕去金門，翊助進行，但是他怕招致在閩勳鎮的疑忌，所以說「復顧臣心獨苦，又不敢輒行趨扈」者以此。

煌言拜發第一次奏疏時，還不知延平王已於當年（即壬寅，一六六二年）五月初八日薨逝臺灣。只因當時閩臺隔閡，浙閩之間交通又甚稀少，所以煌言得訊已經遲至七月中旬了。

成功賦性激昂，一生英武，怎能容忍自己的部下構兵內難，怎能容得自己的兒子和叛將勾結，犯上作亂；金廈方面對他調人遷眷的命令，一概不遵，且把他派出的大將拘執羈囚，而且從此音訊斷絕，儼然劃江拒命起來，如何不叫他悲恨欲絕。繼又傳聞永曆在滇蒙難的消息，成功瞻念國族前途，又氣憤自己的家庭變故，憤怒和哀傷交相襲擊，便以風寒微疾，形成重病。五月初八日這一天，他還扶病起坐胡床，痛飲酒，令左右請出太祖聖訓來翻讀，愈讀愈使他哀毀欲狂，讀到第三帙時，忽然悲愴長嘆道：「吾有何面目見先帝於地下？」[16]

15 編者注：《冰槎集．上魯主啟（上監國魯王啟）》，《張蒼水集》，頁二十六－二十八；《張蒼水先生專集》，頁一七三－一七四；《張蒼水全集》，頁一六六－一六八。

16 編者注：《臺灣外記》，第二冊，卷五，頁二一一。

隨即兩手自抓顏面，抓到創痕累累，扳面而逝。時年僅三十九歲，春秋正盛的一代英豪，就此長逝了。

煌言得到這個突如其來的噩耗，正似轟雷貫頂，不禁搥胸痛哭起來，悲呼道：「完了！完了！我們一點希望也沒有了。」[17]

延平之於煌言，自始特別敬重，當浙軍來歸鄭氏的時候，煌言雖然不肯徑隸延平麾下，但自壬辰（一六五二年）以至壬寅（一六六二年），整整十年，他始終受著延平的支持與扶植，煌言在私誼上對延平不能沒有知遇之感。雖然，他和張名振在過去幾次與閩人合作遠征的過程中，曾有若干不愉快的回憶，但大抵都是將領之間的歧視與摩擦，不是延平的本意，只有在東征臺灣一事上，認為延平業已絕意中原，最使煌言失望，然而無論如何，延平始終不與敵人妥協的志節，延平雄才大略的措施，不能不使煌言服膺；而且就實力而論，興復大業所依恃的海上軍力，集於延平一身，而今忽然梁木摧頹，大廈將何支撐？本已離隙嫌怨的閩臺雙方，假如真的發生內戰，僅存的一點民族力量，自相抵消，必將為敵人所乘而全部覆亡。煌言興念及此，他又怎樣能夠不這麼絕望地呼號「完了！完了」。

但在另一方面，成功既死，閩臺之間的分裂更將加深，他更堅定他的意念，要及時加緊進行，使無主的閩軍，有正確的領導，不致渙散。因此，他立即分函延平嗣王鄭經及留在閩南的遺老，邀請他們出來主持：申大義，定正統。如〈祭延平王文〉所言：

豈無雙舄，載彼歸航。應有三矢，捧茲遺囊。緊維善繼，厥後克昌。18

他是那樣熱切地注意著他們的動向。

17 編者注：全祖望：〈明故權兵部尚書兼翰林院侍講學士鄞張公神道碑銘〉，頁一九〇。原文為：「公哭曰：『已矣！吾無望矣。』」

18 編者注：《張蒼水集·冰槎集》，頁三十；《張蒼水先生專集·文外編》，頁一九三；《張蒼水全集·文外編》，頁一八八。

在閩南方面，自從聽到永曆皇帝蒙塵的消息，金廈兩島上的一批遺老舊臣之間，確也曾在醞釀著同樣的政治主張，他們大抵都是儒臣，認為國不可一日無君，而海上宗室中適當的繼紹正統者，當然以魯監國最為名正言順；不過雲南方面的噩耗初至時，延平尚在，大家在等待延平的表示，何況，其時閩臺雙方氣氛甚壞，一時不便發表這樣的主張。不料延平驟薨，閩南的情形，便更加混亂，擁兵的「勳鎮」惶惶不安，臺灣方面卻又似將自成局面，那一班實力圈外的儒臣，積極想發動擁戴的政治運動，請魯王出來繼纘正統，用以戢止內部的分裂，統一海上明室的基礎。

來自臺灣的凶聞初到，閩南擁戴之議，便接著熱烈進行起來。煌言聞訊，先有〈覆盧牧舟司馬若騰書〉，即充分表示他對此的熱望，希望盧以閩中元老的身分，出來收攬帶兵的勳鎮，擁立魯王。書曰：

> 十餘年來，南鱗北羽，往來如織，每於老祖臺曠焉聞問，豈其疏節，知老祖臺閉門卻掃，尋常寒暄，不足以塵典籤也。

近聞蒼梧不返，炎鼎幾燼，而飛熊星隕，適與輻湊，國瘁人亡，何能無淚？今虜實偏布楚歌，熒惑觀聽，正恐成紀茂陵，今亦不可復得，自非乃心王室，以申大義，即號召必且不靈，未審尚有竇周公在否？某才非鎖鑰，勢單援絕，孤貧特甚，倘老祖臺肯執耳齊盟，則元老臨戎，軍勢克振。況并州士女，誰不感切棠陰，若糾一旅溯泗流而北，百里之內，牛酒日至，天下事尚可為也。祈早商同志，勿使祖鞭先著，幸甚，幸甚！[19]

煌言此時更有〈感懷兼悼延平王〉一詩，又著實恢復了他對大局的樂觀和興奮：

19 編者注：《張蒼水集．冰槎集》，頁三十二–三十三；《張蒼水先生專集．文外編》，頁一八六；《張蒼水全集．文外編》，頁一八〇。

擬將威鬥卻居延，捧讀珠盤事渺然。龍鬥幾人開貝闕，鶴歸何處問芝田？引弓候月爭相賀，掛劍寒雲只自憐。想到赤符重耀日，九原還起聽鈞天。[20]

但是，曾不多時，閩臺的局勢急轉直下，把閩南遺老的計畫和煌言的美夢，一下打得粉碎。

成功死後，在臺灣方面的將領立刻推舉成功的弟弟鄭襲護理國事，鄭襲的左右就向掌握兵權的黃昭、蕭拱辰活動，偽造成功遺命，拒經奉襲為東寧之王，並且布置兵馬，扼守沿海險要。這一邊，金廈方面，世子鄭經等人聞訊後，即日召集閩南的將領會商，鄭泰、洪旭、黃廷、馮澄世等立即擁戴鄭經繼承延平王爵，一面發喪，一面準備率兵東征。

當嗣立糾紛初起，閩南人心惶惶，軍情緊迫，大家所憂愁所注視的只是鄭襲、鄭經叔侄兩人鬥爭的發展，這時候怎容再有其他活動，在混亂中增加混亂呢，何況打算推戴魯王的人，又不過是一班峨冠博帶手無縛雞之力的儒臣，一遇風雲緊急，個個都變成了噤口的寒蟬。

不但如此，在這樣局面之下，僑寓金門的魯監國，其本身的處境只有更加危急。

蓋自滇南噩耗傳來之後，閩臺內部糾紛初起之時，就有若干將領疑忌魯王，對他眈眈注視。延平既逝，魯王的安全更無保障，所以當他讀到煌言的第一次奏疏時，即便派了御史陳修，來到臨門，反和煌言商量要想移蹕來浙，以求安全的庇護。

然而臨門地接敵境，原是個風鶴頻驚的死域，萬萬不是監國駐蹕之所，金門既已住不下去，煌言只得諫請監國移駐沙埕，一則可與自己的駐地接近，緊急時互有呼應，二則可以避開金廈的混亂，以防意外，若是時遷勢轉，號召和聯絡，都非常方便。

20 編者注：《張蒼水集．奇零草》，頁一五九；《張蒼水先生專集．詩外編》，頁一三〇；《張蒼水全集．詩外編》，頁一二三。

煌言二啟監國，就相度情勢改變方策，力請監國韜光斂跡，以防因虛名而招實禍。原啟云：

> 八月初八日御史臣陳修奉綸音至臣營，臣焚香開讀，知主上薪膽憂危，較昔倍甚，臣南望倉皇，罔知所措。獨念臣違顏以來，忽經十載，百折千磨，壯心未已！原非動念勳名，特以越國義旅，魯邸侍從，止臣一人，尚在軍次，雖乖哭廷之志，尚圖掃境之功，苟良會可乘，則迎鑾豈遠，大命克集，則奠鼎非難。
>
> 向以皇上當陽，故謳歌有缺；且以主上養晦，則潛躍宜權，臣何敢妄思推戴，以啟猜疑，區區之情，盟之幽腑。何期行闕洊染胡氛，攀髯莫逮，而延平藩忽捐賓客，秉鉞無人，論國勢，疑興漢益艱，察人心，幸奠周轉切，近來虜中亦喧傳主上親征北發，故臣於七月中具有密啟，專官馳奏，茲奉巽命渙頒，倍增感奮。
>
> 但臣以孤軍，子處荒壤，虜艘星列，十倍於臣，而臣又無蟻子之援，

臣日夜枕戈，與死為鄰，亦以死自誓；若輕為移蹕，則風鶴頻驚，臣罪難諉，倘仍棲浯島，竊恐號召稍遠，復與臣呼應不靈，伏乞主上與諸縉紳勳鎮熟籌妙策，或揚帆海上，或保據沙關，結合忠義，聯合勳爵，俟羽翼既成，然後旌旗四出。仍乞斂鍔韜光，以絕敵人窺伺，臣亦得趨覲睿顏，稍將芹曝也。

猶有慮者，倘魏絳之策得行，則華戎錯雜，尤宜戒備不虞。主上必得勁旅數千，巨艦近百，常相擁衛，方為萬全，鷺門牙纛，累累相望，就中豈無耿弇其人，伏乞主上並覽前疏，深思臣言，臣愚幸甚。為此具啟附奏，不勝踴躍翹企之至。[21]

到了這年秋季，閩南的局面，更加緊張起來了。臺灣方面既已矯遺命而擁

21　編者注：《冰槎集·上魯國主啟（上監國魯王啟）》，《張蒼水集》，頁二十八—二十九；《張蒼水先生專集》，頁一七五；《張蒼水全集》，頁一六八—一六九。

立鄭襲，宣布了鄭經種種的罪狀，嚴守險隘，戰雲密布，而閩南方面，則礪兵秣馬，積極備戰，準備渡海東征，力靖內亂。在這種肅殺的空氣之下，甚至連向由延平規定，按月致送魯監國的日常供應，也都忽然斷絕了。他們更藉口魯王在金門，易啟敵人進攻金門的意圖，所以用閩南縉紳公書的名義，竟要把監國推出福建，送他回到浙江煌言那裡來了。煌言覆書略曰：

日來浙直老稚，喧傳鷺左勳鎮紳衿，復奉魯王監國，正在疑信間，及捧老先生公函，諄諄以魯主玉食為商。猶憶壬辰之春，不肖同定西侯張公扈從南下，蒙延平王誼篤瓜瓞，慨然安置，則不肖輩之擔已卸矣。今不幸延平王薨逝，大喪未畢，費繁難支，即軍儲尚恐不給，何暇言及宗祿，旁觀者豈不諒當事苦心，若不肖梁園舊從，敢愛方物之獻，但南北相距，動輒數千里，近來賊哨出沒，孤艇難行，安得時時供億？再四躊躇，倘國主能韜光斂跡，移寓海山或沙關之間，則不肖尚可稍將芹曝，而浯島亦免窺伺之虞；否則鞭長莫及，雖智者亦難為計矣。然我輩所為何事，而致親藩流離瑣尾，飢餓於我土地，非特諸勳公之責，亦諸老先生之羞也。若新府肯承先志，敦厚天潢，哀王孫而進食，又何煩不肖之片芹寸曝哉！惟老先生裁察之。[22]

煌言此書，異常尖刻，他指出新府鄭經不克敬承先志，詰問他們「我輩所為何事？」也著實可以看出他內心的憤慨。

這時候，煌言的左右似有一部分人在竊竊私議，認為煌言自己以孤軍守死城，實在太危險，以他的聲望和地位，如能依附鄭家，何難暫謀喘息。這樣一種低頭現實的議論，在庸俗者固然難免，但在煌言卻是一種刺心之痛。十餘年來，他無論如何孤苦艱危，總一直保持他的獨立地位，到了現在又何能反向稚子低頭呢！

22 編者注：〈答閩南縉紳公書〉，《張蒼水集．冰槎集》，頁三十一－三十二；《張蒼水先生專集．文外編》，頁一八五；《張蒼水全集．文外編》，頁一七九。

何況，閩南這一班擁有實力的勳鎮，以及當位的「新府」，他們鬥爭的指標和搏戰的刀尖，都已東指臺灣，誰還在措意收復中原擁戴皇裔的大業呢？他的感慨和悲憤與日俱增，他的寂寞孤寒之感也如漫漫長夜，不見天明。煌言此時有〈讀史〉詩二章，借史事以抒詠自己的感慨。第一首敘述他之不能就依鄭氏的志概，第二首對於擁兵自肥者之無視於魯王，則投出了他的無限的悲憤：

秦鹿橫飛六國殘，孤鳴篝火亦登壇。留侯若也歸強楚，更有何人解報韓？

清秋蕭瑟井梧寒，在莒齊襄淚未乾。七十二城猶在望，卻無舉火是田單。[23]

被人棄如敝屣的魯監國，在金門的景況，真已到了末路窮途；所以，雖然自嘆「甑釜生塵」的煌言，也不得不竭力張羅「差官恭進膳銀」，續上第三啟中，非常沉痛的說道：「顧島上勳貴，罔識春秋大義，而臣實兵微將寡，金乏糧窮，孤掌難鳴。既見宗國之亡而不能救，猶幸舊主之存而不能扶，所以中夜椎心，淚盡而繼以血也。」接著他還癡心想望在閩的耆老，或能有旋轉乾坤的神力，發生一個新的奇跡到來。他說：「尚望諸縉紳或能旋乾轉坤，臣已在秣礪以候，但得南國首為推戴，臣敢勿協力扈從，伏維主上潛算雄圖，以凝景命。」[24]然而，煌言此疏拜發後，閩臺之間的戰火，旦夕可以一觸而發，已是山雨欲來風滿樓的沉重之中，誰還有心情來理睬落拓金門的魯監國呢？

煌言所夢寐難忘的「南國」的推戴，諸縉紳的「旋乾轉坤」，終是音訊消沉，一點動靜都沒有，煌言將這一番失望，寫成了他的〈悲憤〉二首，茲錄其一：

---

23 編者注：〈讀史二首（一）〉，《張蒼水集．奇零草》，頁一一三；《張蒼水先生專集．詩外編》，頁一三二；《張蒼水全集．詩外編》，頁一二五。

24 編者注：《冰槎集．上魯國主啟（上監國魯王啟）》，《張蒼水集》，頁二十九；《張蒼水先生專集》，頁一七六；《張蒼水全集》，頁一六九。

越裳行闕復為烽，痛哭敷天左袒空。結約更無燕太子，匡扶那得竇周公。祚移雲夢誰收燼，勢屈微盧亦伏戎。豈是十旬還帝醉，故教三日借神叢。[25]

然而，不論你如何痛哭，如何疾呼，而燕太子、竇周公都只是無聲的沉默。魯王的落拓如故，煌言的寂寞也如故。

・・・

自甲申（一六四四年）以至壬寅（一六六二年），滿清政府定鼎北京以來，已經經歷了順治一朝，長長的十八個年頭，辛丑（一六六一年）正月清順治皇帝崩逝後，即由六歲的太子玄燁繼立，至本年改元康熙。煌言辛丑有〈偽廷小汗夭亡復以六歲餘孽僭號擅位〉詩曰：

> 雖然下殿當天象，可復穹廬滿帝都。獨笑中華皆婦孺，幾回膜拜捧胡雛。[26]

十八年來恩威並至的鎮壓與牢籠，已把部分炎黃遺冑的男兒，迫得都成了膜拜下殿的婦孺了。

滿清對內地的統治，既已大體制定，他就反面回身，對浙閩一帶的海上義軍，用軍事政治經濟三方面的力量，同時進行掃蕩封鎖和招撫。

沿海邊界既經嚴格執行經濟封鎖以後，被困的義軍將兵，心裡逐漸動搖，在飢餓恐怖籠罩之下，軍無鬥志，人懷二心，原是很自然的結果。於是滿清政府就乘機大開納降之門，以招撫的手段徹底破壞義軍的根基。

---

25 編者注：《張蒼水集·奇零草》，頁六十八；《張蒼水先生專集·詩外編》，頁一二九；《張蒼水全集·詩外編》，頁一二二。

26 編者注：或作〈偽廷即事〉，《奇零草》，《張蒼水集》，頁七十五；《張蒼水先生專集》，頁一〇〇；《張蒼水全集·詩外編》，頁九十五。

清人在閩浙粵三省，每省派遣兩個從朝列大臣中選出來的招撫使，如福建省的招撫使就是頭號漢奸而又是福建人的洪承疇和一個洪熙久。浙江方面的負責大員，一個姓岳，一個就是原任巡海道的王爾祿。王本是崇禎癸未科的進士，明季舊臣，清兵於辛丑年攻舟山時，王曾以清巡海道的身分致書招降煌言，當時卻被這位鄞縣的青年舉人，著實冷嘲熱諷了一頓，說足下昭代巍科，現在逢場作戲，何必定要拖人落水，弄得一場沒趣。現在，他又靦顏重來了。

除出招撫使以鄉誼聲威作號召外，更在沿海省區各設兵部吏部郎中滿漢各一員，實際辦理撫緝的事務。這個時候，滿清對於大陸的統治已經鞏固，相反的，海上的力量，則已殘餘無幾了，因此，清人的招撫條件，便不比以前寬大，投降的文武官一律要照原階降四級敘用，而且武官都得改任文職，都督副總改任副使僉事，參將游擊一律改授同知，這樣一來，投降過去的桓桓武將，都得自然而然的解除了武裝，使大漢民族的鬥爭幹部，全成了滿清衙門裡面打躬作揖的閒官冷宦了。

煌言初從沙埕回到臨門時，清浙江總督先就投函前來試探，煌言有〈答偽部院趙廷臣書〉：

臺翰儼頒，實深內訟，豈僕一片愚忠，猶未足以取信於天下也。執事為新朝佐命，僕為明室孤臣，時地不同，志趣亦異。功名富貴既付之浮雲，成敗利鈍亦聽之天命，寧為文文山，決不為許仲平；若為劉處士，何不為陸丞相乎？設云桑梓塗炭，實為僕未解兵，則僕何難斂師而去，但未審執事果能保障否耶？區區之誠，言盡於此，間使說辭，請從茲絕。冒復不莊。[27]

不久，滿清政府發表了招撫條例，派遣出了各省安撫使，任浙江安撫使的岳□□和王爾祿，為了職務的驅使，雖然早知此公風骨，也不得不貽書一勸。

27 編者注：或作〈答趙廷臣書〉，《張蒼水集．冰槎集》，頁三十三；《張蒼水先生專集．文外編》，頁一八六－一八七；《張蒼水全集．文外編》，頁一八〇－一八一。

煌言正是滿腔鬱勃，無處發洩，便借此機會寫了一封長長的〈答安撫書〉，作為他對國人宣告自己節概的一篇文獻。全祖望讀這封信，論曰：「公〈答安撫書〉，前半如謝疊山之卻聘，後半如陳文龍之請漳泉三郡以存宋祀。」[28]並不過譽。原書云：

不佞明室孤臣也，有死無貳。與執事非有同朝之雅，義無外交，何必復通竿牘，但天理民彝及不佞生平，不可不正告天下，故勒書附使者以報。

竊觀古今來何代無廢興，其興也，天啟其機，其廢也，人惎之謀，或與而復廢，或廢而復興，然有志之士，尚謂人定可以勝天，彼漢厄十八年而光武重昌，夏亡四十載而少康復祀，蓋不特覆楚復楚，事在俄頃間也。即使曆運推移，朝市遷改，與王每每賓禮勝國君臣，錄用前朝宗室，不但開基忠厚，即為享國長久之符，亦將使忠臣義士，戴新朝之盛德，慰故國之悲思。且其當鼎革之際，軫念瘡痍，莫不省刑薄賦，偃武修文，與天下更始，所以四海謳歌，群雄歸命，其間雖有疾風勁草，不以盛衰改節，不以成敗易心者，無非欲為萬古留綱常，為兩間存正氣，英君察相，尚能略其跡而原其心，感其誠而哀其遇，故漢高以之封雍齒，蜀主以之禮劉巴，唐太宗有堯君素之旌，我太祖有餘闕福壽之祠祭，其或不忠所事，縱歸附獨先，必擯斥恐後，如丁公可誅，危素可謫，前軌昭然，豈好為顛倒哉，帝王大度，原欲扶名義以培風教故也。

今則不然，夫昔日之北庭，非本朝之屬國乎？建州之甲，已忘休屠之恩矣。遼左之烽胡為乎？北平之旗似同回紇之義矣。南牧之馬又胡為乎？舊都嗣服，正朔相承，冠蓋方達乎薊門，鼓鼙已震乎吳會，自是而蠶食東南，剪滅之不遺餘力，凡我天演，雖在遐荒，靡勿芟薙，夫以高皇帝駿德鴻功，而使其子孫禍酷徽欽，祀荒杞宋，宜人心之不服者一也。

從來更姓改物，皆因處置得宜，然後人心豫服，今不過宋室之逋臣而稱為偽命，無非晉家之遺老而被以惡名，甚至一人抗節，而逮及一家，一姓

28 編者注：〈明故權兵部尚書兼翰林院侍講學士鄞張公神道碑銘〉，頁一九八。

守義而株連他姓，遂使抱慤懷忠，不忍逃避，即欲埋名更姓，亦恥趨風。而喪師辱國者率秩以三公，鬻主求榮者反爵以五等，是以不忠不義令也，開國規模固如是乎？宜人心之不服者二也。

邇來，清人初無招攜懷遠之誠，止有納叛招亡之術，或使同輩操戈，或令下人棄甲，此豈足以訓型天下，而奸詐之徒，以為仕宦捷徑，往往私鑄印符，偽刊牌劄，以覬壟斷之功名，當事明知其然，亦陽為網羅，陰行羈縻，以冒招徠之功績，殊不知黃綺衣冠，必不輕出商山，夷齊薇蕨，豈肯頓易周粟，宜人心之不服者三也。

若以近事而論，濱海遺民，既苦朝秦而暮楚，乃安邊勝算，惟聞竭澤而焚林，俾百萬生靈，棄田園，毀廬舍，捐墳墓，而又不知所以安插之，蜚鴻滿道，碩鼠興嗟，將以為清野耶而野未必清，將以為堅壁耶而壁未必堅，豈我旄旌甲盾，果繇蜀道遷人耶；抑彼囹圄盆牢，亦是新豐鉅族乎？名為息鯨補劓，實則救燎助薪，宜人心之不服者四也。

它若徵求無藝，殺戮非辜，選將遷官，先論賄賂，登賢顩俊，亦藉苞直，僨師掩敗以為功，驕兵宣淫而肆虐，兼之毀裂冠裳，崩壞禮樂，蓋不待智者而知胡運之不長矣。如謂此日域中，幅員盡入版圖，華夷庶幾一統，獨不見強秦方啟霸圖，何竟亡於二世；暴秦既成王業，亦遂失於再傳，況賴宗廟社稷之靈，吾國已自有君，行當迎楚昭於雲夢，奉齊襄於莒城，又何煩執事之恫疑虛喝哉！

至於不佞本末，固可得而言矣。不佞夙承先學，謬獵時名，自遭國難，輒棄家園，始聲大義於江東，既抱孤忠於海曲，自分戴髮含齒之倫，幸南服尚同左袒，倘蒙踐土食毛之誼，於北朝原等風牛，矧豫讓漆身，其妻不識，張良破產，惟敵是求，而有司不察，籍我田宅矣，未幾囚我妻孥矣，用是依牆乞援，淚盡甲胄，啟冶鑄兵，誓深祖逖，然志匡王室，豈恃兵威，念切神州，尤愴民瘼；如長江之役，樵蘇不驚，市肆靡易，凡縉紳之家，韜鈐之族，效力清人者，概無誅求，以示寬厚，諒執事之所聞也。及同仇挫衂，不佞遂間道言還，彼時豈不能提數千勁卒以震盪中原，據數十名城以號召天下，正慮鋒鏑橫及無辜，是以旌旗不妨左次，何意泰運將開，屯期尚篤，枕戈待旦，又歷歲時；但三戶亡秦，讖緯已兆，一成祀夏，歷數可徵，不佞方以孤臣皂帽，待真主黃衣，安所事解甲投戈，俯首屈膝者哉！即或赤符未歸，暫作隆中之臥，黃石已遇，擾為圯上之遊，則為龍為蛇，不佞進退固有餘裕矣。

雖然，不佞之所以百折不回者，上則欲匡扶宗社，下則欲保捍桑梓，因國事之靡寧，致生民之愈蹙，十餘年來，浙閩諸郡，蒭茭糗糧之供，樓櫓舟航之費，可謂百孔千瘡，敲骨吸髓，而曾不得鋒銷燧熄，波靜潮平，執事亦可惕然矣！尚復重之遷徙，貽以流離，哀我人斯，汔可勞止，今執事既銜命而來，以保境息民為意，莫若盡復海濱之民，即以海濱之賦畀我海上之師，在清人既能開誠布公，捐棄地以收人心，在海上亦何惜講信修睦，且休兵以待天命，不佞與執事輩從容羊陸之交，往來僑肸之好，既省墩堡守望之戍，更免舟楫營繕之需，借我外兵，以備他盜，因而煎熬則鹽鹵可行矣，因而採捕則魚鮮可給矣，因而貿遷則商賈可通矣，匪直暫解兵爭，抑且稍蘇民困，是珠厓雖棄，休息宜然，朝鮮自存，艱貞斯在。特恐執事畏耳，畏則無成也；又恐執事疑耳，疑則亦無成也。不佞何心，必欲重困此一方民耶？則請與執事約，但使殘黎朝還故里，則不佞即當夕掛高帆，十洲三島，莫非生聚教養之區，嘗膽臥薪，別有扶危定傾之計，恐臣靡尚在，天意未忘禹功，諸葛猶存，正統終歸漢胄。唯執事實圖之。[29]

這篇文字，應作煌言正告天下的志概來看，至於他最後所提的兩點，只為虎倀的漢奸，豈有膽量來和他從容「羊陸之交」，又豈有權力來廢止滿人的酷政，使沿海殘黎重歸故土——此不過煌言壓迫對方說話的技術而已。

一葉落而天下秋，此後海上情景，日益蕭索。壬寅（一六六二年）秋天，煌言遙聞溫州守將有不穩的消息，溫州地與台州毗連，東甌若去，臨門即失犄角，越加暴露在敵人的刀尖之下了。所以煌言驟得此訊，立即趕往溫州，想憑

---

29 編者注：《張蒼水集·冰槎集》，頁三十三－三十七；《張蒼水先生專集·文外編》，頁一八七－一九〇；《張蒼水全集·文外編》，頁一八一－一八五。引文第二段「或興而復廢，或廢而復興」，原文作「或興而復廢，或廢而不復興」。

一片赤心和無礙的雄辯，來挽回這方面不良的趨向。然而，當時心理的頹勢遍滿海上，又豈是空言足以挽回？煌言只是枉冒風濤的白辛苦了一趟。他回來舟行甌海時，極目風雲，不禁萬感攢心，惘然寫下了〈甌行志概〉三首，第一章怨憤溫州守將的背叛。第二章哀自己的寂寞，悲魯王的無依，遺民的流散。第三章辭意最為蕭瑟，煌言從來不作絕望的悲吟，至此真已不得不爾了：

甌水秋堪掬，頻來五兩輕。豈知魏勝壘，欲化李陵城。
苦口吾同澤，甘心彼喪名。張陳千古恨，誰更負今盟。

不信炎靈斷，還留七尺身。吹笳悲自壯，擊筑和誰親。
故主呼迎莒，遺民泣避秦。所愁惟甲脆，徒倚倍沾巾。

行矣何梁別，翻為送隴西。胡天應誤雁，漢地孰亡羝。
冰雪危孤膽，風雲怯病蹄。玉關雖咫尺，敢復望芝泥。

他從溫州失望回來，卻又接到了監國魯王的噩耗。

落拓金門的魯王，素有哮疾，終為貧窮和憂患不斷的煎迫，竟於本年（壬寅，一六六二年）十一月十三日以中痰薨於金門，距生於萬曆四十六年戊午五月十五日，享年四十五歲，[31]卜葬於金門東門外之青山。遺有繼妃陳氏，遺腹

30 編者注：《張蒼水集．奇零草》，頁一五六；《張蒼水先生專集．詩外編》，頁一三一；《張蒼水全集．詩外編》，頁一二三－一二四。

31 全祖望〈神道碑銘〉作冬十一月魯王薨於臺，而〈畫像記〉則雲甲辰（一六六四年），與碑不合，當為傳寫偽誤。《魯春秋》壬寅：「秋九月之十有七日，監國魯王以海，薨於金門。」年合日誤。至《明史．魯王傳》曰：「王不為成功所禮，漸不能平，會將之南澳，成功使人沉入海中。」全氏《結埼亭集》明故太僕斯庵沈公詩集序，辨其誣妄，已甚詳悉。成功死於魯王前，何能致此。茲不贅。又全譜言魯卒於甲辰，以煌言祭表有「十九年節旄」一語，推算而言，實誤。此文言十九年者，蓋以魯王自甲申襲封計起，至壬寅（一六六二年）正十九年。一九五九年八月，金門構築軍事工程，發現〈皇明監國魯王壙誌〉，寧靖王術桂撰，記壬寅十一月十三日中痰而薨，於是疑訟盡解。編按：〈皇明監國魯王壙誌〉，原文可參看《國家圖書館　臺灣記憶》，「臺灣碑碣拓片」（https://tm.ncl.edu.tw/article?u=014_001_0000000014&lang=chn）。編者瀏覽日期，二〇二二年九月三十日。

子八閱月，次年生，曰弘桓，由寧靖王收養，育於臺灣。

就魯王本身來說，雖然流離海上，不免窮餓，然而，比之南明其他三帝，他的結局要算最好，第一他在位的壽命最長，自乙酉（一六四五年）以至壬寅（一六六二年），首尾十有八年。第二只有他是薨逝行在而不是死於非命的。在亡國帝王中遭遇不能算壞。

然而，在二十年來出沒波濤，始終為魯的孤臣，當此明室最後的一脈忽然崩逝，則此後空餘一腔熱血將向何處傾注，畢生追尋興復的夢影，從茲寂滅。半晌！半晌！他才號啕哭出聲來，道出他幻滅的痛苦：「孤臣之栖栖惶惶在等待者，徒然苦了部下，大家相依不去者，都是為了我們的主上。現在，更還有什麼可以等待的呢？」[32]

翌年（癸卯，一六六三年）春，煌言派遣專使，入閩祭奠。自撰祭表有曰：

伏以龍逝橋陵，璁珩結攀髯之痛，麟遊闕里，桐珪含解紱之悲；況欲執羈靮而無從，祇覺納管籥之莫逮，魂銷閩嶠，淚灑越臺。……追淅閩之瘡痍，尚圖收燼，適滇黔之擁戴，是用歸藩。風雨飄搖，悲五蛇之失散，波濤振撼，悵六鷁之退飛，雖潛邸依斟，贍薪彌厲，而許田易鄭，髀肉漸生，方期再回靈武之鑾，誰意遽掩蒼梧之駕，八音遏密，百里震驚。臣才愧鄒枚，任同種蠡，十九年之旄節，屬國不殊，廿四郡之鼓旌，平原無恙。恨哭庭而未效，嗟掃墓以何時，投璧還秦，早慚狐偃；扁舟去越，敢學鴟夷，徒蘊扛鼎之懷，逾抱號弓之慟。於乎！薇垣墜曜，楓陛垂霾，穆王馭駿以來歸，已孤此願；望帝化鵑而猶在，莫慰餘思。[33]

延平與魯王同在這一年，先後薨逝，遂使煌言，從此成了失舵的孤帆，隨

32 編者注：全祖望：〈明故權兵部尚書兼翰林院侍講學士鄞張公神道碑銘〉，頁一九一。原文為：「孤臣之栖栖有待，徒苦部下相依不去者，以吾主上也。今更何所待乎！」

33 編者注：〈祭監國魯王表文〉，《張蒼水集．冰槎集》，頁三十九－四十；《張蒼水先生專集．文外編》，頁一九二－一九三；《張蒼水全集．文外編》，頁一八七。

波逐浪於茫茫大海之中，不知何所歸趨了。

不久以後，煌言從哀傷欲絕之中，慢慢恢復出勇氣來，貽書鄭經，直接勸他擁戴魯王的世子，繼正明統，所謂「舉亞子錦囊三矢之業」。希望他遠辟外島，近收沿海內陸，互相犄角，靜待中原的變化，乘時而動。[34]

但是鄭經此時，一心致力渡海靖難，對於煌言的建議，根本未作理會。鄭經率師奔喪，引軍東向，內戰的烽火又起。幸而周全斌、陳永華兩人先禮後兵，才使戰爭並不擴大，僅與黃昭的部隊在上陸臺灣之初，接了一仗，即將主謀的將領如蕭拱辰、曹從龍等殺了，就結束了戰事，叔侄兩人且抱頭痛哭道：「幾為奸人所誤。」一場靖難戰役，輕輕渡過。[35]鄭經將臺灣巡視綏撫了一周，布置好兵馬政務以後，仍回廈門駐節，延平王的這位世子，對於張煌言，似乎更加隔膜了，對他不復稍加盼睞。延平逝世後，煌言曾致書鄭經，先自陳：「某以王人之微，荷先王殿下客卿之禮，圖報未遑。」繼即預事地步：「荒汎孤軍，當上游勁敵，伏望提攜，庶聯聲援。倘虜情厄測，尚圖溯洄南下，求一支於廣廈，安插兵眾，則奉令承教，諒亦匪遙。」[36]這一項情誼的試探，大約並無結果。後來煌言之再次上書請舉亞子三矢之業，實在只是知其不可而為之的，聊盡苦心而已，鄭經之不報也如故。

在煌言絕望之中，他有個老朋友閩南遺老辜朝薦，從臺灣致函煌言，盛道臺灣之美，不由得勾起煌言蘊結心中的一片舊恨，他只是沉吟著他的舊作：

34 編者注：「亞子錦囊三矢」之說，見全祖望：〈明故權兵部尚書兼翰林院侍講學士鄞張公神道碑銘〉，頁一九〇。然而，觀全氏原文，其謂：「壬寅（一六六二年），滇中陷，（鄭）成功亦卒；煌言大哭，還軍林（臨）門。適閩南諸遺臣復謀奉魯王監國，貽書來商。煌言喜甚，則以書約故尚書盧若騰等勸以大舉，並約成功子經，勉以『亞子錦囊三矢』之業；於是公（煌言）厲兵束裝，以待閩中之問。」由此可知，文中所說的「亞子錦囊三矢」的說詞，應是指張煌言勸鄭經奉魯王，而事發時間，亦應在鄭成功和永曆帝死後，至魯王身故前之間的一段時間內。

35 編者注：事見《小腆紀年附考》，下冊，卷二十，頁七七八－七七九；《臺灣外記》，第二冊，卷五，頁二一七－二二一。

36 編者注：〈答延平（王）世子經書〉，《張蒼水集．冰槎集》，頁三十一。《張蒼水先生專集．文外編》，頁一八四。《張蒼水全集．文外編》，頁一七八。

息機可是逋臣意，棄杖誰應夸父憐；只恐幼安肥遯老，藜床皂帽亦徒然。37

——悃然將來書擱了下來。

・・・

翌年癸卯（一六六三年），鄭經返駐廈門，即繼續肅清內部的反側，他曾在臺灣叛將黃昭家裡，搜得駐金門的伯父鄭泰與昭密通的函札，回來後即不動聲色，偽加鄭泰官銜，總制金廈，俟他來謝時，即就筵上殺之。

鄭泰被害後，他的弟弟鳴駿，子纘緒，以及駐金門的部將蔡鳴雷、陳輝、蔡協吉、楊雷等，人人自危，就相約率領所部八千餘人向清將馬得功投降去了。

到了十月間，清廷對閩南的軍事部署，已經成熟，想報復失臺之恥的荷蘭紅夷，也已聯絡妥當，於是就合兵分三路進攻廈門。靖南王耿繼茂及李率泰會同紅夷出泉州，陸路提督馬得功出同安，水師提督施琅與黃梧出漳州，將廈門團團圍住。

戰事初起，周全斌奮勇襲擊，殺得馬得功大敗而投海自殉，獲得赫赫的勝利。不料後來終因內部將領突然倒戈，開門迎敵，迫得鄭經無法再守廈門，只得撤退銅山，周全斌直支持到最後一刻，才放棄金門。從此，一向是鄭氏根據地的金廈兩島，便全部淪陷了。

退守銅山的鄭經，雖經清人再三招降，兀然不動；然而他的部將中卻有不少人，發生動搖，鄭經深怕禍生肘腋，所以下了決心索性自動放棄福建，命令部眾於翌年（甲辰，一六六四年）三月全部東遷臺灣。

此時，原先留在閩南的宗室如寧靖王、瀘溪王、魯王世子等以及若干遺老縉紳也都跟著撤退的大軍，流亡臺島去了。只有奉令擔任後衛的勇將周全斌、

---

37 編者注：〈得故人書至自臺灣二首（一）〉，《張蒼水集．奇零草》，頁一五九；《張蒼水先生專集．詩外編》，頁一二九；《張蒼水全集．詩外編》，頁一二一。

黃廷兩人，卻因與洪旭鬧意見，又不見重於鄭經，經過一度遲疑，終於以漳浦、雲霄兩地投降了滿清。

鄭經這番入臺以後，從此收兵斂楫，大漢旌旗，不越臺灣海峽半步了。

· · ·

海上情形，自此日薄崦嵫，處處籠罩上了一層黑色的陰影，計窮力拙者最後的出路，只有清人開放在那裡的一道窄門——降四級改敘文職的閒官，還可保首領以終天年。否則，縱使敵人不來「攻剿」，而軍需資糧又向哪裡去要求援撥，所以是忽東忽西，忽大忽小的一片降旛，出現在閩浙沿海各地。

煌言雖自高吟著：

似聞徐偃軍皆散，豈憶田橫客未捐。四海總憑孤劍在，紫霓應傍斗牛躔。38

但他終也無法再在臨門立足，只得去與駐屯閩省外島的故將阮春雷會合在一起，做了相濡以沫的涸轍之鮒。乙未年（一六五五年）成功在思明州外，設置海上四屯，煌言駐臨門，阮春雷駐楚山，互為犄角，他們自那時起成為並肩作戰的戰友，現在末路窮途，使兩人又會合在一處，以熱血和頭顱拚他們最後的命運。光緒《鄞縣誌》說：「會故將阮春雷據閩之東蚶、長腰各島，窺福寧，煌言率五十餘船往與之合，適總鎮林國梁謀降大清，機洩，煌言圍之，國梁之炮碎其船，斬煌言之弟嘉言。」[39]嘉言是煌言三叔張憲章的長子，他於戊戌年（一六五八年）逃來舟山，即一直跟隨煌言從軍海上，《鄞縣誌》說是被清軍擄獲殉難的，但煌言在次年甲辰（一六六四年）還有〈憶從弟嘉言詩〉，

38 編者注：〈傳聞閩島近事〉，《張蒼水集·奇零草》，頁一五九；《張蒼水先生專集·詩外編》，頁一三〇；《張蒼水全集·詩外編》，頁一二二。

39 編者注：戴枚修，張恕等纂：《鄞縣志》（光緒三年〔一八七七年〕刻本），卷三十九，〈人物傳十四·張煌言〉，頁四十二右。亦見《張蒼水集·傳略》，頁二五五；《張蒼水先生專集·傳略》，頁三〇九；《張蒼水全集·傳略》，頁二五一。

辭意似兄弟相失於海上戰火中，他還一直不明他的生死似的。原詩云：

> 秋聲蕭瑟到空山，悵望驚鴻去不還。離別紫荊生死際，平安黃犬有無間。寒蛩織月思千縷，孤鶴巢雲影半關。多少長林搖落態，獨憐愁緒未能刪。[40]

在海上的親屬，應該還有一個弟弟昌言，則是辛丑（一六六一年）他的四叔死後逃來的。在煌言入山前就不見再有提及，下落不明了，還有一個他的外甥——顯甥，煌言散軍前後，也不知流落何方。[41]

煌言自經此創，只得依舊回到阮春雷處整理所部，再待其他的機會。現在的《蒼水全集》中，癸卯（一六六三年）一年僅存〈有所思〉二章，大約他於此時顛沛已極，到了無可言說的境地，連訴之吟嘯的心情也都消失了。但是僅此兩首遺詩，已可體會他此時內心的沉痛，如：「寄語居夷諸將帥，秋風萬里待歸航。」又曰：

望鄉臺上分羹冷，建業城邊遺鏃黃。閩嶠只今皆漫草，不知三矢有誰囊。[42]

---

40 編者注：《采薇吟．清秋憶從弟嘉言》，《張蒼水集》，頁一七三；《張蒼水先生專集》，頁一一三；《張蒼水全集》，頁一〇六。

41 全祖望〈張督師畫像記〉：「公從弟從軍海上，入山以後，不知所終。聞有冒其名至錢塘者，為諸逸民所詰而去。」據《鄞志》嘉言既戰死，不知所終者當為昌言。編按：〈張督師畫像記〉，見《鮚埼亭集外編》（《全祖望集彙校集注》，中冊），卷十九，頁一一一三。惟據〈校訂清池張氏世系圖表〉，張煌言有從弟二人，即嘉言及德言（一作錫言），均為叔父憲章所出，德言出繼叔父封章。見張壽鏞編：《張蒼水集》，收入《四明叢書》（張氏約園刊本，民國二十三年〔一九三四年〕），第二集，第三十七冊，附錄卷八，〈世系．校訂清池張氏世系圖表〉，頁十一左－十三左。亦見《張蒼水先生專集》，頁三〇一－三〇三。作者此處所言「不知所終」的張昌言，未知所指為誰？

42 編者注：〈有所思二首（二）〉，《張蒼水集．采薇吟》，頁一七五；《張蒼水先生專集．詩外編》，頁一三三；《張蒼水全集．詩外編》，頁一二六。

都流露著他未死的心事。

煌言與阮春雷還在東蚶、長腰小島上，含辛茹苦，企望來自臺灣方面的東海歸航，而決心投敵的林國梁卻只想以他兩人邀功，作為投降的貢獻，再也不放過他們，竟回身向清朝福寧總兵吳萬福乞求援兵，合力剿滅張、阮；吳總兵就派遣游擊李應先、劉成海兩人會同國梁進兵來攻，阮、張兵單力弱，無法抵敵，只得放棄據地，自動撤退。

他們從此漂浮大海，以舟為營，在沿海各處東逃西躲，一面招尋散失的部船，一面希望尋得一塊可以立足的陸地。然而就在是年十月，清兵卻占領了金廈兩島，鄭經退守銅山，民族自救的聖火，移植臺灣，在浙閩海上已到了消竭的時候。

翌年甲辰（一六六四年）三月，鄭氏放棄閩南，全部退入臺灣。當時有人勸煌言不如暫時從遊臺島，以為偏僻窮荒的雞籠島（基隆）最宜息影。但是倔強的煌言卻說：「偷生朝露，不如一死立信。」他始終不肯避敵東行。

於是，他與阮春雷兩人，風帆浪楫地在海上遊弋，居然也湊集了一百多艘兵船，停泊在三都、三山島畔。哪知甲辰三月，清福寧總兵吳萬福又約了清水師總兵跟蹤前來，海陸夾擊，此時煌言等早已勢敝力窮，如何擋得住敵人無限的凶焰呢？他們只得狼狽開帆退逃外海，清人窮追不放，趕到大洋陣，一陣斬殺，把他們兩人部屬的兵士和戰船，打得落花流水，不堪收拾。阮春雷單身南逃泉州，煌言也只得領了殘兵破船，仍舊回到臨門——他的部屬大都是浙江天台附近的鄉人，煌言要負責送他們回到鄉土，才能開始他最後的一件任務——解兵。

到煌言散軍的時候，他身邊剩留下來的部屬，已經很少，大都是依從他轉輾江海十年的舊侶，現在，他已無可奈何，只能頻揮熱淚，親手將他們解散了。落日孤城，旗摧纛折，煌言目送三三兩兩的舊部，離開他的營幕，默默無言。他在抉擇自己的死生出處。

夏六月，他才決定帶了十幾個誓死相依的舊徒，暫時遷隱到南田的懸嶴去住。

第八章

從入山到就義

永曆十八年（清康熙三年，一六六四年）甲辰六月，煌言解散部眾，隨即帶了八九個誓死相依的舊從，從寂寞的臨門，乘上木船，逃往荒涼的懸嶴去，入山隱避。

懸嶴一作懸山嶴，本是浙江南田縣屬的一座海上荒山，位於普陀之東。山南雖有一條細小的汊港，可以勉強通行舟楫，維持對外的交通；山的北面，就盡是峻崖峭壁，上摩霄漢，下臨大海，全山滿長藤蔓荊榛，密無徑路，向無人煙居住，這地方，對於此時的煌言，原是極合理想的逋逃佳處。

煌言深喜得此幽境，暫息倦羽，他獨自幽吟道（《采薇吟．入山》）：

> 大隱從茲始，悠然見古心。地非關勝覽，天不礙幽尋。
> 石髮溪頭長，雲衣谷口深。此中有佳趣，好作采薇吟。[1]

於是，就在這座荒山上，一行亡命者，自己動起手來，披荊斬棘，開拓荒原。搭建了一座茅草蓋頂的草房，以避風雨。此時跟隨煌言入山的舊從，就各家記載可以考見姓名的，計有參軍羅綸（子木），門生王居敬，侍者楊冠玉，裨將吳國華，守備葉雲、王發，和船夫林生、陳滿等。

遯跡窮荒的張司馬，心情和環境都是一樣的蕭索，煌言解軍亡命入山時，所攜帶的物件，據當時人海濱遺老高允權在煌言遺集跋文中引敘邏卒之一的話說：「時同往一卒為余言，公帳下積書充棟，旁置棺一，棺中貯米數斗，床頭利劍一。」[2] 餘無長物。這幾樣簡單的物件，十足表現了書生情性和烈士襟懷糅合而成的煌言的人格。

荒山生活中最困難的是食糧求取的不便，山上無糧，需要補給時，必須候得機會，偷偷自山南汊港出海，仰求他島。因此他們就不免常常要鬧饑荒；而

1　編者注：《張蒼水集》，頁一七〇；《張蒼水先生專集》，頁一一一；《張蒼水全集》，頁一〇四。

2　編者注：高允權：〈奇零草後序〉，《張蒼水集．附錄》，頁三三五；《張蒼水先生專集．張蒼水公遺著跋》，頁二一六；《張蒼水全集．附錄張蒼水公遺著跋》，頁三八四。

煌言卻「山中屢空，泊如也。」並且「讀淵明飢驅句，猶覺其未介。」作〈反乞食〉時，有句云：

> 西山有餓夫，褰裳欲從之。或言舉世腴，君癯寧有辭？流水淡鬚眉，天真所繇來。況也朝市改，志士寡深杯。療飢憑薇藿，寧識招隱詩。[3]

煌言此時還是一個剛入中年、春秋正盛的壯年人，何況秉性如鋼，縱然窮塞，又豈能就此忘懷國恨家仇，輕易拋撇中原父老的期許？他身雖入隱窮山，而心上徘徊的，還是「悲風變陵谷，余行將安之」死生出處的大問題。二十年來血肉搏鬥的經歷，敵蹄盤踞的大地上一片血腥，仍然緊緊的箍住了他的靈魂。他無計排遣這一分沉沉的負荷，只得獨自漫行林野，歌嘯茅檐，或與羅、王兩人互相唱和，寄情吟詠以消磨這茫茫如晦的荒山永晝。所以煌言自六月入山，七月被執，九月遇害，短短的三個多月中，獨成《采薇吟》一卷，志士偏閒，此中辛酸，自是不言可喻了。

入山不久，適逢煌言四十五歲初度的生辰（六月初九），煌言有〈山中初度用子木韻四章〉，以抒寫他的感慨。茲錄其二：

曾向洪崖乞大還，揭來煙火混人間。幾回擲劍橫青海，一笑攜瓢掛碧山。煮石似應消壯氣，斫苓尚欲壯頹顏。峰頭紫氣朝如蓋，為問猶龍可渡關？

日轡崦嵫去不還，客星慘淡五雲間。自非和扁難醫國，誰似巢由易買山。百谷煙霞憐馬齒，二陵風雨識龍顏。桑弧半老成何事？只合壺天獨掩關。[4]

3 編者注：《采薇吟．山中屢空泊如也，偶讀淵明句飢驅句，猶覺其未介，遂作反乞食詩，仍用陶韻》，《張蒼水集》，頁一六八；《張蒼水先生專集》，頁一一五；《張蒼水全集》，頁一〇八。

4 編者注：一題作〈山中初度漫詠同羅子木來韻〉，《采薇吟》，《張蒼水集》，頁一七二；《張蒼水先生專集》，頁一一二；《張蒼水全集》，頁一〇五。

荒山窮野中的朝雲暮雨，潮鳴風嘯，洗不盡煌言憂國傷時的心事，吹不息他一腔赤熱的壯志和豪情，俯仰艱難奮鬥的平生，低徊孤臣孽子的懷抱。他在一篇長歌〈聞孤鳥而有作〉的詩中，瀝盡了在他胸中鬱勃的塊壘，未死的雄心。原詩云：

孤鳥孤鳥聲愊憶，風雨中宵我心惻。似聞鳥言生不辰，空山寥落無顏色。在昔雄飛向九霄，金眸玉爪行胸臆。巢雲曾傍萬年枝，擊水寧需六月息。風雲蹉跌幾星霜，宛轉枋榆困枳棘。東門旗鼓為誰觴，北海木石徒爾塞。杜宇漫語不如歸，鷓鴣疾呼行不得。予心瘁瘏予尾焦，卻來山阿欲避弋。一飲一啄孰將雛，雙飛雙宿誰比翼。寒枝獨抱月黄昏，島樹蒼茫林影黑。橫絕四海會有時，敢告羈棲還努力。嗟乎此鳥亦非凡，鸞歌凤舞誰能識？但將孤鳥伴孤臣，悠悠蒼天易有極！[5]

當時以及後來有許多人揣測煌言之解軍入山，是想等候機會偷回故鄉去埋葬他的父親，也有人說他此行早已決心黃冠終老的了，實在都未認識煌言的百折不回的志節，倒是滿清方面的疆吏，似乎深知煌言的志概，所以對他的行蹤絕不放鬆，緊緊地跟著他，布下了天羅地網，緝索愈急起來。

懸嶴此時，山中秋早，風光日漸慘澹，煌言兀自韜晦待時，投荒悲吟；而滿清政府卻正在積極謀劃，沿著浙江海濱，搜尋線索，非要將他捕獲以絕後患不可。黃宗羲的墓誌銘說：「時海內承平，滇南統絕，八閩瀾安，獨公風帆浪跡，傲岸於明台之間，議者急公愈甚，係累其妻子族屬以俟。」[6]全祖望〈神道碑銘〉說：「浙之提督張杰，懼公終為患，期必得公而後已。公之諸將孔元章、符瑞源等皆內附。已而募得公之故校，使居翁洲之補陀為僧以伺公。」[7]

5 編者注：《采薇吟》，《張蒼水集》，頁一六九；《張蒼水先生專集》，頁一一七；《張蒼水全集》，頁一〇九－一一〇。

6 編者注：〈兵部左侍郎蒼水張公墓誌銘〉，《黃宗羲全集》，第十冊，碑誌類，頁二八四－二八五。

7 編者注：〈明故權兵部尚書兼翰林院侍講學士鄞張公神道碑銘〉，頁一九二。

解軍以後，煌言的舊部都成了散兵游勇，飄蕩無歸，大部分投降了清吏，當為必然的結果。清吏就在來降的舊部中，覓取眼線，派任偵緝煌言的責任，赴降的故校中也必有很多人想以此自效於新主，獵取功名，所以，當煌言入山之初，他還以為懸嶴荒絕之地，必為隱避的佳處，而不知清吏蹤緝的布置，也於同時積極進行起來了。《鄞縣志．大事紀》引國史〈趙廷臣傳〉說：「總督趙廷臣赴定海與杰議，邀水師由寧台溫三府出洋搜剿。降副將陳棟知煌言竄海島，選徐元、張公午（二人亦公故校）偽為僧，率健丁潛伏普陀、朱家尖、蘆花岱三路以伺。」[8]足證清廷方面的浙江大吏，對於緝捕煌言這一件工作，是非常鄭重而且周密計畫了的。然而煌言卻還在秋山猿嘯聲中，徘徊想望另外一條出路。

黃葉秋風落木繁，雲峰日落憶寒山。橫流絕渡憑班馬，壁削枯藤亂叫猿。桂樹千秋懷故國，銅駝臥處泣中原。鰲江南望豈為遠，吾欲乘槎赴楚門。（〈屯懸嶴猿啼有感〉）[9]

懸嶴山上乏糧，既不免常鬧饑荒，便須時冒危險駕舟到外島去採辦，出入往返必須避人耳目，先要哨探海上有無巡邏船隻，然後才能偷航出海，運糧回山。

七月十七日這一天，山上糧盡，煌言派了裨將吳國華，帶領幾名船夫到普陀去買米。哨船剛剛搖到陶家尖地方，便碰上了一個和尚要求搭船，仔細一認原來這和尚是舊日的同事。[10] 以為此人既已做了和尚，不疑有他，就讓他跳過船來。不料這和尚上船以後，突然變了臉色，拔出刀來脅迫眾人說出煌言的住

8 編者注：前引光緒《鄞縣志》，卷十六，〈大事紀下〉，頁十一右，亦收入《張蒼水集·附錄》，頁三〇三；《張蒼水全集·傳略》，頁二五三。編按：引文「邀水師」，原文作「檄水師」；「偽為僧」，作「飾為僧」。

9 編者注：《采薇吟》，《張蒼水集先生專集》，頁一二二；《張蒼水全集》，頁一一五。

10 據明清史料浙督趙廷臣奏疏扮成僧民搭船入山擒捕張氏者為徐元、張公午二人。但《魯春秋》、《東南紀事》、全祖望所撰碑銘，皆言為故校寧波人孫惟法「一作阿法，一作執法，微異」。或孫亦從事者之一人。茲從官書。編按：《魯春秋》，頁七十五，作孫惟法；《東南紀事》，卷九，〈張煌言〉，葉六右（頁六十九），作孫執法。全祖望則只言故校而已，見〈明故權兵部尚書兼翰林院侍講學士鄞張公神道碑銘〉，頁一九二。

處。那位押船的裨將一見風色不妙，立刻上前跟他徒手搏鬥，不幸為那個假和尚先發制人，砍成重傷，落海而死。但是船上其餘的船夫還是不肯說話，當場又被殺死了兩人，餘剩的兩名船夫林生和陳滿禁不住死亡的威脅，被逼說出了懸嶴的地名，但又悻悻地說道：「雖然我們洩露了張公的住處，但是你們也休想捕得他住。他在山上蓄養了兩隻猿猴，終日高踞山頂樹上，守候動靜，船在十里之外，猿猴就看得見了，立即在樹上喳喳大叫，山上的人即刻就有準備，你們喲，正不必妄想！」[11]

在林生、陳滿這兩個船夫簡單的頭腦裡，滿以為這一番說話，穩可以死了這個強盜和尚的歪心；不料就因為有了這段「蛇足」，反使敵方有了周密的防避，使煌言苦心布置的守衛——懸嶴雙猿，完全失卻了作用。徐元、張公午等就在當天深夜，率領兵卒乘了煌言買米的原船，乘夜進入小港，從後山山背，攀藤捫葛的爬上山去，他們終於避過了跳梁樹巔的雙猿，突入了煌言等所居的茅廠。清總督趙廷臣呈報逮捕經過的奏疏說：「張煌言盤踞浙海，抗不就撫，借名歸隱，徜徉海外。臣密令徐元、張公午扮成僧民，獲活口林生等，知煌言現在懸山花嶴，即駕所獲賊船，乘夜進小港從山後覓路，突入帳房，遂擒煌言及其親信餘黨，搜山偽視師兵部銀印一，偽關防九。」據說，煌言在被捕前夜，曾經做過一個異夢，他夢見一個金甲神，即是十九年前，初次入海遇風溺水絕食荒島時，「贈君千年鹿」的那位神將，重來夢裡，手持符節，說是奉了天帝之命召請煌言同去。夢醒以後，煌言心裡非常不定，一待凌晨，起來即洗手焚香，占卜一課。那知卦象大凶，他就對他的門生王居敬說：「這個預兆恐怕不好。」果然，這天出外羅米的船，入夜都不見回來，山上的人，不免個個焦慮起來。[12]

11　編者注：黃宗羲：〈兵部左侍郎蒼水張公墓誌銘〉，頁二八五。原文為：「雖然，公不可得也。公蓄雙猿以候動靜，船在十里之外，則猿鳴木杪，公得為備矣。」此事亦為全祖望引錄，見〈明故權兵部尚書兼翰林院侍講學士鄞張公神道碑銘〉，頁一九二。

12　趙之謙輯年譜，引林時對語曰：「公幕客王畏齋，黃岩諸生，今披緇，名超遯。語余云：公被執前一日，夢金甲神持符稱帝命召公，次早向畏齋詑其兆；俄有白氣一縷沖所居茅廠，畏齋親見之，夜半蒙難。」編按：《張蒼水集．年譜》，頁二四七。

當天（七月十七）的半夜丑時，變禍終於突臨了。

煌言等正在睡中，但他似乎沒有睡熟，忽然聽得窗戶外面，蘆葦颯颯作聲，他心知不妙，急忙披衣起坐，正想叫起從人的時候，那知邏緝的兵丁都已湧進敞棚裡來了。煌言一手抓起掛在床頭的那把利劍，不料劍被帳門蒙住，來不及抽出已被邏卒制住，他就只得束手就擒了。

參軍羅綸，待者楊冠玉，守備葉雲，都是一起被捕的。煌言頭戴方巾；身穿葛袍，足登朱履，[13]跟隨眾人從容就道。是夜，只有他的門人王居敬，最為機警，設計脫逃了虎口。居敬，字畏齋，浙江黃岩人。他自懸嶴逃出以後，就入山被緇做了和尚，法名超遯，煌言晚節遺事，以他傳述的最多，被捕前後山上的情形，也只有他的傳述最真切。

煌言等一行四人，在懸嶴被執後，即日登船就解。舟行將次定海時，煌言兀坐船上，瞻望遠遠的一抹青山隱現，風帆幾點，海水迷茫，此是魯王監國的舊地，煌言兩次屯軍的駐所，而今蒙頭重過，回首前塵，自不免鑽心萬感，情難自已。他兀自輕叩船舷，在浪激風嚎聲中，將他一腔訴說不盡的辛酸，化成了代替熱淚的詩章，緩自低吟道：

何事孤臣竟息機，暮戈不復挽斜暉；到來晚節慚松柏，此去清風笑蕨薇。雙鬢難堪五嶽住，一帆猶向十洲歸，疊山遲死文山早，青史他年任是非。[14]

——題曰：入定關在懸嶴甲辰七月十七日丑時被執作也。

十九年前煌言參加江上起義之初，明朝的天下，實在已經到了土崩瓦解無可挽回的地步；此後在浙閩海上，蓬漂浪泊，二十年間，就憑藉一片未死的

---

13 陳景鍾〈清波小志補〉引四明董小缶言：「方煌言被執至杭，送居蕭寺，足下常著木屐，臨刑時亦然。」煌言半生海上，以舟為家，流寓閩嶠，習於著屐，似頗可信，附存一說。編按：見《清波小志補》（收入《清波小志（外八種）》（上海：上海古籍出版社，一九九九年），頁一〇四。

14 編者注：《采薇吟．甲辰七月十七日被執進定海關（入定關）》，《張蒼水集》，頁一七五；《張蒼水先生專集》，頁一一七；《張蒼水全集》，頁一一〇。

雄心，自冒萬死千難，謀求復興，其間經歷過多少艱危辛苦，挨受過多少難堪的失敗，他卻抱持著殉教的熱狂，勇邁直前，百折不回。以他的聰明，何嘗不知風雨猖狂，雷霆力大，獨木如何支撐傾陷的大廈，但他卻不能知其不可而不為。黃宗羲撰墓誌說：「所謂慷慨從容，非以一身較遲速。有扶危定傾之心，吾力一絲未盡，終不可已。古今成敗利鈍有盡，而此不可已者，長留於天地之間；愚公之移山，精衛之填海，常人藐為說鈴，聖人指為血路，是故知其不可而不為，即非從容。」[15]兩世深交的老友，對煌言所作身後論評，真可算是「知言」了。

煌言的解軍入山，本在浙閩義師全部散亡以後，迫不得已的一個步驟，他暫時投荒息影，本心還在靜待世變，乘時再起。他執拗的相信著，大局雖似沉淪，異族的統治雖已日益鞏固，然而擁有幾千年文化的炎黃遺冑，豈能永遠受制於牧馬的胡兒，東南父老和中原豪傑的涕淚和憤怒，還是一種最具威力的爆藥，終有一日稍觸即發，而燃起民放自救的聖火。他——二十年前賭博場上的一個敗子，和一切熱中博弈的賭徒一樣，具有恣情任性的自信，和一誠嚮往的執著，他決不徘徊瞻顧，也絕不逃避肩上的責任。何況偷生草萊，貪生避死的行徑，他曾計畫寫一篇〈陶潛論〉，來藉以痛斥的呢？

然而，敵人緊緊地追蹤在他的後背，煌言不能等得那個理想中的春雷轟動的時機，而終於蒙頭就逮了。他此時唯一的憂疑，是怕世人不能諒解他入山的苦衷，又後悔遲死一步終將遭受敵人的訕笑和侮辱。除此以外，他是求仁得仁，萬緣皆絕的了。

七月二十三日，[16]煌言等一行被解送到了他的故鄉——鄞縣。

15 編者注：〈兵部左侍郎蒼水張公墓誌銘〉，頁二八〇。編按：引文與原文略異。

16 趙譜注無名氏《遺集記言》云：「甲辰望後八日，有客來告，蒼水張公被執至矣！余亟往覘之。」據此，煌言逮解至鄞之日為七月二十三日。全祖望撰碑記十九日到郡，懸嶴居南田縣屬海中，不能朝發夕至，《魯春秋》又誤以抵郡日為被執之期，傳聞失實，不如親見者所記為確，茲從《遺集記言》。又《遺集記言》為林時對作，林與煌言等同舉義於鄞城，鄉里同志之言，當為信說。編按：見趙譜，《張蒼水集・（年譜二）》，頁二四七；《張蒼水先生專集・（年譜二）》，頁二五七；《張蒼水全集・（年譜二）》，頁二三九。張美翊案語謂，此乃高斗權所記。

滿清的提督張杰派了轎子迎入公署。一路行經煌言自己老家的門前時，他坐在轎上，遠遠的望了一眼，只是嘆了一口氣。他與自己的家門，一別已經十九個年頭，去時還是個二十七歲的任俠少年，而今國破家亡，逮繫回鄉，家人或囚或死，只剩下了一座頹敗荒寂的門楣，他心中千頭萬緒的感傷盡化做了這一口深長的嘆息。

轎子到了提督公署的門口，煌言走下轎來，署裡的公役要他從角門進去，煌言葛袍縉巾，直立牙門外面，神色自若，兀然不動。張杰知道了，趕忙命令左右開啟中門，延請進署。

煌言見了張杰，長揖作禮，張杰也恭敬答揖，邀請入內上座。煌言坐定後，仰視屋梁，顧盼旁人道：「此是沈文恭公的故第。二十年前，我們曾在此地會文，現在真如丁令威化鶴重來，面目皆非的了。」

張杰頻頻以好言相慰，且又擺下酒筵為他們壓驚。

「此間候公很久了。」張杰舉酒屬客。

「煌言父死不能葬，國亡不能救，今日之事，但求速死而已。」他凜然回答。[17]

座上還有個標準的丑角清將常進功，他忽然得意忘形地問羅子木道：「海上知我名否？」

「但識張司馬，何知常進功？」[18]子木粗獷而譏嘲地給他抹了一鼻子白粉，但是此人還不識相，絮絮發問，羅子木只得對他哈哈大笑，而煌言則默然上座，從此不再開口。

於是，他們就暫在張杰特備的民舍裡被拘押起來，等候省中覆檄，再定行止。此是煌言出生之地，鄉中父老不免對他有各種不同的觀感，煌言作〈被執歸故里〉詩說：

17 編者注：事見沈冰壺：〈張公蒼水傳〉，《張蒼水集．附錄》，頁二六七－二六八；《張蒼水先生專集．附錄》，頁三六一；《張蒼水全集．附錄》，頁二六五－二六六。

18 編者注：《東南紀事》，卷九，〈葉羅二客傳〉，葉十四右（頁七十三）。

蘇卿仗漢節，十九歲華遷。管寧客遼東，亦閱十九年。還朝千古事，歸國一身全。余獨生不辰，家國兩荒煙。飄零近廿載，仰止愧前賢。豈意避秦人，翻作楚囚憐。蒙頭來故里，城郭尚依然。彷彿丁令威，魂歸華表巔。有靦此面目，難為父老言。智者哀我辱，愚者笑我頑。或有賢達士，謂此勝錦旋。人生七尺軀，百歲寧復延。所貴一寸丹，可逾金石堅。求仁而得仁，抑又何怨焉？[19]

這是煌言對他鄉人給予的一個答覆。他們在鄞縣羈押了十天光景，省裡的檄文覆來，命令將煌言等全部解送到杭州去，張杰就備了四人大轎，送煌言上船啟行。

轎子抬到鄞縣城門口，煌言吩咐轎夫暫停。他走下轎來，向北下拜說：「臣志畢矣。」再返身朝城裡拜了一拜，說道：「煌言不肖，徒苦故鄉父老，辜負二十年來的矚望。」起來，重又下拜道：「從此，我不能再見張氏家廟了。」此時，煌言舊部投降滿清後留在寧波者為數不少，再加上鄉里親舊，一時齊集路旁前來相送的竟有幾千人之多，煌言都向他們拱手作別，這些人見了煌言，見了這樣從容的情景，都情不自禁地痛哭起來。煌言上船時，押解的差官怕他投水自殉，所以吩咐差兵左右扶持而行，煌言笑道：「此處不是我的死地，不必如此。」[20]

煌言從此渡江，就永別了他的故鄉。

煌言在船上，夜眠不寐，忽聽船頭上有人高唱著蘇武牧羊的曲子，煌言心知此時此曲，必是有因而至，他立刻披衣起坐，扣舷相和，一時朗朗歌辭，與入夜江潮互相起落，激楚人心。歌罷，煌言特地跑到船頭，尋見歌者原來是個防卒，問他姓名，叫做史丙。煌言懇切地對他說道：「吾志已定，你不必憂

---

19 編者注：一作〈被執過故里〉，《張蒼水集．采薇吟》，頁一七六；《張蒼水先生專集．采薇吟》，頁一一八；《張蒼水全集．采薇吟》，頁一一〇－一一一。

20 編者注：高允權：〈奇零草後序〉，《張蒼水集．附錄》，頁三三四－三三五；《張蒼水先生專集．張蒼水公遺著跋》，頁二一五－二一六；《張蒼水全集．附錄張蒼水公遺著跋》，頁三八三－三八四。

慮。」並且酌酒相勞。自此以後，煌言每日叫他來說說閒話，十分獎愛他的忠義。據說煌言隨身所攜平生詩文的抄稿，裝在一個布囊裡面，就於此時交給史丙保藏的。煌言死後，有個宜興人徐堯章，不知怎麼探聽到這件事，就跑來向史丙交涉，願出鉅資向史收購煌言的遺墨，然而史丙拒絕了，他說：「張公的手跡，我每天都要焚香膜拜的，怎能給你？」後來，徐堯章終於抄了一個副本出來，或者這也是煌言遺作流傳的最初的源頭。[21]

解送杭州途中，不免枷鎖鋃鐺，夜間投宿官亭，煌言詩道：

漫道詩書債未償，滿身枷鎖夢魂香；可憐今夜官亭月，無數清光委路旁。[22]

翌朝，乘船橫渡錢塘江，艤舟口岸時，煌言忽見有人從岸上向船艙裡擲進一個紙包來，檢來一看，卻是一張詩箋包了一塊瓦片。那上面寫道：「此行莫作黃冠想，靜聽先生正氣歌。」煌言看了笑道：「此人正是王炎午的後身。」[23]

據《四明談助》說，守候江岸投擲詩瓦的是一個和尚打扮的人，[24]當時明末遺老入空門為僧者甚多，此舉只是仿效宋末義士王炎午之生祭文天祥，表示鼓勵他毅然殉國，以全忠節的意思。

船渡錢江，將入杭州城時，煌言想到卜葬西湖的岳武穆和于忠肅，他有〈將入武陵〉二詩道：

---

21 鈕琇《觚賸》、黃宗羲《南雷行朝錄》均謂蒼水所著詩詞，貯一布囊，悉為邏卒所焚。而全祖望碑銘及溫睿臨《南疆逸史》則均敘防卒史丙襲藏經過一段，傳從全記。編按：鈕琇《觚賸》，卷一，〈吳觚上・布囊焚餘〉，頁五－六；全祖望〈明故權兵部尚書兼翰林院侍講學士鄞張公神道碑銘〉，頁一九六－一九七。惟黃宗羲《行朝錄》及溫睿臨《南疆逸史》二書，均未見言及張氏遺著之事。李瑤《南疆繹史》則有記史丙藏張氏詩文之說，見第三冊，卷二十二，〈浙中閣部諸臣列傳十六・張煌言〉，頁二三一。

22 編者注：《采薇吟・宿官亭》，《張蒼水集》，頁一七七；《張蒼水先生專集》，頁一一八；《張蒼水全集》，頁一一一。

23 編者注：全祖望：〈明故權兵部尚書兼翰林院侍講學士鄞張公神道碑銘〉，頁一九三。

24 編者注：徐兆昺：《四明談助》（寧波：寧波出版社，二〇〇〇年），上冊，卷四，〈西渡・西渡僧擲詩瓦〉，頁一一二。亦見於《張蒼水全集》，頁三〇五。

義幟縱橫二十年，豈知閏位在于闐。桐江空繫嚴光釣，震澤難回范蠡船。生比鴻毛猶負國，死留碧血欲支天。忠貞自是孤臣事，敢望千秋青史傳。

國亡家破欲何之？西子湖頭有我師，日月雙懸于氏墓，乾坤半壁岳家祠。慚將赤手分三席，敢為丹心借一枝。他日素車東浙路，怒濤豈必屬鴟夷。[25]

煌言等一行逮解到杭，時在八月之初。

據說滿清總督趙廷臣，非常敬服煌言的忠義，因此對他延禮甚恭。煌言初見時，坐定賓座後，先對趙廷臣拱拱手說：「前蒙賜函，無奈煌言賦性拘執，不知悔悟，以致勞煩尊使。」

左右送上滿人習用的酥茶來，他對他們搖搖手說：「我從來不知此味。」

煌言七月被執，至此八月早寒，有人看他衣裳單薄，要給他添加衣服，煌言看是滿清的衣式時，便堅不肯穿，他有極堅強的克己功夫，即使小節，從不隨便。

據《明季南略》說：煌言和趙廷臣談論以前海上的情形很久，惹得此時陪坐一旁的羅子木，大不耐煩，就大聲打斷他們的話頭道：「公先後是個死字，何必再與這輩人多說廢話。」

煌言默不作聲。趙廷臣最後勸說煌言道：「公若肯降，富貴功名可以立致。」

「此等事講它恁的，在小弟唯求速死。」[26]煌言突然正色而答，從此就不再開口。

於是在特別預備下的一個拘處，將煌言等一行拘押了起來。[27]並且特許

---

25 編者注：《張蒼水先生專集．采薇吟》，頁一一九；《張蒼水全集．采薇吟》，頁一二一。

26 編者注：《明季南略》，第二冊，卷十，〈浙紀．張煌言臨難賦絕命詞〉，頁三〇九。

27 無名氏撰傳云：「至武林處於舊府。」陳景鍾〈清波小志補〉云：「送居蕭寺。」而煌言自寫詩均稱獄中。且亦記其生活情形，固無優異之處。前人言不可盡信也。

已經投降的煌言舊部，可以前往慰問。煌言對於這班失節的同事，只是踞坐胡床，拱手不起。後來杭州有許多老百姓，渴慕忠義，也以財物賄賂看守的吏卒，前來求見張大司馬，並且有好多人帶了紙來，求他寫字留念，煌言這才高高興興地，身在羈押之中，卻又「翰墨應接無虛日」起來。

關於煌言獄中風采，幸有一幅繪於武林監所的畫像，流傳下來，使三百年後的我們，也還能依稀想望當時的風神音貌。據厲志（駭谷）題張忠烈公遺像文，記他拜見甬上徐泗亭家藏的獄中繪像說：

> 瞻公遺像，烏帽緋袍。面長一尺，眉高於目寸有二分，顴與耳齊，鼻中懸如柱，鬚五出索索有聲，目平視而微俛，黯然若有憂色。[28]

即此寥寥數語，卻還栩栩滿含生氣，真所謂肝膽照人，精靈不滅的了。

煌言初就羈押時，他既恨山中奪劍，自裁不成，因此就立意自行絕食。他有〈羈恨〉二首寫他獄中生活說：

莫道輕生易，應憐速死難。聯床皆候卒，傾座只夷官。魚睨嚴宵柝，拘孿異燕衎。歐刀安得借，虎穴正漫漫。

又道：

孤竹羞周粟，余懷胡不然。暫將吞炭恨，並作茹荼憐！一匕分氈雪，三杯酌乳泉。終當從辟穀，豈羨赤松仙。[29]

但是，煌言絕食沒有成功，看守的吏卒怕他有個意外自己受累，所以不但

28 編者注：厲志：〈題張忠烈公遺像〉，《張蒼水先生專集・題詠文》，頁四一六－四一七；《張蒼水全集・題詠》，頁三七二。

29 編者注：《采薇吟》，《張蒼水先生專集》，頁一一七；《張蒼水全集》，頁一一〇。編按：「夷官」，原文作「奚官」。

防閑嚴密，且又苦苦向他哀求，求他暫緩須臾，以免累害他們擔負過責。羅子木也笑著勸道：「大丈夫死忠，應該任聽他們處置，何必自裁哩。」[30]

煌言只得勉強聽從他們的勸阻，稍稍復食。

他們就是這樣被羈管了起來，牽延不決。

煌言於八月七日作〈放歌〉一章，寫在獄壁上，以誌他破家亡國的慘傷，和他自己求仁得仁的決心。這章詩他自以為足以媲美文天祥的〈正氣歌〉。詩曰：

吁嗟乎！滄海揚塵兮日月盲，神州陸沉兮陵谷崩。藐孤軍之屹立兮呼癸呼庚，予憫此子遺兮遂息機而寢兵；方壺圓嶠兮聊稅駕以埋名，豈神龍魚服兮罹彼豫且之罟。予生則中華兮死則大明，寸丹為重兮七尺為輕，維彼文山兮亦羈紲於燕京，黃冠故鄉兮非予心之所欣。欲慷慨以自裁兮既束縛而嚴更，學謝公以絕粒兮奈群啄之相並，等鴻毛於一擲兮何難談笑而委形，憶唐臣之嚼齒兮視鼎鑊其猶冰。念先人之踐土兮忠孝無成，翳嗣子於牢籠兮痛宗祀之云傾。已矣乎！蔔瓊謝玉兮亦有時而凋零，予之浩氣兮化為風霆，余之精魂兮化為日星，尚足留綱常於萬禩兮，垂節義於千齡，夫何分孰為國祚兮，孰為家聲？歌以言志兮，肯浮慕乎箕子之貞，若以擬夫正氣兮，或無愧乎先生。[31]

煌言在押，趙總督不時存問，煌言有〈覆趙督臺〉二詩，據說是應趙的請求而寫的，措詞非常蘊藉，但仍十分嚴正。如言：

揶揄一息尚圖存，呑炭呑氈可共論。復望臣靡興夏祀，祇憑帝鑒答商孫。
衣冠猶帶雲霞色，旌旆仍留日月痕。贏得孤軍同碩果，也留正氣在乾坤。

30 編者注：《東南紀事》，卷九，〈葉羅二客傳〉，葉十四右（頁七十三）。原文為：「（羅）子木笑曰：『大丈夫死忠，任其處置可也。』飲啖如平時。」

31 編者注：《采薇吟》，《張蒼水集》，頁一七八—一七九；《張蒼水先生專集》，頁一一九；《張蒼水全集》，頁一一一二。

不堪百折弔孤臣，四望蒼茫九死身。難挽龍髯空問鼎，獨留螳臂強當輪。謀同曹社非無鬼，哭罷秦廷哪有人。可是天方從閏位，黃雲白草未生春。[32]

趙總督勸說煌言就降既無希望，只得將逮捕的經過奏呈北京的滿清政府，請示處置的辦法。

在覆命未到以前，煌言實在耐不住獄中漫長的日月，他是一個生活在戰場上的人，枯寂的獄中生活，真是如坐針氈；他曾屢次請求督院「速賜取決」，[33]但是北京的廷諭未至，趙廷臣何敢措置。他們便只得度著一日三秋的獄中歲月。如〈武林獄中作〉說：

雲臺圖畫杳，雪窖夢魂寬。豈望黃羊乳，無勞白鹿餐。

又說：

空思供槖膳，誰識報壺餐。羞殺無魚鋏，從今莫浪彈。[34]

許多舊人的記載說趙廷臣如何禮遇煌言，盛設供帳，其實都是不確的，以一個漢奸，特別是猜忌成性的滿人手下的奴才，何敢對忠貞之士「盛設供帳」。煌言是鋃鐺就道地到杭州來的，也度著嚴酷的獄中生活，一直到成仁為止，看他自己所寫獄中諸作便可明白了。

---

32 編者注：一題作〈答趙廷臣〉，《張蒼水集．采薇吟》，頁一七四；《張蒼水先生專集．詩外編》，頁一三三－一三四；《張蒼水全集．詩外編》，頁一二六。

33 世傳煌言在獄中，有上趙督臺書，請求立賜取決者。張壽鏞編《四明叢書》張蒼水集收入外編，並注曰：此書開首即稱清朝，煌言一生所從未肯言者，書首長論謝疊山一段，語亦不倫，疑為偽作，頗有見地，刪而不存。編按：此處所指者，乃《四明叢書》本《張蒼水集》中的〈貽趙廷臣書〉，見《四明叢書》，第二集，第三十三冊，卷七，頁二十一右－二十三右。張壽鏞按語在頁二十三右－二十三左。

34 編者注：詩共三首，此處所引者，乃節錄自第一、二首。見：《采薇吟》，《張蒼水先生專集》，頁一二〇；《張蒼水全集》，頁一一三。

當時，杭州的一般士流，對於煌言的被捕，也有種種不同的議論，正如寧波一樣，雖然低頭欽服他生平節概者很多；但是對他入山避死終至蒙頭受辱一節，發生嗟惜或疵議的人還是不少。

所以，煌言甲辰（一六六四年）九月感懷詩〈在獄中作〉說：

> 口碑載道是還非，誰識蹉跎心事違。……得與墨胎相把臂，九原應不恨知希。

又曰：

> 羈縻斗室尚何為？慷慨從容我亦疑。……鞲鷹躑躅堪誰語，鎩鳳踌躇只自知。

真是道盡了他心上的寒冷，失敗的英雄，在庸凡俗流中，是只有寂寞的。

更使他難以忍受的是這樣一種遷延羈囚中無聊的日子，〈感懷詩〉第三章說：

棘林宛轉盡針氈，便擬寒灰豈易燃。空有沉湘魂黯黯，幸無入洛影翩翩。鸞刀欲下何須挽，雁帛當頭不用傳。惆悵寸陰真是歲，小樓爭系坐三年。[35]

幸而，到了九月初上，北京的朝命傳到了杭州。

據《明季南略》說：「疏聞，廷議有謂宜解京斬之者，有謂宜拘留本處者，又有謂優待以招後來者，久不決。部覆云：解北恐途中不測，拘留慮禍根不除，不如殺之。」

九月初七日，煌言坐了一乘竹輿，赴市就刑。他冠幘整齊，昂坐輿上，神

35 編者注：詩共四首，此處所引者為第一、二、三首。見《采薇吟・甲辰九月感懷》，《張蒼水集》，頁一七八；《張蒼水先生專集》，頁一二一；《張蒼水全集》，頁一一四。

態從容。轎子抬出市街，他坐在轎上遙遙望見鳳凰山一帶的蔥蘢林木，不禁讚嘆了一聲：「好山色！」[36]

此外別無一言。一直到了弼教坊刑場，他才口占絕命詞，命人記錄下來道：[37]

我年適五九，復逢九月七。大廈已不支，成仁萬事畢。[38]

據說擔任記錄的那人，望見煌言這樣從容的神情，凜然的氣度，先自慌亂了心意，竟在此短短二十字中寫錯了一個，他錄畢照例念了一遍給他聽時，煌言笑道：「他日自有知者，不必再改。」

於是，煌言就挺立受刑。據傳，這一天，驟雨傾盆，白晝如晦，杭州人無論知與不知，都偷自慟哭這一代民族貞元，從此長逝了。

與煌言同時被捕的舊從，參軍羅綸（子木），侍者楊冠玉，守備葉雲，都於同日殉難。[39]

36 編者注：翁洲老民：《海東逸史》（臺北：臺灣銀行經濟研究室，一九六一年），卷十三，列傳十，頁七十八；全祖望：〈明故權兵部尚書兼翰林院侍講學士鄞張公神道碑銘〉，頁一九四；《南疆繹史》，第三冊，卷二十二，〈浙中閣部諸臣列傳十六・張煌言〉，頁三三〇。

37 〈絕命詞〉各本互異，茲從《魯春秋》。所謂筆錄偶訛一字，煌言笑謂他日自有知之者，不知所訛何字。陳景鍾〈清波小志補〉作「我年四十九，卻逢九月七」或即指此句年齡訛記而言。編按：見《趙譜》，《張蒼水集・年譜（二）》，頁二四八；《張蒼水先生專集・年譜（二）》，頁二五八；《張蒼水全集・年譜（二）》，頁二四〇。

38 編者注：《采薇吟・絕命詩》，《張蒼水集》，頁一七九；《張蒼水先生專集》，頁一二一；《張蒼水全集》，頁一一五。

39 從煌言就義者，各本互記不同。《魯春秋》記羅子木、葉雲、楊冠玉，及持槳者二人，曰前所並執五人從死。全祖望碑銘記羅楊外舟子三人。《仁和縣志》曰客羅僕楊等五人。徐逢吉《清波雜誌》記葉楊二人無羅子木，鈕琇《觚賸》及林時對《遺集記言》均記客羅子木及從者二人。今依三人說，從附葬實跡也。編按：《魯春秋》，頁七十五－七十六；全祖望：〈明故權兵部尚書兼翰林院侍講學士鄞張公神道碑銘〉，頁一九五－一九六；《清波小志》，卷下，頁七十七；《觚賸》，卷一，〈吳觚上・布囊焚餘〉，頁五。查作者所言諸書，《仁和縣志》並無張煌言資料，該條資料始載於《四明叢書》本張氏遺集（見《四明叢書》，第二集，第三十五冊，〈張蒼水集附錄三・傳略一〉，頁一右－二右），未知所據為何。今存林時對的序跋題詠，亦未有言及從死者。又，《清波雜誌》，應為《清波小志》。

冠玉，也是鄞縣人，是煌言的鄰人之子，本係舊家後裔，父母死了以後，從煌言於海上。據沈冰壺《張公蒼水傳》說：「冠玉，鄞人。年少美姿容，諧媚謹願，公絕愛幸之，臥起飲食必與共；居恆邑邑，得冠玉立解。及公被難，流連不忍去，旗人有豔而欲得之者，堅不可，乃同被害。」語涉陰私，雖然不可遽信，然而煌言一生漂泊海上，戎馬倉皇，二十七歲離家以後，就斷絕了室家之歡，有這樣的謠言發生，也是常識之內的事，僅不必為君子諱言。後說，冠玉被捕時，年紀很輕，趙總督以為這樣一個小孩子殺了可惜，有意想要將他開脫，但是冠玉卻說「司馬公殉忠，冠玉義不獨生」。延頸就刃。劊子手在臨刑前照例命他下跪受刑，他還大聲反抗道：「我也不跪的。」——真是一個有義氣的好孩子。

煌言的妻子董夫人和兒子萬祺，在煌言就義之前數日，先在鎮江獄中駢首就戮了。[40]萬祺生於崇禎十二年，此時已是一個二十六歲的青年，也陪同父親做了民族革命的犧牲。至此，雍睦堂張氏一門中，大宗煌言那一支脈，已經完全絕滅。他的從兄弟雖有存者，但是逃亡離散，不知所終。據族譜所傳，後來依照成例，以從弟嘉言的獨子鴻福繼承了煌言的宗祀，做了他的嗣子。在煌言就義時，鴻福還只是一個八歲的孩子，但他的生父和繼父都先死了。

全祖望碑銘，還記有一個關於煌言後嗣的傳說：「或曰：公子萬祺，在鎮江，故嘗有侍婢，舉一子，守者憐其忠嗣，私為育之，然今無可考矣。」[41]至《四明談助》更神其說，以為嘉慶時的浙江提督滿人蒼保，即為張氏留存鎮江的後裔，文曰：「公苗姓，世為旗弁，嘗與黃東井曰：吾姓非苗也。祖上為鎮江都統，有故明忠臣張氏者，其子執於鎮江，祖上憐其忠，密為娶婦生子，而以為己子，以至於今，吾張氏也。東井聞此語，筆於蒼公傳後，以為世傳蒼水有子，存於旗下，其言猶信。」[42]

40 全撰年譜稱：「夫人董氏獄中削髮為尼得免。」無名氏撰傳卻說：「夫人董先死。」全譜文字衍謬，疑係偽書，姑存此說而已。

41 編者注：〈明故權兵部尚書兼翰林院侍講學士鄞張公神道碑銘〉，頁一九八。

42 編者注：《四明談助》，下冊，卷二十四，〈南城諸迹（五中）．蒼提督保〉，頁八〇七。引文「以為世傳蒼水有子」，原文作「以為蒼水有孫」。

這種傳說，顯然因為後人以死節的忠臣，不能再讓他無後，便造作這種離奇的故事出來，裝點煌言淒涼的身後，不過表示由衷的敬愛而已。事實是「本無可考」的。

煌言被執後，曾有以〈憶西湖〉為題的一絕句：

夢裡相逢西子湖，誰知夢醒卻模糊。高墳武穆連忠肅，參得新墳一座無？[43]

他的意思是指示將來的墓地，希望擇在杭州西湖湖畔，岳墳于墓之鄰。煌言就義後，由他的同鄉朋友紀五昌出資，叫煌言的外甥朱相玉出面，贖買他的頭顱，收了屍身，由杭州人張文嘉、沈横書等辦理盛殮。

紀字衷文，號九峰，崇禎進士，與煌言是少年同學的密友，共參劃江之役，紀入錢肅樂幕，襄贊甚多，初任行人司行人，後升任監察御史。浙東潰敗，紀即因親老辭不赴海，奉母居鄉。煌言曾有〈寄紀侍御衷文〉二詩說：

憶昔同堂勉聖賢，正當國難慨滄田。桃源有路君知避，博浪無椎我欲顛。

記敘他們的交誼和分野。接著又說：

夏與猶賴臣靡力，楚復還憑包胥身。應念同仇多死友，休言有母不售人。[44]

竭力反對他的高蹈，招致他同來海上，共營煉石補天的神工。不料紀之不行，卻擔任了煌言的後事。

43 編者注：《張蒼水集．奇零草》，頁一六三；《張蒼水先生專集．采薇吟》，頁一一九；《張蒼水全集．采薇吟》，頁一一二。

44 編者注：《張蒼水集．奇零草》，頁一六六；《張蒼水先生專集．詩外編》，頁一二五—一二六；《張蒼水全集》，頁一一八—一一九。

煌言的葬地，是由朱錫九、錫蘭、錫旗、錫昌等四兄弟，預先遵照煌言的遺志，在西湖南屏山荔子峰下，昌化伯邵林墳之西的地方，買就了墳地；[45] 又由他的同鄉僧人超直及萬斯大等負責瘞埋，羅子木、楊冠玉、葉雲等三人，都附葬在張墓的旁邊。

在當時的政治環境之下，做這盛殮瘞埋的事，是一件冒險的工作，他們都是冒著殺身之禍祕密收埋忠骨的。徐逢吉〈清波小志〉：「僧問石，法名超直，鄞縣陳氏子，年廿餘有出家之志，來錢塘薙髮於湖南之白蓮洲，即今留錫庵。受老僧虛舟付囑……甲辰（一六六四年）七月王先生被執至武林，九月七日就義，從者二人，皂隸葉雲侍者冠玉同死焉。石公共收瘞之南屏之原。」[46] 而陳景鍾作〈清波小志補〉就說：「王先生，諱言也，實即蒼水。」[47] 由此可知當時這項工作的艱險諱祕，使煌言的後事，顯得異常的淒涼，一抔黃土，僅掩忠骸而已。

十五年後，即康熙十八年己未，七十高齡的老友黃梨洲（宗羲）來到西湖訪尋煌言的墳墓，草荒樹密，已經很難辨認的了。《南雷詩曆》卷二有〈尋張司馬墓〉一詩說：

> 草荒樹密路三叉，下馬來尋日色斜。頑石嗚呼都作字，冬青憔悴未開花。夜臺不敢留真姓，萍梗還來酹晚鴉。牡礪灘頭當日客，茫然隔世數年華。[48]

「夜臺不敢留真姓」，煌言的身後也還免不了異族的壓迫。然而，他這個輝煌的姓氏，又豈是滿清政府的暴力政治就能夠輕予消滅的呢！

---

45 萬曆《杭州府志》，明昌化伯邵林墓，在九曜山之陽。邵林為明孝惠太皇太后之父，嘉靖十九年勅葬西湖，故俗稱邵皇親墳。編按：劉伯縉修，陳善等纂：《杭洲府志》（萬曆七年〔一五七九年〕刊本），卷四十九，頁二十右。

46 編者注：《清波小志》，卷下，頁七十七。

47 編者注：《清波小志補》，頁一〇四。原文為：「徐（逢吉）先生《（清波）小志》稱王先生葬處，即蒼水先生也。其初人多諱言之，故率稱王先生云。」

48 編者注：見《黃宗羲全集》，第十一冊，頁二九〇－二九一。

煌言的父親圭章先生，曾主過黃忠端公家的教館，梨洲的諸父都是他的門人。後來梨洲也曾扈從魯監國於舟山，做過左副都御史，與煌言是救亡同志而又是兩代深交的密友，所以，他雖在文網緊密的當時，也不避嫌諱，訪墓而後，更有題作〈蒼水〉的一詩，寫出他的哀傷和悼念：

> 十年苦節何人似，得此全歸亦稱情。廢寺醵錢收棄骨，老生禿筆記琴聲。遙空摩影狂相得，群水穿礁浩未平。兩世雪交私不得，只隨眾口一閑評。[49]

飢鷹餓隼，遙空摩影以伺敵，敵雖未致，不失其為健羽；細流支渠，倘洶湧群匯其力，力亦不弱。縱不能穿穴礁岩，而此一番不平浩氣，也當長存於天地之間。煌言入海之初，嘗有句曰：「浩氣填胸星月冷，壯懷裂髮鬼神愁。」[50]宛然是自為一生作結語。至今浙閩海上，風濤嗚咽，西湖祠墓，雲樹蒼茫，似乎都在為此一代人豪，哀其苦節！弔其孤忠！

附記

煌言葬後七十餘年，道士吳乾陽修復墓道。《鮚埼亭詩》有：「蒼水先生墓道漸堙，道士吳乾陽謀修復之。」而曰：「一逼發鳩巢，千年夸父宅。豈期世外人，丙念此窀穸。」又曰：「中有鼯鼪居，旁為狐兔陌。翩翩有羽衣，高情見風骨。」[51] 足徵當時張墓幾已湮沒荒失的情況。

---

49 編者注：同上，頁二六一－二六二。編按：全集題為《張司馬蒼水》，「十年」作「廿年」。

50 編者注：〈海上二首（一）〉，見《張蒼水集·奇零草》，頁九十五；《張蒼水先生專集·詩外編》，頁一二六；《張蒼水全集·詩外編》，頁一一九。

51 編者注：此詩原題為〈蒼水先生墓道漸湮，道士吳乾陽謀修復之，和純軒韻〉，見全祖望《鮚埼亭詩集》（《全祖望集彙校集注》，下冊），卷七，〈湓輿二集〉，頁二二二五－二二二六。前一詩原文為：「一區發鳩巢，千年夸父宅。豈期世外人，而念此窀穸。」

至乾隆四十一年（一七七六年），清皇命廷臣撰《勝朝殉節錄》，煌言以原官得謚忠烈。此固異族統治者之一種政治權術，貌為崇念先賢，實寓勸漢臣盡忠於我之意。煌言有靈，當不願承。但因有此，得使後之景仰者，如錢馥海、鄭勳等可為募銀營墓田，建祠堂坊表，春祭秋祀，不必再事諱祕，終副謝山之望：「他年萬香火，鄂於共靈跡」[52]矣。

越十六年，萬斯大之孫福謀，克承先志，為蒼水立石墓門；海寧名士陳鱣（仲魚）大書曰：「皇清賜謚忠烈明兵部尚書蒼水張公之墓。」至今廟貌巍峨，矗立湖上。唯乾隆壬子（一七九二年）上距煌言就義，為時已歷一百十三年，瘞骨之區，能不掩沒蒿萊者，雖云幸矣，亦可悲也。

其他，杭州之眾安橋，故鄉鄞縣及浙江南田、象山等縣，均有祠祀，不贅記。

52 編者注：同上，頁二二二六。

附錄

明兵部左侍郎蒼水張公墓誌銘

黃宗羲

語曰：「慷慨赴死易，從容就義難。」所謂慷慨、從容者，非以一身較遲速也。扶危定傾之心，吾身一日可以未死，吾力一絲有所未盡，不容但已。古今成敗利鈍有盡，而此不容已者，長留於天地之間。愚公移山、精衛填海，常人藐為說鈴，賢聖指為血路也。是故知其不可而不為，即非從容矣。宋、明之亡，古今一大厄會也。其傳之忠義與不得而傳者，非他代可比。就中險阻艱難，百挫千折，有進而無退者，則文文山、張蒼水兩公為最烈。武林張文嘉、甬水萬斯大與僧超直，葬蒼水於南屏之陰。余友李文胤謂：「文山屬銘於鄧元薦，以元薦同仕行朝也。今行朝之臣無在者，蒼水之銘，非子而誰？」余乃按公《奇零草》、《北征錄》及公族祖汝翼世系，次第之以為銘。

公諱煌言，字玄箸，別號蒼水，宋相張知白之裔也。曾孫集賢修撰襲，自滄州徙平江。集賢子籲，又自平江徙鄞。九傳至景仁，避元末之亂，泛海至高麗，洪武初始返鄉里。又四傳而張氏以雍睦名。長伯祥，舉成化癸卯賢書，次斑，次玠，次憬，里人以孝友名之。玠生錫，錫生淮，淮生尹忠，尹忠生應斗。應斗生圭章，字兩如，天啟甲子舉人，仕至刑部員外郎，公之父也。妣趙氏，封宜人。

公幼頗跅弛不羈，好與博徒游，無以償博進，則私斥賣其生產；刑部恨之。然風骨高華，落落不可一世。年十六，為諸生。時天下多故，上欲重武，令試文之後試射。諸生從事者新，射莫能中；公執弓抽矢，三發連三中，暇豫如素習者，觀者以為奇。崇禎壬午，舉鄉試。

東江建義，公與錢忠介同事，授翰林院編修，出籌軍旅，入典制誥。丙戌，師潰，公汎海依肅虜於滃洲。明年，松江吳勝兆反，公以右僉都御史持節監定西侯軍以援之，至崇明，颶風覆舟，公匿於房師故諸暨令家以免，得間道歸海上。又明年，移節上虞之平岡山寨，與王司馬相犄角，焚上虞，破新昌，浙東列城為之晝閉。庚寅，滃洲為行朝，公復從之。滃洲墮，扈蹕至閩海。時閩事主於延平，遙奉桂朔，主上為寓公而已。公激發藩鎮，改鷁首而北之。癸巳冬返浙。

明年，復監定西侯軍，入長江，登金山，遙祭孝陵，三軍皆慟哭失聲，爟火通於建業，題詩蘭若中。以上游師未至，左次崇明。頃之，再入長江，掠瓜、儀，抵燕子磯，南都震動。而師徒單弱，中原豪傑無響應者，亦遂乘流東下，聯營浙海。

戊戌，滇中遣使授兵部左侍郎兼翰林院學士。延平北伐，公監其軍。碇羊山，孽龍為禍，海舶碎者百餘，義陽王溺焉。羊山者，海中小島，群羊乳其上，見人了不畏避，然不可殺；殺之則風濤立至。軍士不信，執而烹之，方熟而禍作，於是返旆。

明年五月，延平全師入江，公以所部義從數千人並發。至崇明，公謂延平：「崇沙江海門戶，懸洲可守，不若先定之為老營，脫有疏虞，進退自依。」不聽。將取瓜州，延平以公為前茅。時金、焦間鐵索橫江，夾岸皆西洋大炮，炮聲雷鍧，波濤起立。公舟出其間，風定行遲，登柂樓，露香祝曰：「成敗在此一舉。天若祚國，從枕席上過師。否則以余身為齏粉，亦始願之所及也。」鼓棹前進，飛火夾船而墮，若有陰相之者。明日，延平始至，克其城。議師所向，延平先金陵，公先京口。延平曰：「吾頓兵京口，金陵援騎朝發夕至，為之奈何？」公曰：「吾以偏師水道薄觀音門，金陵將自守不暇，豈能分援他郡？」延平然之，即請公往。未至儀真五十里，吏民迎降。

六月二十八日抵觀音門。延平已下京口，水師畢至。

七月朔，公哨卒七人掠江浦，取之。五日，公所遣別將以蕪湖降，書至，延平謂：「蕪城上游門戶，倘留都不旦夕下，則江、楚之援日至，控扼要害，非公不足辦。」七日，至蕪湖，相度形勢，一軍出溧陽以窺廣德，一軍鎮池郡以截上流，一軍拔和陽以固采石，一軍入寧國以逼新安。傳檄郡邑，江之南北，相率來歸。郡則太平、寧國、池州、徽州，縣則當塗、蕪湖、繁昌、宣城、寧國、南寧、南陵、太平、旌德、貴池、銅陵、東流、建德、青陽、石埭、涇縣、巢縣、含山、舒城、廬江、高淳、溧陽、建平，州則廣德、無為、和陽，凡得府四、州三、縣二十四。江、楚、魯、衛豪傑，多詣軍門受約束，歸許禡牙相應。

當是時，公師所過，吏人喜悅，爭持牛酒迎勞。父老扶杖炷香挈壺漿以獻者，終日不絕，見其衣冠，莫不垂涕。公撫慰懇惻，入謁先聖，坐明倫堂，長吏故官入見，或青衣待罪，或角巾抗禮，公考察黜陟，如州牧行部事，民間不見此儀者，蓋十五年矣。

亡何而金陵之敗聞。公方受新安之降，乃返蕪湖。初，公語延平：「師老易生他變，宜遣諸帥分巡郡邑。留都出援，我則首尾邀擊；如其自守，我則堅壁以待；倘四面克復，收兵麕至，金陵如在掌中矣。」延平不聽，自以為功在漏刻，士卒釋兵而嬉，樵蘇四出，營壘為空。北帥諜知，以輕騎襲破前屯。延平倉卒移帳，質明，軍竈未就，北師傾城出戰。兵無鬥志，大敗。延平亦遂乘流出海，並撤京口之師而去。公之聞敗也，亦謂大軍雖挫，未必遽登舟；即登舟，未必遽揚帆；即揚帆，必且退守鎮江。故彈壓列城，無有變志。遣人至延平，請益百艘，天下事尚可圖也。已而知其不然，北艘千餘截於下流，歸路已梗。公以江、楚敗問未至，姑引舟趨鄱陽以集散亡。

八月七日，次銅陵，與楚師遇，兵潰。有言英、霍山寨可投者，乃焚舟登陸，士卒尚數百人。十七日，入霍山界。縣有陽山寨，寨在山巔，可容萬人，饒水泉，故義師所據，已受招撫。聞公至，拒之。英山有將軍寨，轉而至彼。渡東溪嶺，追師奄至，士卒皆竄。公相依只一僮一卒，迷失道，土人止之。公賂土人為導，變服夜行。天明而蹤跡者眾，導脫身去。蹤跡者得賂乃解。然茫然不知去向。念有故人賣藥於安慶之高河埠，求一人導至其所。至則故人他往，而故人之友識公為張司馬，憐其忠義，導公由樅陽湖出江，渡黃盆，抵東流之張家灘，陸行建德、祁門兩山中。公方病瘧，力疾零丁。至休寧，買棹入嚴陵。浙人熟公面目，改而山行，自婺之東、義，出天台，以達海壖。樹纛鳴角，散亡復集。

庚子，駐師臨門。辛丑冬，入閩海。遣客羅子木至臺灣，責延平出師。時延平方與紅夷搆難，殊無經略中原之志。公作詩誚之云：「中原方卜鹿，何暇問紅梁。」

明年，滇上蒙塵。延平師既不出，公復歸浙海。甲辰，散兵居於懸嶴。懸嶴在海中，荒瘠無居人，山南多汊港通舟，其陰巉巖峭壁，公結茅其間。從者為羅子木、楊冠玉，餘惟舟子、役人而已。

於時海內承平，滇南統絕，八閩瀾安，獨公風帆浪楫，傲岸於明、臺之間。議者急公愈甚，係累其妻子、族屬以俟。公之小校降，欲生致公以為功。與其徒數十人，走補陀，偽為行腳僧。會公告羅之舟至，羅人謂其僧也，昵之。小校出刀以脅羅人，令言公處。擊殺數人，而後肯言，曰：「雖然，公不可得也。公畜雙猿，以候動靜。船在十里之外，則猿鳴木杪，公得為備矣。」小校乃以夜半出山之背，緣藤踰嶺而入，暗中執公，並及子木、冠玉、舟子三人。七月十七日也。

十九日，公至寧波，方巾葛衣，轎而入。觀者如堵牆，皆嘆息以為晝錦。張帥舉酒屬公曰：「遲公久矣。」公曰：「父死不能葬，國亡不能救，死有餘罪。今日之事，速死而已。」

後數日，送公至省，供帳如上賓。公南面坐，故時部曲，皆來庭謁。司道郡縣至者，公但拱手不起，列坐於側，皆視公為天神。省中人賂守者，得睹公面為幸。翰墨流傳，視為至寶。每日求書者堆積几案，公亦稱情落筆。

九月七日，幕府請公詣市。公賦絕命詩：「我年適五九，復逢九月七。大廈已不支，成仁萬事畢。」遂遇害。子木、冠玉、舟子三人皆從死。子木名綸，溧陽人。冠玉鄞人。

公生於萬曆庚申六月初九日，年四十五。娶董氏，子萬祺，先公三日戮於鎮江。今以再從子鴻福為後。

公精於六壬，兵屯東溪嶺，占得四課空陷；方大驚而追騎已及。羅舟未返，占課大凶，主有非常之變；徘徊假寢，卒遭束縛。

間嘗以公與文山並提而論：皆吹冷焰於灰燼之中，無尺地一民可據；止憑此一線未死之人心以為鼓盪。然而形勢昭然者也。人心莫測者也；其昭然者不足以制，其莫測則亦從而轉矣。惟兩公之心，匪石不可轉；故百死之餘，愈見光彩。文山之《指南錄》，公之《北征紀》，雖與日月爭光可也。文山鎮江遁後，馳驅不過三載；公丙戌航海、甲辰就執，三度閩關、四入長江，兩遭覆沒，首尾十有九年。文山經營者，不過閩、廣一隅；公提孤軍，虛喝中原而下之。是公之所處為益難矣。公父刑部嘗教授余家，余諸父皆其門人。至余與公，則兩世之交也。念昔周旋鯨背蠣灘之上，共此艱難，今公已為千載人物，比之文山，人皆信之。余屈身養母，戔戔自附於晉之處士，未知後之人其許我否也？

銘曰：廬陵之祠，四忠一節。文山自許，俎豆其列。誰冠貂蟬，增此像設？曰惟信公，終焉是揭。西湖之陽，春香秋霧。北有岳墳，南有于墓。公亦有言，窀穸是附。同德比義，而相旦暮。前之廬陵，後之甬水。五百餘年，三千有里。一時發言，俱同讖語。天且勿違，成人之美。[1]

1 編者注：今存黃宗羲〈兵部左侍郎蒼水張公墓誌銘〉版本眾多，本書所引援者，內容主要乃據沈善洪主編《黃宗羲全集》第十冊（杭州：浙江古籍出版社，一九九三）的校勘（見是書，頁二八〇－二八八）。

張蒼水年表

明·紀年	清·紀年	干支	西元	年齡	紀事
萬曆四十八年		庚申	一六二〇	一歲	父圭章，母趙氏，以六月初九日生於浙江鄞縣。
天啟四年		甲子	一六二四	五歲	父圭章，中是年鄉舉。
天啟五年		乙丑	一六二五	六歲	始就塾讀書。
崇禎元年	天聰二年	戊辰	一六二八	九歲	初能詩。
崇禎四年	天聰五年	辛未	一六三一	十二歲	母趙氏卒。父判河東鹺，署解州篆，煌言隨在任所。
崇禎八年	天聰九年	乙亥	一六三五	十六歲	補邑弟子員。
崇禎十二年	崇德四年	己卯	一六三九	廿歲	生子萬祺。

崇禎十三年	崇德五年	庚辰	一六四〇	廿一歲	喜呼盧，負債無以償。全美樟代清其逋，勸以折節讀書。
崇禎十五年	崇德七年	壬午	一六四二	廿三歲	中是年鄉舉。
崇禎十六年	崇德八年	癸未	一六四三	廿四歲	公車北上，應會試不第。生女，後嫁全美樟之次子（即全祖望之族母）。
崇禎十七年	順治元年	甲申	一六四四	廿五歲	三月李自成陷京師，崇禎帝殉國。清定鼎北京。 五月福王由崧即位南京，改明年為弘光元年。 秋煌言遊南京與劉永錫訂交。
弘光元年隆武元年	順治二年	乙酉	一六四五	廿六歲	五月清兵破南都，弘光帝被擄，遇害。 浙東競起義煌言會錢肅樂舉兵鄞縣。赴天台迎魯王，王授官行人。 八月魯王以海至紹興，臨戎監國。賜煌言進士加翰林院編修，兼行人司事，入典制誥，出籌軍旅。 唐王聿鍵即位於福州，改是年七月一日後為隆武元年。隆武詔使至浙。煌言充報使入閩。

明·紀年	清·紀年	干支	西元	年齡	紀事
隆武二年監國魯元年	順治三年	丙戌	一六四六	廿七歲	方國安軍叛，浙東江上師潰。煌言倉卒歸家辭父，追扈監國魯王至舟山。監國加煌言右僉都御史，旋隨扈入閩。七月鄭芝龍降清，清兵破福京。八月隆武帝薨於汀州。十月桂王由榔即帝位於肇慶，改明年為永曆元年（一六四七）。鄭彩迎監國駐鷺門。
永曆元年監國魯二年	順治四年	丁亥	一六四七	廿八歲	春，煌言與張名振同歸浙海，寄軍舟山。松江吳勝兆反正。煌言監名振軍，北征至崇明，舟覆兵敗，間歸舟山。四月名振移軍南田，煌言仍留舟山。秋，錢肅樂至琅琦謁見監國，任兵部尚書，起兵鷺門。冬，華夏向黃斌卿乞師。煌言與黃斌卿部曹從龍王朝光渡海攻招寶山，抵桃花渡。以陸上寨兵謀泄，事敗。煌言曾偷入三江，在駝峰大會山寨諸將。

永曆二年監國魯三年	順治五年	戊子	一六四八	廿九歲	春，錢肅樂鷺門之軍連下興化福清等卅餘縣城，兵圍福州。 鄭彩殺熊汝霖全家。謀迫鄭遵謙投海。五月錢肅樂憂憤病卒。 秋，阮進攜監國書向黃斌卿借糧，不遂。 秋，浙東山寨紛起。煌言集義從，結寨兵於上虞之平岡。
永曆三年監國魯四年	順治六年	己丑	一六四九	卅歲	煌言屯兵平岡山寨。策反上虞，破新昌，浙東列城為之書閑。魯監國至沙埕。夏福寧陷，其他城邑紛紛北投。鄭彩棄監國不顧，自赴三沙。 七月張名振迎魯王返浙，駐臨門。 八月名振阮進王朝先會師攻舟山、黃斌卿死。 魯監國在舟山設行朝。
永曆四年監國魯五年	順治七年	庚寅	一六五〇	卅一歲	張名振乙太師當國。 召張煌言還朝。煌言率平岡寨兵三百人入衛舟山。 監國擢煌言為兵部左侍郎。 清吏田雄張杰王爾祿等致書煌言招降，覆書峻拒。

明·紀年	清·紀年	干支	西元	年齡	紀事
永曆五年監國 魯六年	順治八年	辛卯	一六五一	卅二歲	春，張名振殺王朝光，繼統其部。 六月煌言奉命治兵鹿頸頭。 清福臨始親政。 陳錦破浙東山寨，王翊殉國。 九月清兵陷舟山。煌言與張名振再衛監國投福建。 十二月張名振等歸附鄭成功。
永曆六年監國 魯七年	順治九年	壬辰	一六五二	卅三歲	正月魯監國至閩，成功以宗人府府正之禮待之。 永曆遣使至閩。成功請魯王去監國名號。魯王婉辭不應。 父圭章卒於家。 煌言獨不臣鄭成功，寄兵福建之湄島。
永曆七年監國 魯八年	順治十年	癸巳	一六五三	卅四歲	煌言自湄島至琅琦，經南日北還入浙，招軍天台。夫人董氏，子萬祺為清人羈管杭州，僧澹齋募飯飽之。 隨名振初入長江。 冬，戰於崇明，在吳淞舟上度歲。

永曆八年監國魯九年	順治十一年	甲午	一六五四	卅五歲	正月監名振軍，二入長江。四月三度入江，執行劫糧政策。[1]

1 編按：此年表言，二張於一六五三年「初入長江」，一六五四年正月「再入長江」，同年四月「三入長江」，這應是作者接納了李學智對張煌言「三入長江」考訂的結果（見本書〈自序〉，頁八）。然而，書中第四章〈三入長江〉的敘述，卻與此並不一致。蓋該章說，二張於一六五三年秋初，奉鄭成功三月所下的命令入長江（本書頁一四二－一四三）。這可視為二張首次「入長江」。惟其後謂，一六五四年正月，「定西侯張名振、忠靖伯陳輝等督師再入長江，煌言一同隨征。」（本書頁一四九）又說，「二張甲午（原注：一六五四年）春再入長江」，（本書頁一五一）並稱該年「三、四月間，成功為要裝點和議的門面，不得不下令召回遠征長江的部隊。然而事實上，名振等還是逗留在長江口外，按兵不動。」（本書頁一五二）由此而論，二張在正月至三、四月期間於江上的活動，應只能看成是同一事，不能如表所說，「正月監名振軍，二入長江。四月三度入江」。此外，作者又把一六五五年鄭成功七月「再襲長江」之舉放在〈三入長江〉的章節內加以敘述（本書頁一五八－一六一），則似乎是把它視作「三入長江」的其中一次軍事行動。有關作者與李學智關於張煌言「三入長江」的考訂，參看：李振華：〈明末海師三征長江事考〉，《大陸雜誌》六卷九期（一九五三年五月十五日），頁二七三－二七七；六卷十期（一九五三年五月三十一日），頁三二二－三二六；李學智：〈重考李振華先生「明末海師三征長江事考」〉，《大陸雜誌》七卷十一期（一九五三年十二月十五日），頁三三三－三三四；七卷十二期（一九五三年十二月三十一日），頁三八五－三九一。

明・紀年	清・紀年	干支	西元	年齡	紀事
永曆九年監國魯十年	順治十二年	乙未	一六五五	卅六歲	七月名振煌言再出征遭風覆舟於平洋沙。鄭軍兩路出征，北上舟山，南下揭陽。舟山勝克，巴成功降。名振、煌言會軍舟山。 九月成功設海上四屯，以煌言駐台州之臨門。 十二月名振死於舟山軍中。
永曆十年監國魯十一年	順治十三年	丙申	一六五六	卅七歲	春，煌言繼統名振遺部，經羊山壺江移軍屯臨門。 煌言接馬信來降成功。 三月監國魯王徙南澳。 八月清兵再陷舟山，煌言馳救。 冬，煌言再移軍福建之沙埕。
永曆十一年監國魯十二年	順治十四年	丁酉	一六五七	卅八歲	魯王自去監國號。 煌言在閩，不能自存，不得已還軍舟山。有〈舟山感舊〉詩四章。
永曆十二年	順治十五年	戊戌	一六五八	卅九歲	煌言駐舟山，與鄭成功會師北征，舟次羊山遭風災，還治舟楫。 永曆帝遙授煌言兵部尚書。

永曆十三年	順治十六年	己亥	一六五九	四十歲	正月清兵攻滇都，永曆西奔永昌。 正月監國魯王以盜警自南澳奔還金門。 煌言與鄭成功會師北征金陵。 煌言以偏師開府蕪湖，傳檄江北，相率來歸者府四、州三，縣廿四。 鄭成功金陵敗覆徑退入海。煌言亡命英霍山，經浙江金嚴山道居象山之南門。巡行天台，創建長亭鄉海塘，明年春成。清江南江西總督郎廷佐遺書招降，煌言峻詞拒之。清廷籍煌言家，夫人董氏、子萬祺自杭州逮解鎮江獄。 永曆詔使至閩，晉煌言東閣大學士兼原官。
永曆十四年	順治十七年	庚子	一六六〇	四十一歲	煌言重駐天台之臨門。 上魯監國啟，奏報己亥北征經過。
永曆十五年	順治十八年	辛丑	一六六〇	四十二歲	正月清順治帝崩，玄燁嗣立，明年改元康熙。 二月，鄭成功取臺灣，煌言馳書勸阻。 冬，煌言引軍入閩，次沙埕。 滇事急與成功會遣吳鉏南訪，擬說鄖陽十三家之兵撓楚救滇。 十二月緬人送永曆帝至吳三桂營。 清廷頒禁海令。沿海生民慘遭毒虐。

明・紀年	清・紀年	干支	西元	年齡	紀事
永曆十六年	康熙元年	壬寅	一六六二	四十三歲	二月，煌言遷軍臨門，有〈北歸示將吏〉詩。 二月，永曆帝被吳三桂弒於昆明。鄭成功仍奉永曆朝。 四月，煌言族屬被逮，四叔父瘐死獄中。六月，弟逃來海上相依。 五月延平王鄭成功卒於臺灣。 七月前後三上啟監國，並謀與閩南縉紳共擁監國繼紹正統。 十一月，魯監國薨逝金門。 煌言函鄭經，勉以亞子三矢之業。經不答。 清廷招撫海上，大吏帛書勸降，煌言終不屈。 煌言自編詩集曰《奇零草》，文集曰《冰槎集》。
永曆十七年	康熙二年	癸卯	一六六三	四十四歲	煌言遣使入閩，祭告監國魯王。 煌言率船與長蚶長腰島之故將阮春雷會合。 總鎮林國梁謀叛，煌言與春雷擊之。國梁發炮碎其船，煌言從弟嘉言傳殉於此役。 十月清兵陷廈門及金門。鄭經退銅山。

永曆十八年	康熙三年	甲辰	一六六四	四十五歲	三月鄭經放棄福建，率師東渡遷臺，海上之師盡散。 煌言與阮春雷，泊舟三都三山諸小島，為清將擊散，率殘部返浙。 六月，煌言在臨門，自解餘軍，遷避南田縣屬之懸嶴。 七月初執，八月逮解至杭州。九月初七日湖上就義。 夫人董氏及子萬祺，先三日被戮於鎮江獄中。

南明一孤臣：張蒼水傳

2022年12月初版
2024年5月初版第二刷

定價：新臺幣480元

著　　者　李一冰
叢書編輯　杜芳琪
內文排版　張靜怡
審　　訂　陳永明
校　　對　吳美滿
封面設計　木木 Lin

出　版　者　聯經出版事業股份有限公司
地　　　址　新北市汐止區大同路一段369號1樓
叢書編輯電話　(02)86925588轉5394
台北聯經書房　台北市新生南路三段94號
電　　　話　(02)23620308
郵政劃撥帳戶第0100559-3號
郵撥電話　(02)23620308
印　刷　者　文聯彩色製版印刷有限公司
總　經　銷　聯合發行股份有限公司
發　行　所　新北市新店區寶橋路235巷6弄6號2樓
電　　　話　(02)29178022

副總編輯　陳逸華
總編輯　涂豐恩
總經理　陳芝宇
社　　長　羅國俊
發行人　林載爵

行政院新聞局出版事業登記證局版臺業字第0130號

本書如有缺頁，破損，倒裝請寄回台北聯經書房更換。
ISBN 978-957-08-6611-7 (平裝)
聯經網址：www.linkingbooks.com.tw
電子信箱：linking@udngroup.com

國家圖書館出版品預行編目資料

南明一孤臣：張蒼水傳/李一冰著．初版．新北市．聯經．
2022年12月．416面＋3面彩色．14.8×21公分
ISBN 978-957-08-6611-7（平裝）
[2024年5月初版第二刷]

1.CST：（明）張蒼水 2.CST：傳記

782.869 111017396